ミネルヴァ日本評伝選

花の御所、御所の地としてしかるべし

足利義政

木下昌規著

ミネルヴァ書房

刊行の趣意

「学問は歴史に極まり候ことに候」とは、先哲荻生徂徠のことばである。

歴史のなかにこそ人間の智恵は宿されている。人間の愚かさもそこにはあらわだ。この歴史を探り、歴史に学んでこそ、人間はようやくみずからの正体を知り、いくらかは賢くなることができる。新しい勇気を得て未来に向かうことができる。徂徠はそう言いたかったのだろう。

「ミネルヴァ日本評伝選」は、私たちの直接の先人について、この人間知を学びなおそうという試みである。日本列島の過去に生きた人々の言行を、深く、くわしく探って、そこに現代への批判を聴きとろうとする試みである。日本人ばかりではない。列島の歴史にかかわった多くの異国の人々の声にも耳を傾けよう。

先人たちの書き残した文章をそのひだにまで立ち入って読み、彼らの旅した跡をたどりなおし、彼らのなしとげた事業を広い文脈のなかで注意深く観察しなおす――そのとき、はじめて先人たちはいまの私たちのかたわらによみがえってくる。彼らのなまの声で歴史の智恵を、また人間であることのよろこびと苦しみを、私たちに伝えてくれもするだろう。

この「評伝選」のつらなりのなかから、列島の歴史はおのずからその複雑さと奥ゆきの深さをもって浮かび上がってくるはずだ。これを読むとき、私たちのなかに新たな自信と勇気が湧いてきて、その矜持と勇気をもって「グローバリゼーション」の世紀に立ち向かってゆくことができる――そのような「ミネルヴァ日本評伝選」にしたいと、私たちは願っている。

平成十五年（二〇〇三）九月

上横手雅敬
芳賀　徹

伝足利義政像（絹本着色）

公方様（室町第）

「上杉本洛中洛外図屏風」部分

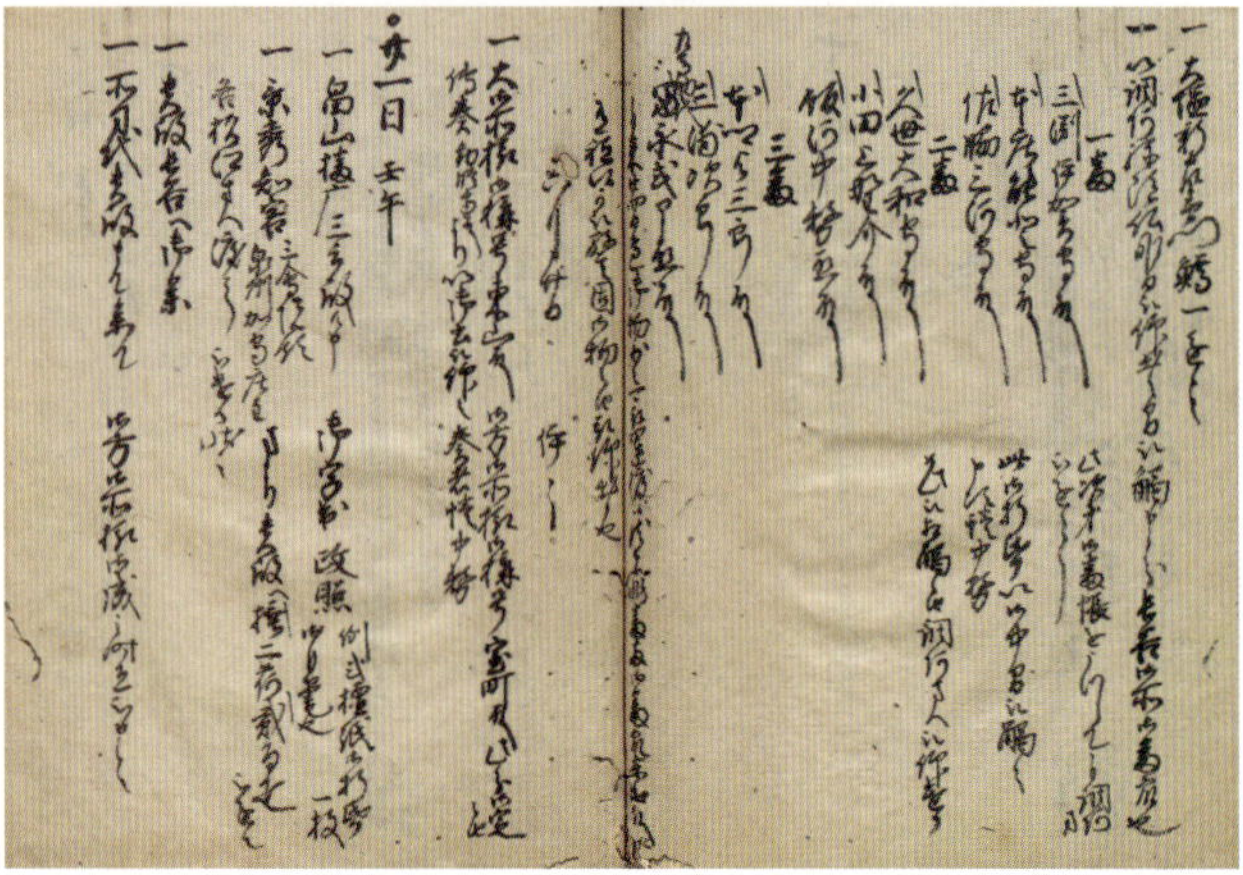

『日々記（親元日記）』文明15年６月20日条

はしがき

小学・中学・高校の修学旅行に限らず、一般の観光先として京都は根強い人気があるため、一度は京都に行った経験がある人は多いだろう。そのなかで、「銀閣寺」として知られる慈照寺を訪れた人も多いのではないだろうか。同寺は「東山文化」を含む室町文化を代表する建造物であることはいうまでもない。

本書の主人公である室町幕府第八代将軍・室町殿（東山殿）足利義政は「銀閣寺」を建立した人物として、「東山文化」という言葉とともに多くの日本人に記憶されているだろう。また、義政の名前は戦国時代の発端とされる応仁・文明の乱とも不可分なものとなっている。だが、「東山文化」や応仁・文明の乱を除いて、どれだけの人が本当の義政の生涯を知っているだろうか。右の戦乱のみならず、未曾有の疫病と大飢饉、徳政を求める土一揆が多発したことなど、社会不安がこれまでにないほど集中した時代でもあった。義政の時代が幕府の諸制度や足利将軍の転換点であったことは間違いない。

義政は、応仁・文明の乱やそれに至る大名・守護、さらに将軍家の家督問題、さらにその後の政務拒否などから無節操な為政者として、ほとんど無条件に厳しい評価がされることが多い。特に文化に傾倒して政治を疎かにした暗君というイメージが未だに強い。

ところが近年、義政をはじめ、室町時代や足利将軍家をめぐる関心が増加している。足利将軍のみならず、大名・守護、公武関係などの室町時代の権力研究も増加している。そして、当時の幕府の最高権力者は将軍ではなく、公武に君臨する「室町殿」であったことも知られるようになってきた。くわえて、かつて「悪女」とされた御台所日野富子の再評価も進んでいる。専門書はもちろん、一般書でも室町時代を対象とする書籍もこの十数年の間に多くみられるようになってきた。義政に対する研究も増え、義政を含めた室町時代の通史も充実してきた。そこで義政についても、政治的に有能、無能（または、成功、失敗）という単純な二者択一的な評価を脱して、改めて客観的にその生涯を通観することが求められているのではないだろうか。そこで本書では、優れた文化を残したが政治的に無能というステレオタイプな義政像ではなく、文化史に偏重することもなく、できるだけ客観視して義政の時代や、為政者義政が志向したものをみていきたい。

本書刊行に先だって、筆者は拙編著『シリーズ室町幕府の研究5　足利義政』（戎光祥出版、二〇二四）を刊行したが、そのなかの「総論　足利義政の権力と生涯」では現在の研究状況を踏まえて、義政の権力とその生涯を通観した。本書ではその内容も踏まえながら、叙述していく。

本書は足利義政や室町時代に興味を持っている人たちはもちろん、大学などで歴史を学んでいる人やこれから学ぼうと思っている人たち全般に対して、義政とその時代の入門書として読んでいただければ幸いである。なお、本書では読者の利便性も鑑みて、できるだけ典拠の史料情報（凡例も参照）も載せているので、そちらも確認してもらえればと思う。

足利義政——花の御所、御所の地としてしかるべし

目次

はしがき

目次

図版一覧

足利将軍家略系図

○数字は将軍職・家督の代数

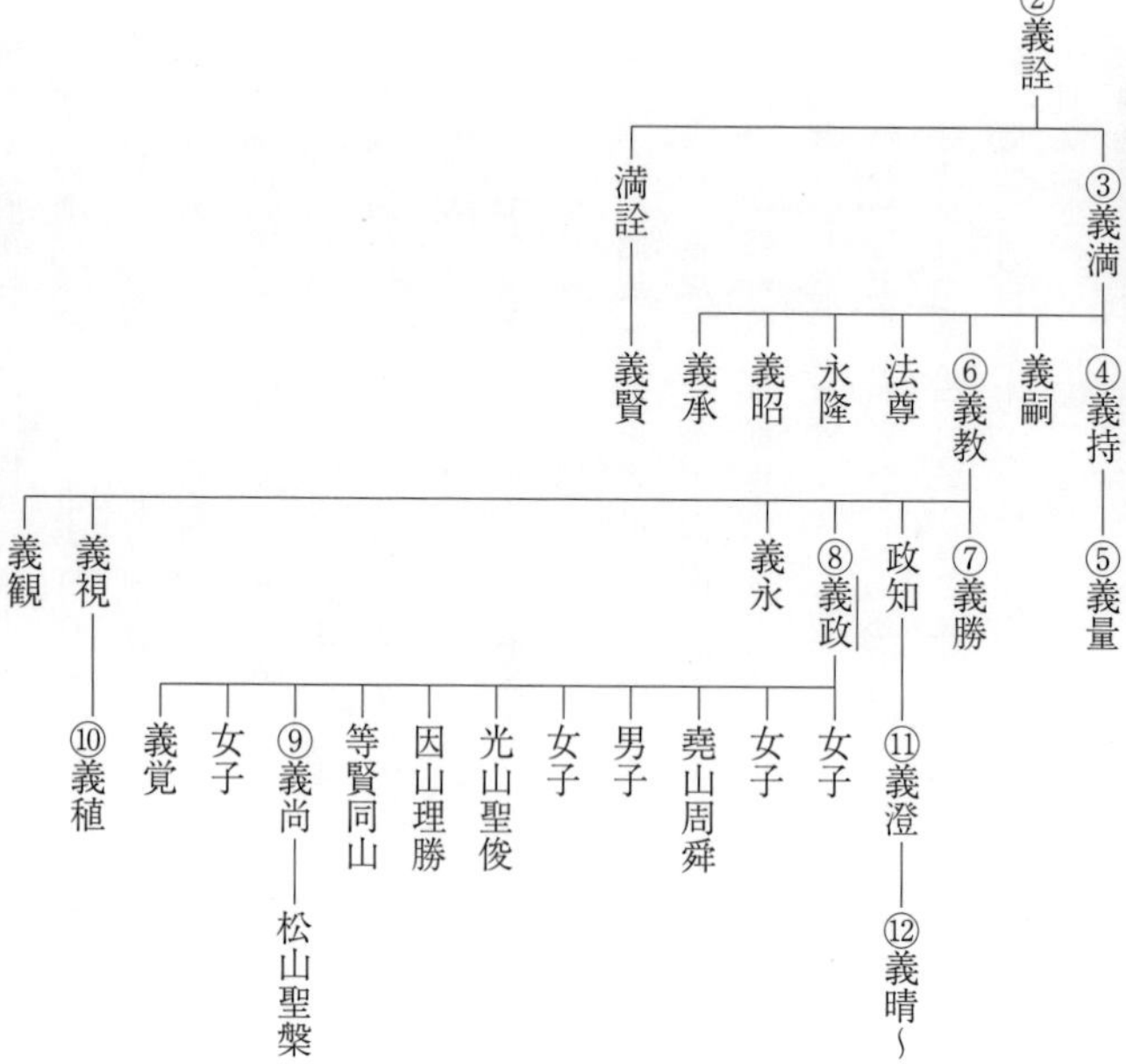

日野家略系図

○数字は将軍職・家督の代数

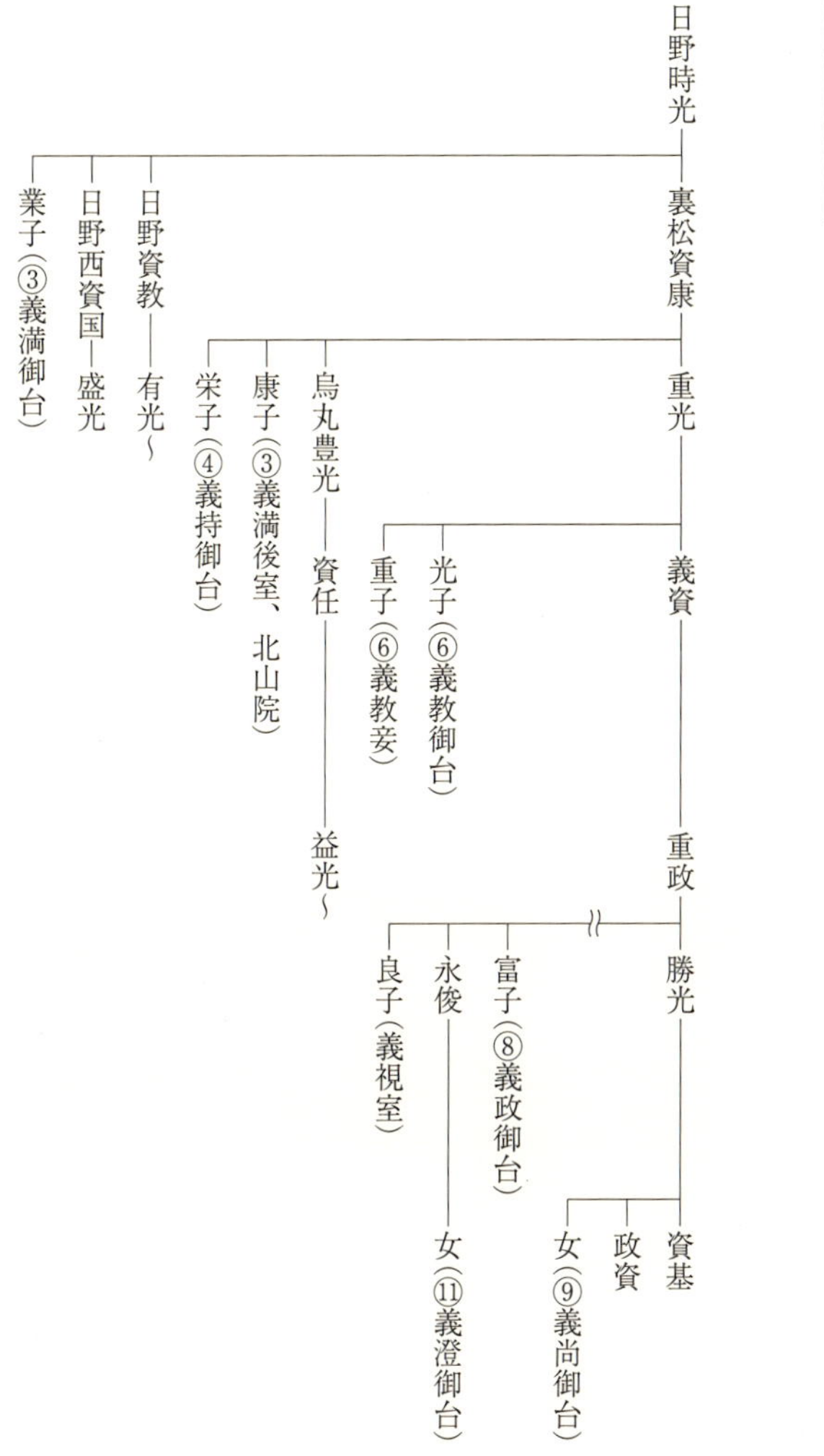

凡　例

一、足利義政は幼名を「三春」・「三寅」とされ、実名もはじめは「義成」、得度後は「道慶」であるが、本書では便宜上、統一して「義政」とする。
一、義政以外の武士も出家したのちの法名ではなく、本書では原則的に俗名を記載する（例：畠山徳本→畠山持国、山名宗全→山名持豊、甲斐常治→甲斐将久など）。
一、本書では「将軍家」という呼称を利用するが、将軍在職者、もしくは在職経験者である足利氏の家長、その正室、子女、直系孫までを含めるとする。
一、史料用語としての「室町殿」には将軍御所（花の御所）と、亭主たる将軍家の家長の意味がある。そのため、混乱を防ぐために本書では将軍御所としての室町殿は「室町第」、称号や権力概念としての場合は「室町殿」と表記する。また、ほかの将軍御所についても「〜殿」ではなく「〜第」とし、一般の公武の邸宅については将軍御所との区別のために「〜亭」と表記する。
一、参考文献に記載した文献のうち、本文中であげたものについては、（著者＋発行（発表）年）と表記する。その引用文献は本書末に一覧で掲載する。
一、本書引用の史料本文については、漢文の原文ではなく訓読したものとし、口語訳を付けた。本文中の部分引用については、原則的に口語訳としている。
一、本書で掲示した典拠史料名・史料集名については、次のように略記した。
①**史料集**：木下聡編『戦国史研究会史料集1・3　足利義政発給文書（1）・（2）』→『政』、浜口誠至編『戦国史研究会史料集8　細川勝元文書集（1）』→『勝』、佐藤博信編『戦国遺文　古河公方編』→『戦古』、『大日本古文書　家わけ　蜷川家文書』→『蜷川』、『増補改訂国史大系　公卿補任』→

『公卿』、佐藤進一・池内義資編『中世法制史料集　第二巻　室町幕府法』（第二部追加法）↓「追加法」

②**古記録類**：「在盛卿記（大膳大夫有盛記）」↓「在盛」、『蔭涼軒日録』↓『蔭涼』、『お湯殿の上の日記』↓『お湯』、『臥雲日件録抜尤』↓『臥雲』、「兼顕卿記」↓「兼顕」、「兼顕卿記暦記」↓「兼暦記」、『兼宣公記』↓『兼宣』、『看聞日記』↓『看聞』、『経覚私要鈔』↓『経覚』、「御産所日記」↓「御産所」、『斎藤親基日記』↓『親基』、『斎藤基恒日記』↓『基恒』、『実隆公記』↓『実隆』、『十輪院内府記』↓『十輪』、『政覚大僧正記』↓『政覚』、『大乗院寺社雑事記（尋尊大僧正記）』↓『大乗院』、『大乗院日記目録』↓『目録』、『親長卿記』↓『親長』、『親元日記』↓『親元』、「長禄四年記」↓「長禄」、「綱光公記」↓「綱光」、「綱光公記暦記」↓「綱暦記」、『東寺執行日記』↓『東寺』、『言国卿記』↓『言国』、『長興宿禰記』↓『長興』、『後法興院記』↓『政家』、『宣胤卿記』↓『宣胤』、『晴富宿禰記』↓『晴富』、『碧山日録』↓『碧山』、『満済准后日記』↓『満済』、「宗賢卿記」↓「宗賢」、『師郷記』↓『師郷』、『康富記』↓『康富』、『鹿苑日録』↓『鹿苑』

※刊本は『大日本古記録』・『史料纂集』・『増補史料大成』・『増補続史料大成』・『群書類従』・『続群書類従』など。ほかに「綱光公記」は遠藤珠紀・須田牧子・田中奈保・桃崎有一郎「史料紹介　綱光公記」（『東京大学史料編纂所研究紀要』二〇～、二〇一〇年～）、「宗賢卿記」は榎原雅治ほか「宮内庁書陵部所蔵三条西本『宗賢卿記』」（東京大学史料編纂所研究成果報告2011―4『古記録の史料学的な研究にもとづく室町文化の基層の解明』研究代表者榎原雅治2008～2011年度科学研究費補助金基礎研究（B）研究報告書、二〇一二年）、「長禄四年記」は設楽薫「室町幕府評定衆摂津之親の日記『長禄四年記』の研究」（『東京大学史料編纂所研究紀要』三、一九九二年）。

序　義政、歴史の表舞台に立つ

「室町殿」と将軍

本書の主人公・室町幕府第八代将軍足利義政は「室町殿《むろまちどの》」、次いで「東山殿《ひがしやまどの》」の称号で呼称された。室町幕府首長である足利将軍家が天皇家とともに国家運営を担う時代、幕府の最高権力者は征夷大将軍ではなく「室町殿」であった。この「室町殿」とは本来、第三代将軍足利義満《よしみつ》が北小路《きたのこうじ》室町（京都市上京区）の今出川《いまでがわ》（菊亭《きくてい》）家や室町（四辻《よつつじ》）家の旧地に、当初の三条坊門第《さんじょうぼうもんてい》に替わって造営した御所〝室町殿〟（花の御所・花亭）に由来する言葉である。「室町殿」は足利将軍家邸宅の名称であるのと同時に、亭主（将軍、または将軍家の家督）の称号となった。

もともと足利将軍家は鎌倉幕府の首長「鎌倉殿」を継承する意味もあって、初代将軍足利尊氏《たかうじ》や第二代将軍足利義詮《よしあきら》は「鎌倉殿」「鎌倉＋官職名」などを称号としたが、義満は新しい権力として京都に立脚する「室町」を将軍家の称号として独占したのである（桃崎二〇二〇）。公武権力を掌握した義満は北山山荘《きたやまさんそう》（現鹿苑寺《ろくおんじ》、京都市北区）に移徙《わたまし》したのちは「北山殿」を称号とした。第四代将軍足利義《よし》持《もち》は一時的に北山山荘に移って「北山殿」を称号としたが、三条坊門第に移ったのちは「室町殿」を称号とした。続く第六代将軍足利義教《よしのり》も「室町殿」を称号とした。この「室町殿」についてみると、将軍現職にかかわらず、将軍家の権力保持者（家督・家長）が称号としており、将軍在職者と「室町殿」は一致しているとは限らなかった。例えば中世の天皇家の家長（または朝廷の最高権力者）が天皇在位者ではなく、「治天《ちてん》の君《きみ》」と呼ばれる上皇・法皇であったことに近いだろう（以降、本書では便宜上、称号を室町殿、邸宅を室町第《むろまちてい》と分けて表記する）。

室町殿の権力概念をみれば、将軍家の家長であるのと同時に「公家（朝廷）・武家（幕府）・寺社といった中世国家の運営集団を凌駕し君臨した権力体」とされる（久水二〇二二）。その身分的な位置づけについての評価は、人臣を超越し、「天皇→室町殿→人臣一般」とされるほか（桃崎二〇〇八）、義持以降、公家社会では天皇家の「執事《しつじ》」であり、儀礼面や家格は准摂関家とされる（石原二〇〇六）。また、足利将軍家は武家の棟梁という立場と、儀礼面での「公家足利家」（久水二〇一一）としての立場が併存しており、公武融合時代における新たな権力者であった。また、室町殿には摂関家同様に公家衆が家司《けいし》や家礼《けらい》として公私で奉公していた。

このように義満以降の室町幕府の最高権力者は将軍在職者ではなく室町殿であった。もちろん、本書の主人公義政も義満・義持・義教・義勝と続く五人目の室町殿である。義政は文明《ぶんめい》五年（一四七三）に将軍職をその子足利義尚《よしひさ》に移譲するが、なお室町殿のままであり、義尚が室町殿と呼称されるのは文明十五年（一四八三）に義政が東山山荘に移り、東山殿の称号に移行する時であった（後述）。

足利義教の死と足利義勝

嘉吉《かきつ》元年（一四四一）六月二十四日、赤松《あかまつ》亭にて開かれた関東での戦勝祝いの宴会の場において、義教が殺害された。さらにその場に臨席していた大内持世《おおうちもちよ》、山名熙《やまなひろ》貴《たか》や京極高数《きょうごくたかかず》といった大名・近習が死去し、正親町三条実雅《おおぎまちさんじょうさねまさ》といった側近の公家衆なども被害にあった。いわゆる嘉吉の乱（変）である。永享《えいきょう》の乱や結城合戦《ゆうきかっせん》などの関東の反乱を鎮圧し、室町殿の権力を確固たるものとするなかでの突然の事件により、急遽将軍家の家督を継承することとなったのが、義教嫡男の足利義勝《よしかつ》である。義勝はその後「室町殿」称号も継承した。

　この義勝は永享六年（一四三四）二月九日、義教とその妾《しょう》裏松《うらまつ》（日野）重子《しげこ》との間に義教はじめての男子として、評定衆《ひょうじょうしゅう》波多野元尚《はたのもとひさ》亭を御産所として誕生した（「御産所」ほか）。幼名は「千也茶《ちやちゃ》丸《まる》」。この当時、義教の嫡妻である御台所正親町三条尹子《ただこ》（はじめ久子《ひさこ》［池和田・植田二〇二三］）との間には子供はなく、翌十日には義勝は尹子の「御猶《ごゆう》子《し》（＝養子）」とされ（『看聞』同日条）、将軍家の嫡男とされたのである。

足利義勝
（東京大学史料編纂所模写）

　その後、各種の誕生祝いが行われたが、義勝は祖父にあたる義満が伊勢貞継《いせさだつぐ》亭（春日東洞院《かすがひがしのとういん》）にて誕生し、養育されていたという佳例によって、当時の政所執事《まんどころしつじ》伊勢貞国《さだくに》を乳父《めのと》（御父・養父）とし（『満済』三月八日条）、その邸宅に移った。もっとも、嫡妻の尹子に今後男子が誕生すればその男子が嫡男とされ、義勝が庶子となる可能性は残った。ただ、結果的に尹子は男女ともに懐妊することはなかったため、義勝の嫡男としての地位は継続された。そして嘉吉の乱における義教死後に家督を継承したのである。

裏松家と正親町三条家

実は義教の御台所は当初は重子の姉裏松光子《みつこ》（「光子」の名は「季連宿禰記」元禄十五年二月十五日条）であった。義教は家督を継承した正長元年（一四二八）に光子を御台所として迎えていたのだった（『満済』六月二十一日条）。裏松家は藤原北家《ふじわらほっけ》藤原真夏《まなつ》の子孫日野《ひの》流の公家であり、朝廷では「名家《めいか》」と呼ばれ、蔵人《くろうど》や弁官《べんかん》を歴任し、およそ大《だい》・中納言《ちゅうなごん》まで昇進する中級クラスの公家であった。義満の継室裏松康子《やすこ》（北山院《きたやまいん》）や、その妹で義持の御台所であった裏松栄子《えいし》もその出身であり、光子・重子姉妹は康子・栄子姉妹の姪にあたる。

ところが、永享三年（一四三一）六月一日、義教は幕府に祗候《しこう》する上臈局《じょうろうのつぼね》の正親町三条尹子を「上様《かみさま》」と称すように命じ、正室である御台所としたのである（『看聞』六月五日条）。ただ、尹子が「今御台」（同十月十三日条）などと呼称される反面、光子は「下御台《しもみだい》」・「本御台《もとのみだい》」などと呼称されており、義教御台所の一人という位置づけは維持したようだ。つまり、二人の御台所が併存していたのだろう。ただ事実上嫡妻としての地位は尹子に奪われることになったようで、光子は日陰の存在として表に現れなくなるうえ、独自の御料所（上様御料所）も保有せず、困却することもあったようだ（「綱暦記」応仁元年十一月二十七日条）。

なぜ、義教がこれまで外戚であった裏松家ではなく正親町三条家に接近したのだろうか。実は正親町三条家は当時の後花園天皇《ごはなぞのてんのう》の実家伏見宮家《ふしみのみや》（崇光院《すこういん》流）の外戚関係にあった。天皇の祖母にあたる伏見宮貞成《さだふさ》親王生母が正親町三条家出身の治子《はるこ》であり、義教は尹子を介して伏見宮家、ひいては天皇との繋がりを確保しようとしたのだろう。それに比べて光子や栄子の実家裏松家は伏見宮（崇光院流）と対する後光厳院《ごこうごんいん》流に近かった。そこで義教は現在の天皇に近づくため、将軍家の外戚関係を裏松家（日野家）から正親町三条家に乗り換えようとしたと思しい。そもそも、義教は当初光子を御台所とすることに抵抗があったようだ（『建内記』正長元年六月二十一日条）。さらに義教は当主裏松（日野）義資《よしすけ》を冷遇したうえ、義勝の誕生直後に、盗賊に殺害させたのである（『看聞』永享六年六月九日条）。裏松家は断絶こそしなかったが、その所領は同じ日野流の烏丸資任《からすまるすけとう》に与えられ、零落した。

一方、尹子の兄正親町三条実雅は義教の寵臣として我が世の春を謳歌していた。伏見宮家をはじめとした皇族や公家衆などは、義教への歎願の仲介を実雅に期待した。さらに実雅は永享十一年に誕生した義教の男子（のち義視《よしみ》）の「養君（＝乳父・御父）」（『建内記』同年三月二十一日条）となっている。実雅が乳父となったのは、男子の生母小宰相局《こさいしょうのつぼね》が尹子侍女であることも影響しているだろう。正親町三条家はこれまでの裏松家に代わって、将来的に将軍家の外戚となりうる立場となっていたのだ。そのため、義教の時代、将軍家外戚としての裏松（日野）家の地位は流動的であった。

管領の「代官」

八歳の義勝の家督継承は、管領細川持之《ほそかわもちゆき》をはじめとした大名たちの合議により決定された。そして義勝が幼少のあいだは管領が「御代官」として政務を代行するとされた（『基恒』嘉吉元年六月条）。これに先だって持之は、義教の弟梶井門跡《かじいもんぜき》義承《ぎしょう》に政務を代行させては、と提案したが、義勝乳父の伊勢貞国はこれを否定し、管領が代行すべきと主張したのである（『建内記』同年七月十七日条）。貞国が義承の代行を否定したのは、これまで先例がないことはもちろん、出家の身である義承が事実上の家長として扱われ、いずれ還俗、将軍就任という流れになって、将来的に義承と義勝とで家督をめぐる混乱が生じる可能性を危惧したためであろう。貞国による意見の結果、義承ではなく、管領が義勝の成人までの代行者となることとなった。幕府運営体制という重要事項が事実上、管領と政所執事（伊勢貞国）の両者によって決定されたことは、政局における両者の役割の重大性を示している（百瀬一九七六）。なお義承は、この後も幕政に参加することはなかった。

家督継承が決定した義勝は、それまで養育されていた伊勢亭より将軍家本邸の室町第に移徙することとなるが、この時、義政をはじめとする弟達も一時的に室町第に移った。義承ら義教の弟三人は鹿《ろく》苑院《おんいん》に置かれたという（『建内記』六月二十六日条）。まだ情勢が不安定のなか、不測の事態が起こるかもわからない。そのなかで「野心の人」が将軍に擁立する可能性があり、その用心のため持之が取り計らったものという。

この当時、御台所正親町三条尹子は室町第を退出しようとしたらしいが、持之により留められた。義勝「御養母」（『建内記』十月四日条）である尹子には将軍家の後家としてその後見が期待されたのである。そのため一旦、尹子はこのまま室町第に残り、義勝と同居することとなった。尹子はこれ以降、「大御所」と呼称される。また、義教の妾や女房たちも落髪したが、義勝生母の重子は当時懐妊中ということで落髪しなかった（『看聞』二十五日条）。家督を継承し、次期将軍に内定した義勝は、八月十七日に幼名から実名を「義勝」とし、同日に叙爵《じょしゃく》（従五位下）された（『建内記』同日条）。

当時、幕府が優先すべき課題は赤松氏の討伐であった。大名たちが疑心暗鬼になるなか、持之は赤松討伐軍を編成し、七月十一日には細川持常《もちつね》、赤松貞村《さだむら》、赤松満政《みつまさ》らの第一陣が進発することができた（『建内記』同十日・十一日条）。持之は義勝を奉じる管領奉書《かんれいほうしょ》を用いて軍事動員を行ったほか、後花園天皇に対しては「治罰の綸旨《ちばつのいんぜん》」を求めた。持之が「千也茶丸が幼少であり、管領の下知だけで人々に対応するのは心許ない」（『建内記』七月二十六日）として綸旨を求めたのである。発給の可否やその文面、宛所に関する議論ののち、天皇による添削も得て、八月一日に「治罰の綸旨」が発給され、赤松氏は朝敵となったのである。

九月十日に赤松満祐《みつすけ》・教康《のりやす》父子が討伐軍に敗北、自害したことで、赤松氏討伐は決着をみた。戦後、赤松氏の旧領の内、播磨守護職を山名持豊《やまなもちとよ》に、備前守護職を山名教之《のりゆき》に、そして美作守護職は山名教清《のりきよ》とされた。ただ、持豊は守護補任以前より播磨などで違乱を働いており（『建内記』閏九月九日条）、公家衆よりは不信感をもたれていた。また、播磨の内三郡は幕府方であった赤松満政のものとされた。これはのちに義政の時代に大きなトラブルの要因ともなる。

管領政治の開始

幼少の義勝に代わって幕府を主導したのが「御代官」となった管領細川持之である。赤松氏討伐のほか、この時期に京都近郊で発生した土一揆《つちいっき》（嘉吉の土一揆）や、義教死後に宙に浮いていた関東政策も持之が将軍代行として主導した。

だが、赤松氏討伐のために治罰の綸旨を求めた理由からもわかるように、その立場や権力には限界があった。義教死後、明確な上意が不在となったなかで、大名による重臣会議も度々開催されることとなる。彼ら大名が関与したのは、先の義勝の継承や永享の乱以降空位となっていた鎌倉公方（鎌倉府の首長）の継承、のちには義政の継承など幕府の重要事項に関わる案件である。ただ、会議の召集者たる室町殿が事実上不在であるため、これらの会議を主催したは管領であった。持之、のちは畠山持国《はたけやまもちくに》が管領主導の幕府運営を復活させようとしたのである（鳥居一九八〇）。

そもそも、室町時代、大名は「大名《たいめい》」とも呼ばれ、一般の守護と区別された。大名は在京しながら幕政に参与する存在で（在京大名〔吉田二〇〇二〕）、管領家の斯波《しば》（武衛家《ぶえい》）、河内畠山、細川（京兆家）の三家のほか、四職家では赤松、一色、山名の三家（のち京極も）、このほか管領家庶流の阿波守護細川氏や能登守護の畠山氏、時代により土岐氏などがあった。彼らはもちろん職掌として守護職にもあるが、ほかの守護（国持《くにもち》）とは異なる存在であった（「守護大名」という言葉は誤り）。

管領政治の本格的な始まりは嘉吉元年（一四四一）十一月九日の評定始《ひょうじょうはじめ》である。ここに義勝時代の幕府業務が本格的に開始された。管領の重要な職務の一つは各種訴訟の受理、審議の指揮である。各種訴訟を受理、担当を配分する要職として賦奉行《くばりぶぎょう》があるが、これは義持時代以降、義教時代を含めて管領被官が務めていた（鳥居一九八八）。それだけではない。管領被官の「管領評定衆」「管領内意見人」が、本来の意見機関である幕府評定衆や奉行衆（右筆方）とともに管領の意見機関としての役割を担ったのである。訴状の受理などで管領側と幕府奉行衆との摩擦もあったようだが、基本的には管領、幕府評定衆、幕府奉行衆、管領被官（賦奉行、管領評定衆）などが共同して政務を運営していたといえる。また、将軍加判による直状である御判御教書《ごはんのみぎょうしょ》をまだ発給できない義勝に代わり、管領《かんれい》下知状《げちじょう》を発給して幕府の意志決定を伝達した。管領下知状の主な用途は、基本的には御判御教書と変わらず、①所領宛行、②所領安堵、③守護使不入・諸役免除、④相論裁許などによる所領還付、⑤守護職補任、などといった永続的効力が期待されるものであった（鳥居一九八〇）。使われる料紙も「御判紙」という御判御教書に使用されるものを利用した（『基恒』嘉吉元年六月条）。

また、公武間交渉においては通常の武家伝奏《ぶけてんそう》にくわえて、正親町三条実雅が公私で取次を行っている（『看聞』嘉吉三年五月四日条ほか）。義教側近であった実雅は、義勝養母の兄という立場であり、義勝時代においてもなお室町殿側近としての地位を維持したのである。

畠山持国

細川持之は病のため、嘉吉二年（一四四二）六月二十四日に管領を辞し出家した（常喜《じょうき》と称す）。続く管領職には持之の指名により、河内・紀伊・越中の守護である畠山持国が就いた。ただし、持国はその当時宿所がないため、来春からの就任を受諾したという（『建内記』嘉吉元年十一月二十四日条）。持国はこれより幼少の義勝、義政のもと室町殿権力が不安定ななか、幕府政治を主導していくこととなる。なお持之は八月三日に死去したが、これにより嫡男勝元《かつもと》（幼名聡明《そうめい》丸《まる》）が細川一門の惣領家である細川京兆家《けいちょうけ》を継承した（「京兆」は当主の官途右京大夫《うきょうのだいぶ》の唐名）。義教暗殺、それに伴う赤松氏討伐、土一揆という未曾有の幕府危機のなかで限界もありながらも、持之の果たした役割は高く評価される（大藪二〇二一）。

持国は、義教時代の嘉吉元年（一四四一）に失脚して河内に下向後、出家して「徳本《とくほん》」と称するようになったが、嘉吉の乱後、当主となっていた弟畠山持永《もちなが》を追い（のち討死）、八月三日に幕府より赦免され当主に復帰していた。持国の復帰を支援したのが持之であった。

持国は嘉吉元年末に異例ながらも二月二十七日付（出家前）で従三位《じゅさんみ》に昇進し公卿に列した（『薩戒記残欠』）。当時、従三位に昇進できるのは、将軍家や鎌倉公方家を除ければ、斯波家に例があったのみであった。ただ、『斎藤基恒《もとつね》日記《にっき》』嘉吉三年九月二十五日条では、後述する禁闕《きんけつ》の変を治めた持国に「勅定をもって三位に叙された」とみえるから、実際の叙位は嘉吉元年に遡ってされたとみられる。

持国は管領就任後の嘉吉二年八月二十二日に出仕始、評定始を行い（『康富』・『看聞』同日条）、十月十三日には雑訴《ざっそ》の賦を開始した。その後、一日の受理件数を二十通を超えないことを定めるなど(『康富』二十七日条)、本格的にその政務を開始したのである。

当時、守護方による荘園への違乱が多発するなかで、持国は持之とともに「礼儀を知るもの」(『建内記』閏九月二十日条)と公家たちより信頼される存在であった。従来の秩序を遵守する持之と持国の両名は、幼少の義勝を補佐するのに相応しい存在であったのだ。

義勝の元服と将軍宣下

新しい幕府体制が定まるなか、嘉吉二年(一四四二)二月十八日には義勝の読書始が行われた。伊勢貞国が当時の儒学者で大外記《だいげき》(局務《きょくむ》)をつとめる清原業忠《なりただ》に義満・義持時代の先例を確認したうえで、紀伝道《きでんどう》(中国史や漢文学の教育・研究)の文章博士《もんじょうはかせ》東坊城益《ひがしぼうじょうます》長《なが》が帝王学の教科書というべき「貞観政要《じょうがんせいよう》」を担当し、明経道《みょうぎょうどう》(儒学の教育・研究)の業忠が「孝《こう》経《きょう》」についての講師を務めることとなった。さらに同日には手習始もあり、これは書家でもある公家衆世尊寺行豊《せそんじゆきとよ》が担当した。このことから将軍家の書法が世尊寺流であったことがわかるだろう。また、この際の手本は後花園天皇自ら選択して下したというから(『師郷』同日条)、年長の天皇が幼少の義勝を後見するという姿勢をみせたものといえる。これは天皇を支えるそれまでの室町殿の姿から、天皇に支えられる室町殿に変質したこと意味する。

その後、同年十一月七日に義勝は関白二条持基《にじょうもちもと》の加冠で元服し、同日正五位下《しょうごいのげ》、左近衛中将《さこのえのちゅうじょう》に叙任、征夷大将軍に補任された(同日に禁色昇殿《きんじきしょうでん》も聴される)。この元服にあたっては、臣下に殺害された父義教の事例は不吉とされたのか、各役者を公家が務める公家の儀による義持の先例が「御佳例」として用いられた。義教は父義満を先例として元服したが、これは武家の儀(加冠役などの役者を武家が務める）で行われていた。もっとも、義持の元服時の加冠役は父義満であったが、義勝の父である義教はすでに死去していたため、関白である持基が代行した。

この元服は義勝の御前にて、貞国を介して管領畠山持国が取り計らうように命じられたものであった。それを受けて持国は大名との談合のうえで、義持の先例で元服を行うことを指示した（『康富』九月一日条）。実際は持国と貞国が事前に取り決めていた可能性が高いが、持国はあくまでも義勝の上意に応えるかたちで進めており、形式的にしろ幕府の意志決定に義勝の上意を求めたことで、上意の再建を図ろうとしていたとみられる（車谷二〇二三）。いずれにしても義持時代を先例としたのは、義教により一旦失脚した持国にとって、義教時代は不例であったこともあろう。

元服の翌月に義勝は陰陽師《おんみょうじ》が行う泰山府君祭《たいさんふくんさい》を行っているが（「続史愚抄」）、これは寿命と福禄を司る神である泰山府君を祀るものである。将軍となった義勝が自身の長寿・福禄を祈願しようとしたのだ。翌三年正月には義勝は従四位下に昇叙した。

義勝の死

義勝が嘉吉三年（一四四三）正月二日に畠山亭に御成した際に、異例ながら生母の裏松重子も同行した。重子ははじめて御成に同道したのだが、この機会に将軍生母にして後見役としての自らの姿を世間にアピールしたのである。重子はすでに奥向きでの人事を行っていたが（『建内記』嘉吉元年閏九月十五日条）、この御成以降、本格的な重子の政治介入が開始された（高橋一九八九）。これは、そもそも後見役となるべき義勝養母の「大御所」正親町三条尹子が、落髪して室町第に隣接する場所に「瑞春院《ずいしゅんいん》」を建立してそこで隠棲していたことにある。尹子は独自の被官や御料所を維持しながらも、日々を義教の冥福を祈ることに費やし、幕府政治に関与することをしなかった。

そのため、尹子に替わって生母重子に後見が求められたのであった（拙稿二〇二三）。

六月十九日、義勝は義教の弔問を名目とした朝鮮通信使《ちょうせんつうしんし》と謁見した（『康富』同日条）。これを無事に終えた義勝だが、父義教の三回忌法要を終えた七月十三日、赤痢を病んだ（『看聞』同日条）。病状は一進一退を繰り返したが、特に「邪気」がひどかったという。なぜなら、義教により粛清された一色義貫《よしつら》や赤松満祐ら一族らが、「義教の子孫は七代まで取り殺す」ためであるという（『看聞』七月十八日条）。病状は一旦回復の兆しをみせるが、翌二十一日に暴風雨のなかで、わずか十歳で卒去してしまった。家督継承より三年、将軍に就任してわずか八ヶ月あまりであった。

その後、二十三日にはその遺体が将軍家の菩提寺である等持院《とうじいん》（京都市北区）に移された。さらに同日には、左大臣《さだいじん》、従一位を贈られている。義勝の生前の官位は左近衛中将《さこのえのちゅうじょう》、従四位下で、公卿に昇進する前に没した。院殿号は「慶雲院殿贈左府栄山道春大居士《きょううんいんでんぞうさふえいざんどうしゅんだいこじ》」。二十九日には等持院にて荼毘に付されたのであった（『建内記』・『看聞』七月二十一日条）。

義勝の早すぎる死により、本書の主人公義政が歴史の表舞台に立つこととなった。

第一章　室町殿足利義政

1　義政の家督継承

義政の誕生と年齢

義政は永享八年（一四三六）丙辰《へいしん》正月二日に足利義教を父に、義勝の生母でもある裏松重子（当時は「北向《きたむき》」）を母として、一条の赤松義雅《よしまさ》亭を御産所として誕生した（『看聞』同日条）。当時、将軍家子女の誕生にあたっては、ケガレもあってか、将軍御所内ではなく、大名・守護や将軍直臣の邸宅を産所として設定していた。ただ、義政の御産所については、「武家年代記《ぶけねんだいき》」では義雅亭ではなく、「日野烏丸亭」とみえる。ほかに公家亭が御産所として設定されたことが確認されないため、武家である義雅亭の可能性が高い。烏丸亭の主人烏丸資任は義政の乳父となるから、それと混同したのだろう。また、「御産所日記」では生母を「左京大夫（局）」としているが、これは誤りである。

義政は義教「五男」であったが（『建内記』嘉吉三年七月二十三日条）、重子出生の男子では次男であった。重子出生の男子は「嫡子」とされており（『看聞』永享八年正月二日条）、他の生母の男子とは区別されていた。ただ義政は兄義勝と異なり、嫡妻正親町三条尹子の猶子にはならなかった。

義政の幼名は三春《みはる》、または三寅《みとら》というが、一次史料から実際に確認されない（大薮二〇二一）。「三寅」については軍記物語である「鎌倉大草紙《かまくらおおぞうし》」に記載されているが、中世における代表的な系図である『尊卑分脈《そんぴぶんみゃく》』などでも幼名の記載はない。近世の『系図纂要《けいずさんよう》』には「三寅」とある。また、「華頂要略《かちょうようりゃく》」には「千寿王丸《せんじゅおうまる》」とあるが、「千寿王丸」は二代将軍義詮の幼名であり、義詮の長子（義満の異母兄）の幼名でもあった。将軍家嫡男の幼名と捉えられるから、すでに嫡男である兄義勝がいる幼名としてはふさわしくない（もっとも義勝の幼名も千寿王丸ではないが）。

『群書類従《ぐんしょるいじゅう》』所収「足利系図」には「俗に三歳若君と号す」とみえるが、これは義政の誕生日がまだ立春《りっしゅん》（この年は正月十一日）以前であり、同年の十二月にまた立春（十二月二十二日）があったことにある。そのため、義政は前年（永享七年）の卯年生まれとされ、誕生した永享八年立春で二歳、さらに年内に二度目の立春があったことで、永享八年末の時点で数え三歳となるのである。「三春」はここからきているのだろう。そのため、義政の年齢は永享七年生まれとして計算されている。

乳父烏丸資任

義政の誕生を祝うため、同正月十二日に惣奉行二階堂之忠《にかいどうゆきただ》の奉書により、祇園社（京都市東山区）へ神馬が寄進され（『祇園社記』）、十一月二十五日には管領細川持之《ほそかわもちゆき》亭で御髪置《おんかみおき》の儀も行われた（「慈照院殿御髪置記」）。この時義政は、伊勢亭より尹子の御輿に乗り、細川亭に向かっている。この際に小上臈《こじょうろう》二人（御今参《おんいままいり》〈土岐氏〉・御阿茶《おんあちゃ》）と、「乳人《ちのひと》三人」が供奉しているが、この「乳人」の一人がのちに権勢を誇るようになる今参局《いままいりのつぼね》であろうか。ここで伊勢亭より出発していることから、義政は誕生直後は兄義勝のいる伊勢亭で養育されていたようだ。義政からの義教・正親町三条尹子・裏松重子への献上品は貞国が使者をつとめている。

ただこれ以降、義政は伊勢亭より重子の従兄弟烏丸資任（重子の伯父烏丸豊光《とよみつ》の子）を乳父として、その亭にて養育されることとなる。のちに義政の御所となるこの資任亭は武者小路《むしゃのこうじ》の北、北小路の南、万里小路《までのこうじ》の西、高倉《たかくら》の東とする一町四方の立地であり（京都市上京区、京都御苑内）、東面に唐門《からもん》があった（『建内記』嘉吉三年七月二十三日条、『康富』同八月二十二日条ほか）。父、母、兄と分かれた義政にとって、乳父資任がもっとも身近な大人であった。

烏丸第跡地周辺

ところがこの後、義政の動向は史料より確認されなくなる。すでに兄義勝が将軍家の後継者と内定しており、家督継承の可能性の低い義政は日影の存在であったためであろう。義教の烏丸亭への御成もなく、父とは疎遠であった。生母重子は義勝の後見もあって室町第にいたため、義政は資任や乳人今参局らによってほかの兄妹とともに大切に育てられたことは間違いないだろう。

なお、義政の養育について、その詳細は知られないが、乳父の烏丸家を含む日野流は中国史や漢詩教育などを担う紀伝道の家であり、これに関連した教育が行われていた可能性は高いだろう。

義政の擁立とその兄弟

嘉吉三年（一四四三）七月、義勝が夭折したことで、同二十三日に畠山亭に大名たちが集結して談合が行われた。そして、大名たちが推戴するかたちで、わずか九歳の同母弟義政が将軍家の家督と決定したのである（『建内記』同日条）。義政は「室町殿」称号を継承したが、義勝に続いて再び幼少の室町殿が誕生することになった。だがこの時期、火事や強盗などが充満し、京都の治安も悪化しており、今後の治世を思われるような厳しい船出であった。

ところで、三月二十二日には、義政と同じく烏丸亭にあった義勝の同母弟（のちの義観《ぎかん》、ただし生母は遠州某娘とも）の一人が資任を養父として聖《しょう》護院満意《ごいんまんい》のもとに入室していた（『看聞』同日条）。基本的に後継者以外の将軍子女は寺院に入室することが通例となっていたが、同じく烏丸亭にいた義政より同母弟（義観）のほうが入室が先であったことから、幼年の義勝に万が一のことがあった時の第一候補者として在俗のまま残されたのかもしれない。家督相続について「早々御治定」と『看聞日記』七月二十四日条にみられるのもそのことを示すであろう。

そこで義教の子供達、つまり義政の兄弟について生母（臈次順）と男子の誕生日などをまとめたのが【表二】である。

この【表二】のように、義教の子女は夭折したものをふくめて、史料で確認されるだけで二十四名いる。このうち、無事成長したものはその半数ほどである。出自や誕生順からみれば、重子出生の男子（義勝）がもっとも将軍家の継承に近いことがわかるだろう。ほかにこの時点では同母弟の義政をふくめて六名の男子が健在であった。

義政を養育していた烏丸家からすれば、義政の家督継承は自家の繁栄に繋がりうるものであった。

義教時代には烏丸家は同じ日野流の裏松家と対称的に優遇されていたものの、義勝の将軍家継承により重子の実家裏松家の復興が進められるなかで、その存在感が低下していた。資任の養育した義政が将軍家の家督を継承したことで、烏丸家のさらなる繁栄が期待できたのである。義政の相続が決定すると、早速朝廷より御剣と御馬が贈られたほか、諸家が烏丸亭に参礼した（『看聞』二十三日条）。当時の義政は、御礼に訪れた万里小路時房によれば、「御容顔豊満美麗」であったという。多少の誇張もあろうが、貴公子然とした容姿であったようだ。

しかし、義勝が夭折したように、まだ子供の義政が無事成長できる保証があったわけではない。重子にとっては実子義政が無事成長できるかは実家裏松家の盛衰にも関わるものであった。異母兄弟が今後継承した場合、重子の存在感は減じてしまうのである。

「御　父」と伏魔殿室町第

義政の家督継承が決定して以後、管領畠山持国によって八月三十日に伊勢貞国の嫡男伊勢貞親《さだちか》が「御父」とされた。「伊勢氏が代々御父であるため」（『康富』同日条）であるが、直近では兄義勝の乳父が伊勢貞国であったことにもよろう。義勝の場合、当初伊勢氏か管領畠山氏かで迷われていたが、今回も伊勢氏となったことで、必ずしも定例ではなかった伊勢氏による継嗣養育が定例化したのである。だが、義政は伊勢亭にも室町第にも移ることはなく、そのまま烏丸亭（以下、烏丸第）に居住し続けた。

この当時、世情は不安定で、各地に怪異が発生していた。特に石清水八幡宮《いわしみずはちまんぐう》（京都府八幡市）では大木が勝手に倒れたほか、宇佐《うさ》八幡宮（大分県宇佐市）の震動や、義教に暗殺された一色義貫の亡霊が話題となっている（『看聞』八月七日条）。特に義貫は義勝を呪い殺したのだと噂された。そのなかで、

子女一覧

産所	備考	典拠（「御産所日記」を除く）
	永享元年6月19日，大慈院に入室	『建内記』『満済准后日記』
		『薩戒記目録』
	柳殿	『師郷記』
伊勢貞行か（因幡入道）	死産	『満済准后日記』
畠山三河入道	即日夭折	『満済准后日記』『看聞日記』
畠山右馬頭	長享2年までは健在	『看聞日記』『大乗院寺社雑事記』
		『満済准后日記』『看聞日記』
京極持高	日山理永と同一か	『満済准后日記』『看聞日記』『後法興院記』
坪和某	長享2年までは健在	『満済准后日記』『看聞日記』『大乗院寺社雑事記』
波多野元尚	第7代将軍	『満済准后日記』『看聞日記』
赤松貞村	俗名「義制」	『満済准后日記』『看聞日記』
桃井某		『満済准后日記』『看聞日記』
結城七郎	はじめ天龍寺香厳院清久，のち還俗して堀越公方	『蔭凉軒日録』『看聞日記』
赤松義雅	第8代将軍	『看聞日記』
三上持高		『看聞日記』
正親町三条実雅	実雅亭にて死去	『看聞日記』『薩戒記』『蔭凉軒日録』『師郷記』
赤松持家		『看聞日記』
高橋彦左衛門	夭折か	
	即日夭折	『看聞日記』
赤松満政	嘉吉3年3月22日に，聖護院に入室。『尊卑分脈』によれば，その母は家女房遠州某女	『薩戒記』『蔭凉軒日録』
細川持春	はじめ浄土寺門跡義尋，のち還俗して将軍継嗣（今出川殿）	『薩戒記』『蔭凉軒日録』
御南向		『蔭凉軒日録』『師郷記』
		『看聞日記』
	長享2年までは健在	『大乗院寺社雑事記』

表一　足利義教

			生没年	生母
①	某	女子	永享元年春～永享3年7月26日	御台所（裏松光子）
②	某	女子	永享元年6月22日～？	新大納言局（伯二位娘）
③	某	女子	永享2年～文安3年6月25日	
④	某	女子	永享2年8月19日	伊予局
⑤	某	女子	永享4年3月11日	北向・阿古局（裏松重子）
⑥	某（光照院）	女子	永享4年5月25日～？	大納言局（善法寺田中享清娘）
⑦	某	女子	永享4年5月25日～？	右衛門督局
⑧	某（宝鏡寺）	女子	永享4年6月8日～明応4年2月30日	小宰相局（正親町三条尹子侍女）
⑨	了山聖智（入江殿）	女子	永享5年閏7月23日～？	西御方（洞院満季娘）
⑩	義勝	男子	永享6年2月9日～嘉吉3年7月21日	北向・阿古局（裏松重子）
⑪	義永（小松谷長老）	男子	永享6年7月25日～？	宮内卿局（赤松永良則綱娘）
⑫	某	男子	永享7年2月1日～同年5月23日	小弁局
⑬	政知	男子	永享7年7月12日～延徳3年4月3日	斎藤朝日氏
⑭	義政	男子	永享8年正月2日～延徳2年正月7日	北向・阿古局（裏松重子）
⑮	某	男子	永享8年2月12日～同年2月13日	小宰相局（正親町三条尹子侍女）
⑯	某	男子	永享9年8月20日～宝徳3年6月15日	上臈局（正親町三条尹子妹）
⑰	某	女子	永享9年9月24日～？	北向・阿古局（裏松重子）
⑱	某	男子	永享10年正月19日～？	烏丸豊光娘（妹）
⑲	某	女子	永享10年正月20日	あや御料（烏丸豊光娘・姉）
⑳	義観（聖護院）	男子	永享11年閏正月17日～寛正5年4月17日	北向・阿古局（裏松重子）
㉑	義視	男子	永享11年閏正月18日～延徳3年正月7日	小宰相局（正親町三条尹子侍女）
㉒	義堯（梶井門跡）	男子	永享12年8月19日～康正2年8月18日	北向・阿古局（裏松重子）
㉓	某	女子	嘉吉元年10月23日～？	北向・阿古局（裏松重子）
㉔	日山理永	女子	？	宇治大路氏娘

（花岡2009・家永2014を基に作成）

義政が烏丸第に留まったのは、義勝の死去した室町第は、「妖物《ようぶつ》」の七尺ばかり女房の大入道が御所中を徘徊しており、義政の御座所としてはふさわしくないとされたためであった（『看聞』八月十日条）。つまり、当時の室町第は不快な場所で、狐も化けてでる伏魔殿《ふくまでん》のようなものと見なされたのである。その後もこのような怪異現象は続いたようで、「番衆も堪忍しがたい」状況になったという（同八月二十七日条）。のちの室町第作事の際にも「バケ物」が出たため、作事が停止されることもあったようだ（『大乗院』長禄二年三月二十三日条）。もちろん、実際に妖怪などが出現したわけではないだろうが、多くの人が目撃したということで、室町第は忌むべき場所とみなされた。少しうがった見方をすれば、義政を手放したくない資任やその周辺が噂を吹聴したのかもしれない。

重子は室町第の邪気を払うために嵯峨《さが》大覚寺（京都市右京区）の五大尊御堂《ごだいそんみどう》に参籠したのち、そのまま室町第に戻らず、義政のいた烏丸第に移った（重子はこの後も定期的に五大尊御堂に参籠する）。結局、室町第は不浄な場所とされ、義政はこの後も烏丸第を御所として利用することとなる。もちろん義政は室町第に居住せずとも、その称号は室町殿である。

もっとも、その後も室町第は将軍家の本亭とされていた（車谷二〇二三）。ただ、次第に室町第より資材が移され、烏丸第が本亭として整備されていくこととなる。烏丸第には、寝殿、常御所、会所、学問所、泉殿、持仏堂《じぶつどう》、観音堂《かんのんどう》が主たる建物としてあり、正門である四足門《よつあしもん》は高倉小路であったという（川上貢一九五八）。ただ、この烏丸第は一町四方の立地であり、室町第の半分ほどの敷地である。

零落する正親町三条実雅

義政の御所については当初、幕府内でも議論され、八月二十七日には一旦室町第ではなく、「下御所《しものごしょ》」を新造することが決定されていた（室町第が「上御所《かみのごしょ》」）。

もともと、「下御所」とは義詮や義持時代の三条坊門第を指していたが、当時はすでに御所として機能していなかった。翌日にはその新造御所は室町第の南に位置する一条室町（東面の四丁町・京都市北区）と決められたが、一応「室町」は意識されている。また、完成まではその中間地点にある武者小路今出川北西（京都市北区）の正親町三条亭が臨時の御座所とされた。同亭は将軍家の継嗣として相応しい場所ともされるが（東谷二〇二三）、それに伴って亭主の実雅は正親町三条家の旧跡ということで八幡の善法寺《ぜんぽうじ》（京都府八幡市）へ移住するようにとされ、事実上京都を追われる状態になったのである。

新造御所の造営が決まるに伴って、室町第は寝殿を残して対屋などを曳き移すこととなった（『看聞』八月二十八日条）。ところが、正親町三条亭への移徙は九月二日になって中止された。下御所造営も中止されたため、義政はこのまま烏丸第に御座を続けることとなった。

難を逃れた実雅であるが、彼をめぐる環境は芳しくなかった。実雅は義教によって没収された公家所領をこれまで給付されていたが、そのような所領を持国によって失っている（『看聞』九月二十一日条）。この決定に実雅は「周章《しゅうしょう》（うろたえる）」したという。先の移転についても大名（斯波、細川、山名）によって進められており、大名勢力がこれを機会に義教の寵臣であった彼を排除したかったのかもしれない。正親町三条亭への移徙計画は、その実、実雅を追い落とす方便であったといえる。義教という後ろ盾のなくなった実雅は、かつての地位を失いつつあったのだ。それでも実雅は義政の側近公家衆としての立場は保持し、この年末には万里小路時房や中山定親らと公武間交渉を担う「武家執奏（伝奏）」となっている（『看聞』十一月二十二日条）。

騒乱や怪異、気候不順、そして将軍の死という社会不安のなかで世間は不穏な情勢にあった。このような権力の空白期間に発生したのが、いわゆる禁闕の変である。

禁闕の変と畠山持国

事件は嘉吉三年（一四四三）九月二十三日に発生した。土御門《つちみかど》東洞院《ひがしのとういん》（京都市上京区）の内裏《だいり》が襲撃され、後花園天皇の暗殺未遂、さらに三種の神器のうち宝剣（草薙剣《くさなぎのつるぎ》）と神璽（八尺瓊勾玉《やさかにまがたま》）が強奪されたのである。これは義政の家督継承後に発生した最初の大事件であった。首謀者は日野流の惣領日野有光《ありみつ》・資親《すけちか》父子であり、総大将として後鳥羽天皇《ごとばてんのう》末裔を自称する源尊秀《みなもとのたかひで》、南朝の皇胤である金蔵主《きんぞうす》や旧南朝勢力が御所に侵入したのである（『看聞』同日条ほか）。襲撃された天皇は自ら剣を振るいながら近臣とともに抵抗し、女房姿に変装して禁裏を脱出し、近衛亭に避難した。ほかに天皇の皇子たちも無事逃れることができたが、内裏の建物は賊の放火により焼失してしまった。

この大事件に対して、もっとも期待されたのが畠山持国であった。天皇は持国に事態収拾の主導力を期待し、持国もその期待に応えて軍勢を関係各所に配置して警固を担ったのである。この時、山名持豊や細川勝元（または持賢《もちかた》）らも凶徒に同心しているとの噂が流れており（『看聞』二十四日条）、在京の大名たちが信用できないなかで、天皇方が唯一期待できる存在が持国であった。

凶徒は神器を奪い比叡山《ひえいざん》（滋賀県大津市）に逃れたため、天皇は治罰の綸旨を発給し、延暦寺《えんりゃくじ》に朝敵退治を命じた。そして、二十五日に有光ほか凶徒が討ち取られ、子の資親も召し捕らえた。二十八日に資親や有光らの関係者五十余人が六条河原《ろくじょうがわら》にて斬首され、ここに日野家嫡流は断絶した（のち、日野家惣領は重子の甥の子日野〈裏松〉勝光が継承する）。

奪われた剣璽《けんじ》のうち宝剣は清水寺《きよみずでら》で発見されたものの、神璽は凶徒が所持しており、発見されなかった。それでも事件は事実上数日で一応の解決をみた。事件収拾の最大の功労者は間違いなく持国であった。朝廷からの期待に無事応えた持国は、この功績により従三位に叙されたのである。

先の禁闕の変を一応終息させた持国は、十月に管領職の辞任を申し入れた。この辞意の背景には敵対する細川持賢と山名持豊の「野心」があったともされる（『看聞』同八日条ほか）。当時持国に替わり管領となりうるのは細川勝元と斯波千代徳丸《ちよとくまる》（のちの義健《よしたけ》）だけであった。勝元は十四歳、千代徳丸にいたってはまだ九歳で元服前であった。勝元の後見役である細川持賢は、勝元を管領とすることで、細川一門に有利な幕府政治を推進したかったのであろう。しかし、難しい判断を迫られる時期に、政治経験のない若年の勝元を管領とするのは不安が大きい。そこで裏松重子は持国を説得し、その結果辞意は撤回された。経験豊かな持国の政治手腕は幕府に必要であったのだ。

当時、年齢、経験、重子からの信用共に持国と並べる大名はまだない。さらに持国は当時の将軍家の人間を超える従三位という公卿の身分を持つ唯一の武家でもあった。「礼儀を知るもの」である持国は幕府・将軍家を支える存在として、公武から大いに期待されたのである。そのため、持国の管領職継続を聞いた貞成親王は「天下惣別珍重」（『看聞』十月十三日条）と評価している。

畠山持国への期待

政治混乱や変異のなかで義政の時代が船出したが、幼少の義政のもと管領政治は継続した。そして、管領として畠山持国が留任したように、基本的な人員的には前代義勝時代の延長にあった。ただ、乳父である烏丸資任や今参局など、烏丸第の義政周辺の人々も加わった。

嘉吉三年（一四四三）十一月二十七日には代始となる評定始などが行われた（『公名公記』同日条）。もちろん、実態としては管領の持国が主導したものである。同年十二月十三日には禁闕の変によって放火された内裏の修理のための事始が行われたが（『看聞』同日）、持国は早速材木を寄進したほか（『看聞』十二月十一日条）、諸国に修理料段銭《たんせん》を賦課している（『基恒』文安元年閏六月条）。その後も訴訟の裁許を主導しており、幕府政治の中心を担った。また、この年末には前述のように万里小路時房や中山定親、正親町三条実雅が「武家執奏（伝奏）」となって公武間の体制が刷新されているが、これも持国の意志が多分に反映したものであろう。

ところで、この時代に天皇の綸旨の発給が増加しているが、これは公家側から主体的に発給したものではなく、幕府からの要請によるものであるとみられている（富田一九九一）。義政が幼少で政治を主導することができない間、御判御教書に代行するものとして持国は綸旨を利用したのである。

翌年の二月五日には甲子革令《かっしかくれい》により改元し、「文安《ぶんあん》」の年号となった。将軍の代替りにも改元が行われており（「春日社司祐維記」大永元年八月二十三日条など）、義政への代替り改元という意味もあっただろう。だが、これは武家執奏《ぶけしっそう》によるものではなく、朝廷側が行ったものである。幕府では十三日になって、持国の出仕のうえ御前沙汰始、続いて改元の吉書始が行われている（『康富』同日条）。

またちょうどこの時期、南都《なんと》（奈良、興福寺）での騒乱があり、持国は対応を迫られたが、実効性がないとして上使派遣には消極的であった。上使派遣を迫る万里小路時房に対して持国は「上意（勅定）」があれば「面々（大名）」に意見を尋ねると返答している。このことから当時、幕府の意志決定があくまでも大名の衆議に基づくものということがうかがえる（『建内記』二月十五日条）。

改元の後、持国は再び管領職の辞意を表明した。細川・山名両氏などの大名たちが説得を続けるも、持国は強くこれを固辞した。大名の説得に効果がなかったことで重子も留任を説得したが、これも聞き入れなかった（『康富』二月二十四日条）。そこで辞任が現実味を帯びるなかで問題となったのが後任人事である。持国の次は斯波氏が担当する番であるが、前述のように斯波千代徳丸は幼少であるため不可能で、細川勝元も判形（花押）もまだないということで不可とされた。花押がないということは文書が発給できないことを意味する。つまり、御判御教書を代行する公文書である管領下知状や管領奉書の発給ができないのである。義政が未だに御判御教書を発給できないなかで、管領も公文書を発給できない状態となれば、幕府決裁が不可能になってしまうことになる。そのため、さらに二、三年は持国が管領をつとめるようにと、義政の上意として命じたが持国はなお固辞したため、今度は重子が直接説得したのである。重子の強いての説得が功を奏したのか、持国の管領職継続が決まった。これを聞いた朝廷の官人中原康富《なかはらのやすとみ》は、「天下のため惣別珍重」と安堵している（同二十八日条）。それだけ周囲の持国への信頼、期待は大きかった。

もっとも、これは出来レースであり、現実的に持国以外の就任適任者がいないなかで辞意を示すことで、「周囲の歎願による管領職の継続」という演出を行ったものとみてよいだろう。特に大名や重子らの歎願による管領留任という結果は、幕府内の大名衆議のなかでの主導権維持や、その立場をより強化する意味では効果的であったろう。いわば自らの価値をつり上げる行為でもあった。

赤松満政の挙兵

文安元年（一四四四）十月に播磨国内で赤松満政らが挙兵した。満政は義教の側近であり、特に各国との取次を担う存在であった。彼は義教との近さもあり嘉吉の変の際には惣領の赤松満祐方ではなく討伐軍に加わったが、戦後、播磨守護職には満政ではなく山名持豊が補任されたことで、両者の間は険悪となっていた。それでも満政は播磨国内に三郡を領していたが、これがこの年の正月に持豊に与えられることとなったのである（『基恒』正月二十二日条）。

これを事実上決定したのは、義政ではなく持国である。持豊は持国に対して、「軍功」を理由に強く三郡を求めたため、持豊に三郡が与えられることとなったという（『建内記』正月二十二日条）。持豊の強い要請とはいえ、「礼儀を知る」持国が権門より評判の悪い持豊の利益になるような決定をしたのは理解できない。そのため、持国が不穏な持豊の離反を避けるための懐柔策ともされる（桜井二〇〇一）。ほとんど脅しに近い持豊の要求を持国が拒否できなかったことは、持豊の勢力が持国にとって無視できない勢力となりつつあったことを示すものであった。

当然、満政はこの決定に不満をもち、子の教政《のりまさ》、一族の赤松則尚《のりひさ》（満祐の甥）らとともに播磨に出奔して挙兵に及んだ。これ以前、満政は三郡が没収されるという噂のなかでも正月の垸飯《おうばん》役をつとめるなど、幕府に奉公する姿勢を示していたが（『康富』正月七日条）、結局、京都を離れ挙兵に及んだのである。もちろん、三郡の没収が満政らの挙兵を促すことは容易に想定できるが、これは国内を統一的に統治したい持豊の意向があろう。旧赤松氏領国は特に山名方の押妨がひどかったが（『建内記』嘉吉三年五月二十三日条ほか）、挙兵に追い込むことで、赤松氏の残存勢力を合法的に一気に滅亡させ、赤松氏旧領を完全に山名氏の直接支配下に置きたかったのだろう。

幕府は満政挙兵を受けて持豊に討伐を命じ、幕府奉行人の斎藤熙基《さいとうひろもと》と飯尾為数《ためかず》を上使として播磨に下向させた。満政の挙兵は翌年三月に鎮圧され、四月に満政らの首は高辻河原《たかつじがわら》（京都市下京区）にて梟《きゅう》された（『東寺』三月二十四日条）。三郡をめぐる満政の挙兵とその結果は、持豊の思い通りのままに決着したのである。なおこの討伐にあたっては、再び治罰の綸旨が用いられた。満政の挙兵は持国とはいえ、管領の権力に限界があることを改めて示す事件であった。

細川勝元の管領就任と一門

赤松満政の挙兵が一応の終息をみた文安二年（一四四五）四月二十四日、畠山持国が管領を辞任し、それに替わって十六歳の細川勝元が管領に就任した（「武家年代記」）。以前、持国の次は斯波氏とされたが、当主の千代徳丸はまだ元服前であり、年齢順として勝元が先に就任したのだった。なお勝元の管領就任は「武家年代記」では四月二十四日とあるが、四月二十二日付けの管領奉書が残されているため（『石清水文書　菊大路文書』一九一）、実際はもっと早かったのかもしれない（公文書の日付は必ずしも作成日ではないが）。

細川勝元

勝元は管領就任以降、御判御教書の代行としての管領下知状を継続して発給したほか、幕府奉行人を指揮して審議にあたらせた。さらに前述したように被官のなかには「管領内意見人」（『建内記』文安四年三月四日条）がおり、彼らは勝元の意見具申機関として各種相論の裁定に関与している。

だが、若年の義政のもと、同じく若年の勝元が管領となるのは大いに不安があろう。しかも、後見役となるべき父持之はすでに亡い。そこで注目されるのが細川一門である。細川一門は当主である細川京兆家、京兆家に次ぐ家格を持つ阿波守護細川家（讃州《さんしゅう》家、当主は持常）をはじめ、一門で合計八ヶ国の守護職を有する一大勢力であった。ほか、将軍直属の軍事力である奉公衆にも多数の一門が存在していた。彼らが持之死後の勝元を盛り立てたのである（小川一九六六）。

そのなかでも特に重要な存在が、「北殿《きたどの》」とも呼ばれた持賢（のち出家して道賢《どうけん》）である。持賢は持之の実弟で、典厩《てんきゅう》家（当主は代々任官する右馬頭《うまのかみ》・右馬助《うまのすけ》の唐名から）を立てていた。持賢は甥で当主の勝元を補佐する存在であり（『師郷』嘉吉二年八月四日条）、管領となった勝元に持賢が政策指導していたとみられている。さらに持賢はかつて赤松満政が担っていた室町殿と諸国との取次役も継承した（桜井二〇〇一）。持賢は勝元の後見役と同時に室町殿側近という立場も同時に有していたのであった（川口二〇一八）。

持賢は勝元を補佐する存在として訴訟審議にも関与していた。、勝元の私用で審議が延期された際には、当事者より審議が迅速に行われるように依頼されている。持賢は、奉行人に早速尋ねると返答しており、彼も勝元の補佐役として奉行衆への指揮権を事実上行使しえたとみられる（『建内記』文安四年十一月十三日・十四日条）。なお典厩家はこの後も将軍家の御供衆、管領細川家（京兆家）の後見役として戦国期まで継続することとなる。

ところで文安四年には、山名持豊の養女（実父は山名熙貴）が勝元に嫁いでいる。勝元（細川京兆家）との縁組みは持豊の念願であったようだ（『建内記』二月十五日条）。細川氏と山名氏との親密な関係のはじまりであった。

不安定な各守護家

義教死後、いくつかの守護家は家督をめぐって混乱状態となっていた。その一つが加賀守護冨樫《とがし》氏の内紛である。冨樫氏は義教死後の義勝の時代、家督をめぐり内紛状態となり、そこに畠山持国の介入が行われていた。持国の支持する守護冨樫教家《のりいえ》と弟の泰《やす》高《たか》は敵対していたが、勝元が管領となるとこれを逆転させ、泰高を再び守護としたのである。さらに勝元は、泰高の加賀入国を援助するように命じる管領奉書を発給して支援している（「美吉文書」『勝』一〇）。

これに対して文安三年（一四四六）に越前の斯波（大野《おおの》）持種《もちたね》が教家を支援するため加賀に乱入した（『師郷』文安三年九月十三日条）。教家は一旦越中に退去したが、再び持種の支援を得て加賀に乱入した。加賀国内は騒乱状態となっていたが、このなかで義政は教家を「扶助」しようとしたのである。教家は持国が支持していたため、勝元は抗議のため管領職辞任を示したが（『師郷』十月十六日条）、義政の説得により勝元の辞任は撤回された。もっとも、当時十一歳である義政が主体的に政治判断しえるか疑問である。そこで、今回の義政による教家支援はまだ事態を正確に理解できない義政を、持国がその周辺に示唆して「上意」を引き出した可能性が高いとみられている（大薮二〇一二）。冨樫氏の問題は翌年、勝元の沙汰として泰高と教家の子成春《しげはる》が半国の守護として分割させることで、一応の決着をみた（『康富』文安四年五月十七日条）。これは教家を支持する持国、泰高を支持する勝元両者の妥協であった。この決着は勝元の後見細川持賢の策とされる（桜井二〇〇一）。

加賀の冨樫氏のみならず、当時、複数の守護家では家督騒動が繰り広げられていた。美濃守護土岐氏家中では重臣と守護代とが対立し内乱状態となっていた（『康富』『基恒』文安元年閏六月二十九日条ほか)。さらに京都の隣国近江でも家督をめぐり、文安元年に六角満綱《ろっかくみつつな》・持綱《もちつな》父子と、満綱の子で被官に擁立された時綱《ときつな》が対立していた。最終的に同三年になって幕府が支持した久頼《ひさより》(時綱弟)が継承するが、六角氏の家督問題も富樫氏同様に勝元と持国との派閥争いに連動したものであった(大薮二〇二一)。くわえて、伊予守護家である河野《こうの》氏でも守護河野教通《のりみち》(通直《みちなお》)と庶家の河野通春《みちはる》とが争った。教通には持国が、通春には勝元がそれぞれ支持者としてあったため、はじめ持国が管領であった時期には教通支援の管領奉書(『小早川家文書』八九など)が、勝元が管領である時は通春支援の管領奉書(「大野系譜」『勝』一三八)が発給されるなど、幕府としての一貫した対応がなされない状態であった。ほかにも信濃守護小笠原家の家督をめぐる分裂でも管領職が交替すると守護職安堵対象が交替するという状態となっていたのである。

嘉吉の乱以降の守護家の内紛は、管領となった持国、勝元による恣意的な人事が拍車をかけたが、その要因には義教死後に強力な上意が不在であったことにある(川岡二〇〇九)。各大名・守護家では、若年の義政ではなく幕政を主導する持国か勝元のどちらかと結ぶことが重要視されたのである。諸家の家督問題に対して、ほとんど蚊帳の外にあった義政にとって、これは将来にむけた大きな政治課題であった。

畠山持国と山名持豊

家督問題だけではなく、京都でも日常的に在京する大名家同士が被官同士の衝突などから紛争に及ぶこともあり、不安材料に事欠かなかった。特に深刻な問題は畠山持国と山名持豊との対立であった。両者はもともとはっきりとした対立関係にはなく、富樫氏の家督問題がきっかけで、持豊が細川持賢に接近したことにはじまるという(今谷一九七四)。

持豊は当時細川勝元を婿としたほか、西国最大の勢力である周防・長門・筑前・豊前の守護大内教《のり》弘《ひろ》に養女（実父は山名熙貴で勝元室の姉妹）を嫁がせている。瀬戸内海周辺に影響力の及ぶ細川京兆家と大内氏と結んだことで、持豊は一族の領国である中国方面において安定期な支配を望めるのと同時に、両大名家の力を背景として幕府へ強い影響力を持つことも可能となっていた。

文安四年（一四四七）には両者の緊張状態が高まり、軍事衝突寸前になった。持国は六月ころより領国から多数の国人を上洛させていたが（『康富』六月六日条）、持国が山名氏討伐のために治罰の綸旨を得たという噂も広まっていた。これに驚いた後花園天皇は、管領細川勝元のもとに勅使を派遣し、治罰の綸旨は虚報である旨を伝え、沈静化を図った（同七月十六日条ほか）。綸旨の噂は、持国であれば天皇より綸旨を得ることができると周囲が認識していたということが前提にあろう。なぜなら天皇・公家衆からは持豊は既成秩序を乱すもの（禁闕の変での持豊の評価など）としてみられていたのに対して、持国は「礼儀を知るもの」として信頼される存在であったのである。持国と持豊が対立した場合、天皇が持国を支持しても不思議ではない。結果的に畠山、山名両氏は軍事衝突に及ばず、事態は沈静化したが、義政周囲でいつ大きな軍事衝突が起きても不思議ではなかった。強い上意が不在のな

山名持豊

か、大名間の微妙なバランスがかろうじて保たれていたのである。

もっとも、義政は度々発生する大名家間の紛争に対して何もしなかったわけではない。同じ年に発生した斯波氏一族の斯波持種と斯波氏重臣甲斐将久《かいゆきひさ》（法名常治《じょうち》）との紛争では、御使を両者に立てて調停を行っているし（『康富』文安四年五月二十八日条）、翌五年の伊勢で国人の関《せき》氏と長野《ながの》氏が軍事衝突した際にも、合戦を停止させるための上使を派遣させている（同四月二十三日条）。これらも勝元らが義政の上意を利用したためかもしれないが、紛争解決には上意が求められたのであった。

大名・守護家の内紛、それにともなう勢力の減退は、大名・守護に支えられる幕府の根本を揺るがすものである。強力な上意による大名・守護家の統制と安定は幕府の安定には必要なものであるが、まだ若年の義政は強力な統制を行うだけの影響力も経験もなかった。それでも「上意」は室町殿の義政にしか持ちえないものであり、上意による仲裁を進めることで権威の上昇を図っていく。

赤松則尚の内応

文安五年（一四四八）七月に阿波守護細川持常と幕府奉行衆との間に刃傷事件をきっかけとしたトラブルが発生した。奉行衆は不条理な細川方の主張に反発したものの、義政は細川勝元とともに奉行衆の面目を無視してまでも、持常の意向に配慮する裁定を下した（『康富』七月二十五日条）。この事件で義政らが持常の主張をほとんど無条件に受け入れたのは、当時、持常が重要な軍事的任務を果たしている最中であったためだった。それが赤松則尚の内応である。

赤松満政の敗北後も、播磨国では嘉吉の乱後に守護となった山名持豊に対する赤松一族による抵抗が続いた。特に嘉吉の乱の際に満祐とともにあった則尚と赤松則繁《のりしげ》がなお残党としてあった。この則繁は一時的には朝鮮に渡っていたらしい（『建内記』嘉吉三年六月二十三日条）。その則繁は河内に下り再起を図ろうとするが、一族の則尚が幕府軍に内応したため、河内の当麻《とうま》で討ち取られてしまった（『康富』八月五日条ほか）。則尚の内応工作を行っていたのが持常であった。則繁の首は京都に届けられ、十八日には義政による首実検が行われている（同日条）。

則尚が内応したのは、赤松氏の惣領家再興と播磨国の回復が見返りとされたからである。則尚の内応は持常と伊勢貞国が中心になって行っていたが、特にここで義政に近い貞国が関与していたことは、則尚にとって内応条件が現実味を帯びたものと映ったであろう。実際に義政より則尚に対して、播磨・備前・美作を知行するように「御下知」も出されたという（『経覚』九月十一日条）。ただ、時期的にはこの「御下知」は勝元による管領下知状であろう。

ところが、これに反発したのが持豊であった。持豊はかつて満政より三郡を奪い取り、播磨一国を領有したばかりであり、赤松氏の再興はそれを失うことを意味した。持豊は赤松氏を義政にとっては「親の敵」であると主張して、それを取り立てることに抵抗したのである（『嘉吉記』）。

持豊の反発により、則尚による赤松惣領家の再興や播磨の守護職は認められなかった。もちろん、管領の勝元が持豊の婿ということも影響しただろう。ただこれにより、間を取り持った持常と貞国の面目が潰れることになった。特に持常と持豊とは軍事衝突寸前にまで関係が悪化した（『師郷』十二月二十四日条）。最終的に持豊の反対が受け入れられたのは、幕府での影響力が無視できるものではなくなっていた現れである。特に管領が勝元であれば、舅である持豊の発言力はより向上したのである。

2　第八代将軍

「御親」近衛房嗣

文安二年（一四四五）五月には室町第の建材を烏丸第の寝殿用に移築し、立柱上棟が行われた（『基恒』二十八日条）。邸宅の公的な中心をなす寝殿が室町第より移築されたことは、将軍家の本亭が室町第より烏丸第に移ったことを意味する。ただ、室町第の建物を利用したことで、前代よりの連続性は維持された。

翌三年には義政の成長儀礼についても着々と準備が進められた。まず、四月二十七日に読書始が、同二十九日には乗馬始が行われた。読書始では義勝の読書始の講師であった清原業忠の子、清原宗賢《むねかた》が講師を務め、「論語《ろんご》第二巻」が講読された（『師郷』、『臥雲』同日条）。なおこの際に、今後は宗賢と父業忠が交互に講師を務めるように指示されている。「論語」の第二巻には「八佾《はちいつ》」と「里仁《りじん》」と呼ばれる二編があり、「八佾」は身の振る舞いや礼などを中心とする礼楽、「里仁」は仁・徳に関する記載が多いとされている。為政者としての身の振る舞いをどのようにするべきかという意識が現れたものである。

十二月十三日には実名が「義成《よししげ》」に定まり、同十五日に叙爵《じょしゃく》（従五位上）した。この「義成」命名の経緯は、右大臣二条持通《にじょうもちみち》が後花園天皇に申し入れ、その後、学者である東坊城益長が候補をあげ、「義成」が選ばれたというものであった（『師郷』十二月十三日条）。「義成」と記した宸筆《しんぴつ》（天皇の自筆）を持通が伝達したが、これは将軍家の命名の先例によるものである。

実名については、「義」は将軍家の通字であるため当然として、「成」の字については、相国寺《しょうこくじ》（京都市上京区）の僧である瑞渓周鳳《ずいけいしゅうおう》の日記『臥雲日件録抜尤《がうんにっけんろくばつゆう》』十二月十九日条に、義満が戊戌《ぼじゅつ》の年の生まれであること、さらに「戊戌」には「戈」という字が含まれるため、武威を天下に示すために相応しい名前であったとみえる。記主は「必ず義成が義満と同じく武威を示すこととなろう」と期待を述べており、その名字に義満が意識されていたことがうかがえる。

この一件で注目されるのが、この際に関白近衛房嗣《このえふさつぐ》が義政の「御親」となったことである（『東寺』十二月十九日条）。これまで摂関家の人物が将軍家の家督や嫡男の「御親（御父と同じか）」となったことはない。若い義政に近衛家の後見を期待したのであろうが、近衛家側か将軍家側かどちらから接近した結果かははっきりしない。、現職の関白の「子」となることで、准摂関家とされる室町殿の地位をさらに強調する意味もあったのだろう。「義成」の実名を選んだのも房嗣であったという（『東寺長者補任』）。近衛家は将軍家の准父となったことでその影響力を増したこと、また同時に将軍家の地位低下をもたらすことになったともみられている（水野二〇一四）。

近衛家はこの時、房嗣の後継者近衛教基《のりもと》がいたが、教基は義教より「教」の偏諱《へんき》を得ていた。将軍家からの偏諱はこれがはじめてであったが、のちに房嗣の子（教基の弟）が元服した際には、義政が加冠役をつとめて烏帽子親《えぼしおや》となったほか、「政」が与えられて「政家《まさいえ》」と名乗ることになった（『高倉永豊卿記』寛正三年十二月十九日条）。これ以降、近衛家と将軍家との関係は深まり、政家は義政のバックアップにより官位昇進が進められていく（石原二〇一八）。なお、第十二代将軍足利義晴《よしはる》以降は将軍家の御台所を輩出して、外戚として将軍家を支えることとなるが、その始点がこの「御親」であったといってよいだろう。そもそも摂関家では義満以来、二条家が将軍家に近い存在であったが、義政(もしくはその周囲)は二条家ではなく、近衛家との関係も深めようとしたのだ。

ところで未だ将軍宣下を受けていない状態にあったこの時の義政を、「当将軍」(『東寺』文安三年十二月十九日条)と呼称している例がある。これは将軍家の家督者は現時点は征夷大将軍ではないが、家督=将軍という認識もあったのであろう。

義政の任官

叙爵に続いて、文安四年(一四四七)二月七日に義政は正五位下に叙され、同時に侍従《じじゅう》に任じられた(『公卿』・「足利家官位記」)。この侍従任官は将軍家にとって初例であり(そして唯一)、なぜ義政が先例のない侍従に任官したのか、その背景は不明である。通常将軍家では、はじめて任官する官職は左馬頭《さまのかみ》であり、侍従に初任するのは羽林家《うりんけ》(近衛少・中将を経て公卿に)や清華家《せいがけ》(近衛大将を経て太政大臣まで任官)などの堂上公家であった。

前述のように近衛房嗣が義政が「御親」となっていたが、侍従任官はこれと無関係ではあるまい。摂関家の初任は近衛少将、または侍従であった(近衛房嗣は左少将、二条持通などは侍従が初任)。室町殿が准摂関とすれば、摂関家初任の一つである侍従任官は当然であったといえる。つまり、義政の侍従任官は武家というよりは、室町殿の公家としての側面が強く現れたものとみてよい。

義政の元服、将軍就任の準備が進むなか、裏松重子の姉で義教「本御台」裏松光子が文安四年四月二十九日に逝去した(『康富』同日条)。光子は当時は出家して「観智院《かんちいん》」と称していた。光子は御台所の地位を尹子に事実上奪われて以降、その動向はほとんど知られないが、当時、多くの建物が烏丸第に移築されて誰も居住しなくなった旧室町第北向に居住していたらしい。北向はもともとは重子の義教時代の呼称であり、その居所であったと思われるから、義教死後、光子は重子と入れ替わるようにそこに移っていたのだろう。前述したように姉妹の関係は微妙なもので、かつては光子が重子を呪詛していたとの噂も流れていた。光子には夭折したものの娘がおり、そのため将軍家においては「御嫡母」とされている（同宝徳元年八月十日条）。光子の死をうけて義政は軽服（軽い喪に服すこと）している。

義政は同年十一月九日には将軍直臣で武家故実家の小笠原持長《もちなが》を師範として御弓始、同二十六日には御鞠始《おまりはじめ》（蹴鞠始）に御歌始《おうたはじめ》（和歌会始）もあった。ここで義政は「寄道祝《みちによするいわい》」を題詠として、「末遠き君にひかれて四方の海士の道もさそなさかゑん」と詠んだ（『康富』同日条）。ここでの「君」はそのままで捉えれば天皇で、「ひかれ」るのは義政だろう。つまり義政は天皇家とともに日本の将来の繁栄を導くという意識で詠んだといえるだろう。これは特に義満以来、天皇家を支える室町殿としての自覚を示すものといえる。義政は自らの節目節目で歌を詠み、その生涯で千五百首におよぶ歌を詠んだため、「歌人将軍」（川上二〇一九）とも評価されている。将軍の和歌としては義政の子義尚が著名だが、義尚の前提として父義政がいたのである。

翌五年十二月二十六日に、義成は侍従を辞して左馬頭に任官した。これは翌年の将軍宣下を見越してのものだろう。侍従任官はあくまでも室町殿が公家としては摂関家に準じるものであることを示すためのものであったが、侍従のまま「武家」である征夷大将軍就任は先例もなく不都合であっただろう。そこで、義満の先例に倣って武官である左馬頭に遷ったのだ。

義政時代の重子の口入

義勝時代の嘉吉三年（一四四三）より裏松重子による政治への関与が開始されたが、義政の時代もこれは継続された。畠山持国の管領辞意の留任説得はもちろんだが、公・武・寺社の人事、所領問題など多岐にわたる。これはそれだけ重子に周囲が期待した結果ともいえる。彼女は事実上、将軍家の女家長という立場であったといってよいだろう。また、当時、重子は生母として「大方殿」と呼称されていたが、一部の公家衆からは将軍の正妻の呼称である「上様」と呼称されている（『綱暦記』文安三年九月二十七日条ほか）。

重子による政治関与や口入は二十三例が検出されているが（高橋一九八九）、史料に残らないだけで、実数はもっと増えるだろう。あるときはあまりに重子が五山僧のことについて口入したことで、持国が重子への直接の歎願を禁止する旨を通達することもあったほどだ（『建内記』文安元年二月十二日条）。持国にとって重子の見境のない口入は迷惑でしかなかったのであろう。

だが、二十三例のうち八件、およそ三分の一が細川勝元が管領であった文安四年（一四四七）に集中している。そのなかで注目されているのが、関白職をめぐる申し入れである。文安四年に義政の「御親」となっていた関白近衛房嗣がいながら、次の関白に一条兼良を補任するように管領勝元が申し入れたのである。これは室町殿による武家執奏を管領が代行したものであるが（『康富』六月一日条）、実は重子も同時に執奏していたのである。房嗣は辞任を拒否しようとしたものの、「武家執奏」であるため、これを拒めないとして結局兼良が関白となった。重子は、兼良の関白就任を執奏すべきことを内々に勝元に説得されたうえ、彼女からも執奏に及んだのである（同十五日条）。

それだけなく、公家所領の進退や流罪となった広橋《ひろはし》（日野）兼郷《かねさと》の減刑嘆願など（『師郷』文安二年六月十七日条）、公家社会にも影響力を行使した。文安四年の関白兼良と春日社《かすがしゃ》（奈良県奈良市）との山城国祝園荘《ほうそのしょう》（京都府相楽郡精華町）をめぐる相論では、彼女は綸旨発給にも介入しており（『建内記』十一月十三日条）、この時期はまだ公武関係も主導権は義政ではなく、重子にあったといえるだろう。

幕府関係者も重子を頼った。重子は彼らの歎願を受けるのと同時に、彼らの保護も意識した。摂関家の鷹司《たかつかさ》家と将軍直臣大館《おおだち》治部大輔《じぶのたいふ》（教氏《のりうじ》カ）との相論では、大館氏に肩入れしている。この相論では勝元も関係したが、勝元は重子の口入を拒否することはなく、基本的にそれを受け入れるなど、むしろ連動することもあった（『康富』文安四年十二月二日条）。

もっとも、重子によるこれら公武への口入は必ずしも成功するわけではなかった。朝廷関係では成功することが多いが、武家関係の場合は失敗することが多かったという。それでも重子の口入は「将軍権力と同質」と見做されたのであった（高橋一九八九）。

この時期、重子は奥向きにては義政乳母の今参局と対立関係にあった。今参局が畠山持国と連携しようとするなかで、重子は持国の政敵である勝元に接近した。勝元も持国・今参局との対抗上、重子と連携関係を選んだのだろう。重子の口入を拒否しないのもこのためだろう。

義政の元服

文安六年（一四四九）四月十日、畿内を中心とした地域で大地震が襲った。各所の築地が崩壊したほか、小野《おの》、長坂《ながさか》（京都市北区）では山崩れ、東山《ひがしやま》などでは地割れもあったようだ（『康富』同日条ほか）。この余震が続くなか、義政は十六日に元服した。

一連の元服の儀式は義持を先例とした義勝の時とは異なり、義満を先例とした武家の儀で行われた（『康富』『基恒』同日条）。義満の元服の際に管領細川頼之が加冠役を勤めた先例を嘉例としたため、加冠役（元服でもっとも重要な役）は頼之の子孫である管領細川勝元がつとめたほか、理髪役は細川奥《おう》州《しゅう》家の細川持経《もちつね》、打乱《うちみだれ》役を淡路守護細川持親《もちちか》、泔坏《ゆするつき》役は典厩家の細川成賢《しげかた》（持賢養子）といったように役者は細川一門が勤めている（廣橋家旧蔵記録文書典籍類「足利義成元服記　文安六年」）。これは細川氏一門全体で義政を支えるという意思表示でもある。将軍家の元服は当時の政治情勢や権力関係に規定されるとされるが（森二〇〇三）、この時代は細川氏の時代であったといえる。

儀式に先立ち、やはり義満時代を先例として勝元は従四位下に叙され、当時の右京大夫に替わって武蔵守《むさしのかみ》を受領している（儀式後、武蔵守を辞め、右京大夫に戻る）。さらに勝元の後見細川持賢は入道の身（当時は法名道賢）でありながら右馬助から右馬頭に昇進し、その養子成賢が替わりに右馬助に任官した。元服の惣奉行は幕府評定衆である摂津《つ》之親《ゆきちか》、奉行は布施《ふせ》貞基《さだもと》と松田貞長《さだなが》であったが、特に之親は義満の時に祖父の摂津能直《よしなお》が惣奉行をつとめた先例により起用されたのであった（「鹿苑院殿御元服記」）。この際、之親は中務大輔《なかつかさのたいふ》より掃部頭《かもんのかみ》に任官し、父摂津満親《みつちか》は出家の身でありながら摂津守《つのかみ》に任じられている。

兄義勝が畠山持国主導のもと義持の元服（公家の儀）を先例としたことに対して、義政の元服は父義教が先例とした義満（武家の儀）を模範としたのは、兄義勝が夭折したことにより凶例とみなされたこととも関係しようが、父義教の先例を継承するという義政の意志ともみえる。この当時は先代を忌棄し、先々代を佳例視する潜在的な意識があったことも指摘される。「現代」を否定し、先々代に回帰する「もどり現象」は徳政思想との関連も指摘される（石原二〇〇九）。

後花園天皇よりお祝いとして平鞘《ひらさや》の御太刀が下賜され、これに対して義政も返礼している。初日の垸飯は管領の勝元が、二日目は畠山次郎、三日目は斯波（大野）持種であった。なおこの日、持国が実子の次郎に偏諱を求めたため、次郎は「義」の偏諱を得て、「義夏《よしなつ》」と名乗った。彼はさらに改名して「義就《よしひろ》」となる。河内畠山氏への「義」偏諱は持国の希望であろうが、義就が初めてであった。この義就は義政の人生はもちろん、十五世紀後半の社会に大きな影響を与えることとなる。

将軍宣下と御判始

義政元服後の四月二十七日には管領細川勝元のもとで評定始が行われた（『康富』同日条）。その二日後の二十九日には義政の将軍宣下が行われた。これにより義政は正式に第八代将軍となったのである。これによって義勝の死後空位となっていた将軍職が六年ぶりに復活した。室町殿＝現職の将軍という形が復活したのである。

将軍宣下では正親町持季《おおぎまちもちすえ》が上卿《しょうけい》（責任者）を、日野勝光が職事、四位外記は清原業忠、四位史は大《おお》宮《みや》（小槻《おづき》）長興《ながおき》がつとめた。将軍宣下に次いで禁色宣下が行われた（『康富』同日条）。その後御判始が行われたが、それに先立って花押の選定が進められた。義政は権《ごん》大外記《だいげき》中原康富に花押の形態について、名字を草字とすべきか、別字をもって作成すべきかを諮問した。康富は自分はわからないと返答したうえで、将軍の花押について、義満と義教は「義」の字を、義持は「慈」の字を用いたと記している（『康富』四月二日条）。ただし、これは後に述べる公家様花押のことであり、この時用いられることとなる武家様花押のことではない。つまり、この時点では義政の花押は武家様、公家様と確定していなかったのだろう。

足利義政武家様花押

この時の御判始の吉書が石清水八幡宮に残されている（「石清水八幡宮菊大路家文書」『政』二）

寄せ奉る
　石清水八幡宮
摂津国兵庫《ひょうご》上庄《かみのしょう》の内徳珍《とくちんみょう》名
幷に同じく福原庄《ふくはらのしょう》の内西方散在田地の事
右の所、寄進するの状件の如し、
　文安六年四月廿九日
征夷大将軍源朝臣（花押）
口語訳：石清水八幡宮に寄進し奉る、（略）右の土地を寄進することは以上の通りである。

この吉書の右筆は元服奉行でもあった布施貞基で、花押は先例通り武家様の花押が用いられている。ところで、これらに先立ち三月十六日に室町第より寝殿・御門が引かれ、烏丸第での常御所の事始が行われた。同年末の十一月二十一日に会所が完成し、翌二十二日に義政は移徙している。一連の移築、造営により烏丸第は仮の御所から将軍家本亭となったのである。

義教の先例への意識

将軍宣下にあたって太政官の事務を担う官務《かんむ》職の還補《かんぽ》をめぐる問題がおきていた。それは三月十八日に義政の執奏により官務職が現任の壬生《みぶ》（小槻）晨《あさ》照《てる》から前任者の大宮（小槻）長興に還補されたことである。そもそも太政官の史《し》の筆頭（左大史《さだいし》）として朝廷実務を担う官務をつとめる小槻氏は、鎌倉時代に壬生と大宮の二流に分かれ、官務（職とそれに伴う権益）をめぐって争う関係にあった。

実はこの官務職の問題は、翌四月に行われる予定であった将軍宣下と大いに関わっていた。現職の官務である晨照が、嘉吉二年（一四四二）の義勝の将軍宣下の際に宣旨を持参したことが「不快」の例とされたため、義政は武家執奏を行って長興を官務職に還補させたのである。

さらにこれには先例があった。それは義教の将軍宣下の際にすでに参陣していた官務大宮為緒《ためお》に対して、義教は為緒が若死にした義量の将軍宣下の際に、宣下を持参していたことを「不快」として、前職の壬生周枝《ちかえだ》を還補させていたのである。将軍宣下に際して官務の還補が行われるようになったのはこの義教の時からとされる。義政はこの先例を意識して今回の官務還補の執奏を行ったのである。ただ、管領細川勝元はこの件を関知していなかったようで、武家伝奏や義政に詳細を尋ねている。勝元は義政に対して六・七度に渡って還補の執奏に反対したが、結局、義政が「堅く仰せ下され」たので、三月十八日付けで長興に官務職が還補されることとなった（『康富』三月二十一日条）。

右の一件から、儀式に対する義政の強い意志が垣間見られる。当時義政は十五歳であったが、勝元の説得を聞かず、自身の意志を押し通して義教時代の先例に合わせた。義政の父義教または義満を先例とする意志が垣間見られるが、何より周囲の大人たちのもと、はじめて強く自己の主体性をみせたのであった。この後、義政が従三位に昇叙した際、位記の持参役について、義勝の例は「不快」ということで、大内記《だいないき》による持参を認めなかったこともある（『康富』宝徳二年正月六日条）。義政は先例を名目とした一連の執奏により朝廷の人事への介入も本格的に開始したのであった。

また、将軍就任に先立ち、政所執事職が伊勢貞国（出家して真蓮《しんれん》）から二階堂忠行《ただゆき》に交替された。政所執事職は義満の時代に貞国の先祖である伊勢貞継が就任して以降、伊勢氏が世襲してきたが、貞国は義満の先例のため辞職したのである（『基恒』文安六年四月二十六日条）。貞国には嫡男貞親がいるなかで、忠行が政所執事に就任したのは、義満の将軍就任の際、二階堂行元《ゆきもと》が政所執事であった先例があったためである。義政は一連の儀式で義持、義勝ではなく、義満、義教の先例を意識的に採用したが、これは来たるべき親政への決意表明でもあろう。もっとも、義教が先例とした義満の諸儀礼も、実際はそのままを再現できたわけではない。さらに義教初期においては義教の意思で必ずしも義満先例を選択したわけではないことも指摘される（石原二〇〇九）。義政にとって、再現度や義教の意志はともかく、義満・義教時代を先例とすると意思表示すること自体に意味があったのである。

大御所正親町三条尹子の死

義政が将軍宣下を行った年、地震や伊勢神宮《いせじんぐう》（三重県伊勢市）の外宮が鳴動するなどの怪異が続いたため、七月二十八日に「文安」より「宝徳《ほうとく》」に改元した。ただし、文安同様にこの改元は武家執奏によるものではない。

改元翌月の八月九日に、義教の「御嫡妻」で「室町殿（義勝）御嫡母」である大御所正親町三条尹子（瑞春院）が死去した。享年三十八歳（『康富』同日条）。尹子は父義教の正室であったが、継嗣義勝と異なり、義政を猶子（＝養子）としなかったため、義政の「御養母」でなかった。このため、義政は尹子の死去を受けて、喪に服する期間や禁忌について当時の関白一条兼良や、前関白近衛房嗣、右大臣二条持基ら三人と、儒者で大外記（局務）の清原業忠に尋ねた。義政より諮問をうけた業忠は、「先年、伯母である本来の義教正室裏松光子の逝去した際に、実子（娘）がいたため「御嫡母」として軽服したが、尹子には子もないため、「御継母」として軽服する必要はない」と上申した。摂関家の面々もほぼ同意見であったという。その結果、今回は尹子は「継母（二等親）」として扱い、軽服を行わないこととなったという（『康富』十日条）。ただ、義勝は尹子の「猶子（養子）」であったため、「養母（一等親）」であった。もし、義勝が生存していたならば養母として重服しただろう。

ここで業忠は先例として、二代将軍義詮《よしあきら》の御台所渋川幸子《しぶかわこうし》が死去した際、義満は軽服したこと、義満の正室日野業子《なりこ》が死去した際は義持は軽服したが、義満後室の北山院裏松康子が死去した際は義持は軽服しなかったことなどをあげている。業忠はすでに伯母でもある「嫡母」光子の死去の際に軽服しているため、今回は必要ないとしたのである。結局、北山院裏松康子の先例により、義政は尹子の服仮をすることはなかった（「綱暦記」八月十六日条）。

もちろん、尹子が義教の「嫡妻」であることに変わりない。当日の畠山亭への方違御成は中止されたほか、大名たちが烏丸第の義政のもとに弔問に訪れている。尹子は嵯峨の二尊院《にそんいん》（京都市右京区）にて荼毘に付されたが、義政の使者としては伊勢貞国が派遣されている（『康富』八月十二日条ほか）。

軽服の有無

正親町三条尹子の軽服をめぐって興味深いのは、実子の有無が「嫡母」「継母」の基準となっていることであろう。裏松光子は子（姫君、夭折）がいたことで「嫡母」となるが、実子がいなかった尹子は義教の「嫡妻」であっても義政の「嫡母」とならなかった。そのため、ただの「継母」とされたのである。律令やその解説である「令義解《りょうのぎげ》」、さらに十四世紀の「拾芥抄《しゅうがいしょう》」では「嫡母」でも子がいなければ、父の「妾」としてあつかい、服忌しないと規定されているので、それに沿った解釈であろう。この場合、妾＝継母となる。

いかに「嫡妻」であっても子がいなければ、次代の当主に対して親権がなく、影響力を及ぼしえなかったということだろう。子のいない御台所は次代の将軍家家督に対して親権を行使しえなかったといえる。尹子は義教の嫡妻ではあるが、「猶子（養子）」でもない義政時代において「継母」と位置づけられたのであった。ただ、尹子の妹で義教妾であった三条上﨟局が子があったのにもかかわらず、その死後義政は軽服しなかった（『康富』享徳三年七月二十三日条）。とすれば、正親町三条家そのものと義政（または将軍家）との擬似的な家族関係を解消させようとしたのだろう（拙稿二〇二三）。

このような扱いは、義政というよりは生母である裏松重子やその周辺の意向が大きいかもしれない。重子の実家裏松家は義教時代には将軍家の外戚としてその影響力が著しく低下したが、義教の死、重子出生の義勝、義政が家督を継承したことによりその地位を盛り返した。その一環として文安五年（一四四八）に現当主勝光が禁闕の変で断絶した日野惣領家の家督を継承したことや（『康富』四月七日条）、宝徳二年（一四五〇）六月九日には重子の兄裏松義資に正二位権大納言が贈位贈官されていることなどがある（同日条）。さらに、同年に重子の兄である南都の東南院《とうなんいんちょうじん》重尋が寂した際には、義政はその甥として軽服しており（同七月二十二日条）、服仮の有無から義政が正親町三条家ではなく、裏松家の流れを汲むものであることが明確に示されるのである。

ただし、尹子の縁もあり、実雅は義政時代にも出仕し続け、正親町三条家は譜代の昵近《じっきん》公家衆として、幕府末期の足利義昭《よしあき》期まで将軍家に出仕を継続することとなる。

勝元の管領上表

義政が将軍宣下をうけ、御判始を行ったことで親政を行う前提は整った。そこで細川勝元はその翌日・五月一日に管領職の辞任を申し入れた。親政開始の際、管領は一旦辞任する例であるため、勝元の辞意表明は義政の親政開始を予定した行為であったという（桜井二〇〇一）。勝元の辞意表明の使節四人は三宝院門跡義賢《ぎけん》のもとにその旨を伝えた。そこで、義賢による説得もあったのか話しは夜半まで及んだという。その後使節は伊勢貞国のもとに行くが、夜遅いため、義政への伝達は延期されたという（『康富』同日条）。

勝元の辞意表明は朝廷にも影響した。それは管領が内裏の四足門警固役をつとめていたため、それをどうするのかということであった。勝元は警固役について、侍所《さむらいどころ》の寄人《よりゅうど》（奉行）の筆頭である侍所開闔《かいこう》が代行すべきと命じたものの、当時の侍所開闔布施貞基は、「上意でないため、引き受けられない」と返答したのである。そのため警固役はひと先ず勝元が継続することとなった（前同）。ここで貞基が拒否したのは、侍所自体が管領の指揮下にないことを意味する（当時の侍所は山城・丹後などの守護一色教親《いっしきのりちか》）。幕府の奉行人は一人で複数の機関に属することが多い。御前沙汰などで管領指揮のもとで訴訟の審議を行うが、それはあくまでの御前沙汰に属する立場のときであり、開闔・寄人などを兼任する奉行人が侍所開闔としての立場で職務を行う際は、管領の指揮下にないということであろう。彼らを動かすには管領とはいえ、上意が必要だったのだ。

勝元の辞意はその後も変わらず、七月三日には「治定」となった。そのため、上意により内裏の四足門役は正式に侍所開闔が代行することとなったが、義政は勝元の管領留任を諦めず、畠山持国と勝元の舅である山名持豊、さらに伊勢貞国や奉行衆を複数派遣して説得に当たらせた。義政はその間、畠山亭に御成しているが、今後のことを直接協議したかったのだろう。勝元が辞任した場合、次に管領となるのは持国しかいないからである。当初は勝元は持国らと対面しなかったが、最終的に来たる八月の参内までは継続するということで妥協したのであった（『康富』七月十日、十九日条ほか）。当然、勝元が辞意を表明している間は新規の雑訴の受理、訴訟の審議、管領下知状、管領奉書などの公文書発給はなく、幕府運営が停滞することとなった。

将軍＝天下の執政が実行されようとしていたが、管領は単に室町殿・将軍の代行役ではない。幕府運営やその手続き上でも不可欠な存在であった。親政といっても管領は幕府運営上なお必要なのだ。

求められる上意と側近の取次

将軍＝天下の執政という意識があったのか、将軍に就任した義政のもとには上意を求められる機会が増加した。特に管領が辞任しようとしていたことも影響しよう。

細川勝元が辞意を表明している期間の文安六年（一四四九）五月十五日、清原業忠は大炊《おおい》寮《りょう》料（領）興行について直接義政の裁許を仰ぐために、これまでの綸旨や下知状を披露してくれるよう烏丸資任を頼った。資任は「（証文を）御目に懸けるまでもない。（業忠の訴えを義政に）披露する」、「御教書に背くものがいればすぐに注進するように。厳密に御使を派遣する」と返答したという（『康富』同日条）。資任は独自の判断で義政に披露を行うことができたのである。

また業忠は将軍就任前の前年文安五年（一四四八）九月にも義政に丹波国内の所領について烏丸資任を通して歎願している（『康富』文安五年九月十九日条）。すでに義政の上意が期待されはじめていたとみることができるが、鳥居和之氏は将軍就任後、次第に上意が管領の意向を上回わっていくことを指摘している（鳥居一九八〇）。義政の上意は将軍就任後、徐々に向上しはじめたのである。

翌宝徳二年の業忠亭とその文庫移動の一件では、同じく業忠が費用の段銭を含めてこの旨を朝廷に申請した際、上意と管領の意向次第とされている（『康富』八月九日条）。ところが、当時畠山持国は管領辞意表明中であったため、確認が遅れた。その後、業忠は持国の意向を確認したうえで再度朝廷に申し入れ、女房奉書《にょうぼうほうしょ》を得て義政への披露を貞親に依頼している（同九月十八日条）。ここから義政の上意の前提に管領も意向も必要条件であったことがわかる（鳥居一九八〇）。

一連の業忠の歎願で注目されるのは、義政への披露を資任が行っていることであろう。さらにこれ以前には局務渡領をめぐって資任と伊勢貞国が談合を行っていることも確認される（『康富』文安五年八月二十六日条）。貞国はのちに上意の御使として管領に赴いているが（同九月十九日条）、彼らは義政の側近として、依頼者からの歎願を義政に申し次ぐのと同時に、上意を管領に伝えることができたのである。さらに独自に義政への披露の有無を判断していたこともわかる。これはすでに義政の上意による側近政治が開始され始めていたと評価してよいだろう。もっとも業忠の場合、父子で義政の講師を務めているように、もともと義政の周辺と繋がりがあった。そのため、資任ら側近らを通して直接義政の上意を期待できたことに注意が必要である。また、同時に管領の意向も必要とされていたように、義政の上意にはなお限界があった。

義政の参内

将軍宣下後の宝徳元年（一四四九）八月二十七日、義政は参議兼左近衛中将、従四位下に昇進し、公卿に列した。そして、翌二十八日には将軍就任後、初めて参内した（参内始）。義政は八葉車《はちようのくるま》に乗り、これに殿上人の日野勝光、広橋綱光《つなみつ》、冷泉《れいぜい》（高倉）永継《ながつぐ》が扈従《こしょう》し、管領細川勝元や小侍所《こざむらいどころ》細川成賢らが騎乗で供奉した。この参内は前日の叙任に対する御礼も兼ねたもので、義満の先例に基づくものという。衣冠姿の義政は関白一条兼良、右大臣二条持通が参会するなかで、儀定所《ぎじょうしょ》にて後花園天皇とはじめて対面したのである（『康富』同日条）。公武を率いての参内は、将軍となったばかりの室町殿義政のハレの舞台であった。

その後、宝徳二年（一四五〇）正月五日に従三位、二月二十九日に権大納言に昇進し、六月二十七日には従二位となった。七月五日に参内した際、義政は参内始の際のような衣冠《いかん》ではなく直衣《のうし》で参内した（直衣始）。まだ義政は二月に権大納言になったものの、これまで拝賀を行っていなかったため、清原業忠と持通に先例を確認したのである（『康富』同日条）。直衣は殿中出仕の際に用いられる衣冠束帯《そくたい》と異なり、平服《へいふく》（一般服）という扱いであった。

このときに諮問をうけた業忠は、直衣で参内した先例として足利将軍では義詮、義満、鎌倉将軍では初代将軍源頼朝や第四代将軍藤原頼経《ふじわらのよりつね》などを挙げている。実際に、頼朝や義詮が実際に直衣で参内したことは記録からは確認できないが、今回直衣で参内したことで、頼朝や義満と同列の存在であることとアピールしたのである。

義政と後花園天皇

当時は管領政治のもと、公武関係も基本的には管領が中心として対応した。ただ、上意として祈年穀奉幣使《きねんこくほうへいし》の復興（『康富』文安五年八月二十三日条）や、琉球の商人よりの進上金を禁闕の変で焼亡した内裏の再建の費用としてそのまま進上するなど（『康富』文安六年九月五日条ほか）、義政の名前で行われているものもある。さらに宝徳二年（一四五〇）には官務小槻氏が管理する官文庫《かんぶんこ》の修造料について朝廷より義政に仰せがあり、それをうけて義政は管領に段銭徴収を命じているが（同五月二十一日条）、これらは室町殿による朝廷支援といえる。もっともこれがどこまで義政の主体性によるものかは判断しづらい。

そのなかで、義政と後花園天皇との関係はどうであったのだろうか。宝徳二年八月二十二日、義政と天皇は同日に内裏内で受衣《じゅえ》と取名したが、これは義満が応安《おうあん》五年（一三七二）に受衣したという先例に基づくものであった（『臥雲』八月十九日条ほか）。この時、義政の法号は「道順《どうじゅん》」とされた（道号は付けられず）。この受衣は実際に剃髪するわけではなく、在俗の弟子となることである。さらに義満の時と同じく夢窓疎石《むそうそせき》の影前で行われたが、これは義政の師が疎石であることを意味した（『康富』同日条）。この共同受衣により、天皇と義政は疎石の俗弟子となり、二十七日には天皇より疎石には「仏統国師《ぶっとうこくし》」の国師号が贈られたのである。両者が同日に受衣したことは、両者が宗教面でも共同関係にあることを示すものだが、天皇と義政との君臣関係を示すものであるとされる。この共同受衣は義政が疎石の前で天皇の玉体安穏を祈る百官の一員として誓うものであったという（芳澤二〇一八）。

後花園天皇

これは若い義政ではなく天皇主導であったとみられる。天皇はこの共同受衣によって、若い室町殿義政とそれを後見する年長の天皇という関係を改めて世間に示したのである。

さらに義政初期の文芸活動でも、天皇が若い義政を後見役とする姿がみられる。義政は文安五年六月に禁裏《きんり》月次《つきなみ》御歌会《おんうたかい》にはじめて参加しているが（『康富』同十八日条）、この御会はかつて義教の執奏により開始されたものであった。義政の参加は天皇の発案とみられ、義政の将軍就任に際して、室町殿の恒例行事にこの月次歌会を組み込ませようとしたのである。義政は同時に幕府でも月次歌会を開始するが、そこには天皇の御製《ぎょせい》や親王御詠《ぎょえい》が下賜されていた。川上一氏は幕府の月次歌会も天皇の後見のもとで朝廷主導で行われていたためで、会自体の権威上昇を計ったものと評価している。御製の下賜は享徳《きょうとく》元年（一四五二）まで継続するが、天皇は義政を自らを中心とする歌壇の一員することで、公武の協調関係を演出しようとしたのである（川上二〇二〇）。

このほか、義政と天皇は蹴鞠という共通の趣味があるなど（石原二〇一五）、両者は昵懇関係を築いていたが、年齢をみれば天皇は義政より十六歳も年長であり親子関係に近い。かつて、義教はまだ若い天皇を後見して育成する姿勢をみせていたが、今回は反対に年長の天皇が年少の室町殿の庇護者として後見する姿勢をみせたのだ。

公家衆への偏諱

義政は公家衆の任官や寺社の別当職補任の執奏など、人事にも関与した（『康富』宝徳元年十月二十二日条ほか）。これと同時に義政による偏諱授与も公武関係をみるうえで看過できない。特に偏諱の授与は公家に対して新たな家督相続を承認して、家門を保全するという意味もあった。さらに偏諱をうける側も室町殿の保護をうけるという意識があり、主従的な関係を結ぶ行為であったと指摘される（水野一九九八）。

公家衆への偏諱は、二条家の庶流今小路《いまのこうじ》家の今小路持冬《もちふゆ》の子へ「成」字を与えたことが初見である（「成冬《しげふゆ》」）これは、今小路家は「代々武家御猶子分」であるための偏諱であった（「綱光」文安六年四月十六日条）。もっとも、公家衆への偏諱を義政が主体的に偏諱を与えたわけではなく、基本的には公家衆からの申請が前提であった。改名後の「政」については、その偏諱を得た公家は複数（花山院政長《かざのいんまさなが》、勧修寺政顕《かじゅうじまさあき》、日野政資《まさすけ》、冷泉政為《まさため》）確認できる。九条政忠《くじょうまさただ》（はじめ「成家」）など、当初は「成」字偏諱を受けたものが、「政」字の偏諱を受けたものもいる（『公卿』）。

特に注目されるのは摂関家への偏諱である。偏諱被授与者は近衛政家、九条政忠・政基《まさもと》兄弟、二条政嗣《まさつぐ》、一条政房《まさふさ》、鷹司政平《まさひら》以下、多く存在する。これまで義満以来、九条流（九条、二条、一条）には偏諱が与えられてきたが、義政の代になって新たに近衛流の鷹司家にも偏諱が与えられるようになったのである。これで五摂家すべてに室町殿の偏諱が与えられることとなった。これは近衛流が義政に接近したこともあろう。

だがその一方で、義政以前の室町殿（義持、義教）より偏諱を受けていた公家が、義政より偏諱を受けない事例（今出川〈菊亭《きくてい》〉家、正親町家）もあった。摂関家でも一条家は文明《ぶんめい》元年（一四六九）に死去した一条政房を最後にそれ以降偏諱を受けなくなる。鷹司家も偏諱を受けたのは前述の政平のみで、次代の兼輔《かねすけ》以降は偏諱を得ず、一代のみで終わった。もっとも室町殿家司・家礼《けらい》など、将軍家に近い公家衆も必ずしも偏諱を得たわけではない。日野流では武家伝奏もつとめる広橋家、乳父でもあった烏丸家でも歴代当主への偏諱はない。将軍家の衣紋係として近侍する高倉家も歴代偏諱はない。武家に対しては大名、守護、直臣と幅広く偏諱が行われているが、公家への偏諱は将軍家との親疎とは必ずしも関係なかったのである。

日明貿易

宝徳三年（一四五一）、義政時代はじめての日明貿易が行われた。義満の時代よりはじまった日明貿易はいわゆる朝貢《ちょうこう》貿易（勘合《かんごう》貿易）の形式であり、明国皇帝と「日本国王」

に封じられた足利将軍（室町殿）との間で行われ、幕府に膨大な利益を与えたことは周知の通りである。この貿易は義持の時代に一旦中止されたことで幕府財政は大きく影響をうけたが、義教の時代になって再び再開された。特にこの外交を担ったのは京都五山の禅僧たちであった。

主な輸出品は硫黄《いおう》や銅、刀剣や屏風・扇、漆品などの工芸美術品で、輸入品として求められたのは明銭《みんせん》（銅銭）や書籍、生糸や織物などである。特に日本では独自の貨幣を鋳造しなかったため（鐚銭《びたせん》など除く）、列島内の経済活動における貨幣は宋銭《そうせん》・明銭に依存していた。そのため、日明貿易はこの銅銭の確保という点でも重要であった。ただし、実際に国内で流通した明銭（永楽銭）は、日明貿易によってもたらされたわけではなかったとされる（川戸二〇二二ほか）。

「日本国王」である義政の時代には合計で四回、遣明船が派遣されている。大乱前に二回、大乱後に二回である。その膨大な利益について、大和国の交易商楠《くす》葉《ば》西忍《さいにん》が語るところにおいては、糸がもっとも利益率が高く、唐糸一斤が二百五十目（文）で、日本の代は五貫文（約五十万円）となる。さらに銅は一駄十貫文のものが、明では四、五十貫文で売れるという。また金一棹十両三十貫文が、百二十貫文、または百五十貫文（約一千五百万円）となるという（『大乗院』文明十二年十二月二十一日条）。日明貿易が官民ともに魅力的なものであったことは間違いないだろう。

勘合貿易に必要となる勘合札は、幕府にとってもっとも重要なものである。勘合の管理は蔭凉職が行ったが、普段は公方御倉が保管していたようで、必要な時に厳重に鎖による封がされた勘合箱より出されていた（『蔭凉』長享元年十月三十日条）。

また、義政時代を含めた日明の外交と外交文書については、相国寺の鹿苑僧録《ろくおんそうろく》で外交文書の作成に携わった瑞渓周鳳が「善隣国宝記《ぜんりんこくほうき》」としてまとめている。さらにこの続編というべきものが江戸時代に編纂された「続善隣国宝記」も残されるほか、義政の側近一人で、相国寺住持、義政の死後に鹿苑僧録となった横川景三《おうせんけいさん》による「補菴京華集《ほあんけいかしゅう》」にも外交文書が収録されている。

第一回目の遣明船の正使は天龍寺《てんりゅうじ》（京都市右京区）の住持東洋允澎《とうよういんぽう》で、遣明船が日本を発したのは享徳二年（一四五三）であり帰朝したのは翌三年である。天龍寺による一号船以下、合計九隻が派遣された。これは義政時代の日明貿易では最大規模である。もともとは十隻計画されて、この内勘合の一つは薩摩の島津《しまづ》氏に分けられたが辞退したため、九隻となったという（『蔭凉』文明十八年十二月二十八日条、同十九年五月十八・十九日条ほか）。この時は公方船はなく、天龍寺が三隻、武家では九州探題《きゅうしゅうたんだい》（四号船）、大友氏（六号船）、大内氏（七号船）が船を派遣した。

この時の主な進物は馬や硫黄、武具などである。ただこの遣明船派遣はまだ親政を開始する前の義政ではなく、当時の管領畠山持国が差配していたようだ。この時の入明については笑雲瑞訢《しょううんずいきん》による「笑雲入明記《しょううんにゅうみんき》」・「允澎入唐記《いんぽうにっとうき》」という道中日記が残される。遣明使による道中日記としては最古のものである。

ただ、明側が貿易を制約しはじめたことで、日本よりは頻発に派遣することはできなくなった（橋本二〇〇九）。これは朝貢貿易が、進物を持って来明する臣従国側に対して徳を示す意味もあって、明帝側が膨大な品物を下賜していたため、明側の負担が大きくなっていたことにある。享徳三年（一四五四）に遣明使に対して、次回用の勘合百枚が下賜され、それを持参して帰朝した。

「三魔」

義政初政を代表する側近に「三魔《さんま》」がいる。これは先の瑞渓周鳳による『臥雲日件録抜尤』享徳四年（一四五五）年正月六日条に、「竺雲《じくうん》が来た、茶話の次でに天下政事に及ぶと竺雲がいうには、世には三魔の説がある。落書には三人の形が描かれ、政治は三魔からでている、御今（今参、いままいり）、有馬（ありま）、烏丸（からすまる〈ろ〉）である、とあったという」とあり、「三魔」が政治を壟断《ろうだん》していたという落書があったことからきている。この三人は、義政の乳母今参局と烏丸資任、有馬《ありま》元家《もといえ》の三人である。なお「三魔」という評価は、畠山氏の家督問題による弥三郎支持勢力による義就支持派への反発が前提としてあったとも指摘される（家永一九九九）。

まず一人目の今参局は、義政を「守り立て」る存在であった（『大乗院』長禄三年正月十六日条）。その一族大館持房《もちふさ》による「大館持房行状《ぎょうじょう》〈故《こ》総州《そうしゅう》太守《たいしゅ》源公《げんこう》持《じ》房景麗院殿高門《ぼうけいほういんでんこうもん》常《じょう》誉《よ》禅門《ぜんもん》行状《ぎょうじょう》〉」（以下、行状）」にその詳細が記されている。それによれば今参局は将軍直臣である大館満冬《みつふゆ》の娘で、乳母として義政に近侍していたという。女房衆としての臈次《ろうじ》は上臈で、生年は不明であるが、義政の幼少より養育にあたっていたと思しい。もちろんそれに相応しい教養もあっただろう。具体的にいつ義政の乳母となったのかは判然としないが、烏丸第にいた時分より側にあったことは間違いないだろう。

家督継承以前、生母裏松重子と義政との接点は少なかったため、義政にとってもっとも身近な「母」であった。義政は今参局に特別な恩情を感じていたという。今参局については「妾」ともみえており（『碧山』長禄三年正月十八日条）、義政が成長してからは妾にもなったとみられる（森田一九九三）。義政にとって重子より愛すべき女性であった。

当時、周囲がまず今参局に期待したのは、義政への内々の披露である。摂関家の鷹司房平は闕所の扱いについて今参局に御書を送って義政への披露を依頼した結果、「子細ない」との上意を得ている（『康富』宝徳二年十一月五日条ほか）。摂関家ですら、彼女に頼っていたのである。今参局の権勢は大きかったようで、享徳四年（一四五五）に今参局が伊勢神宮に参宮した帰路、その通路で神人《じにん》（神社に仕える下級神職）同士の合戦があったが、今参局が通るということで、一時的に休戦となったこともあった（同享徳四年閏四月二十八日条）。今参局の交通は紛争より優先されるものと認識されていたのだ。これは今参局の機嫌を損ねれば、いずれ不都合となると周囲は考えていたのだろう。

なお「今参」とは「新参」という意味で、「御新参局《ごしんざんのつぼね》」とも呼称される。また彼女だけでなく、「今参局」という女房衆はほかの時代にも複数存在する（義教時代には土岐頼忠《よりただ》の娘が今参局としてあり）。また、義政の乳母は今参局のみではなく、同じく権勢をもった「大御乳人《おおおちのひと》」もいる（『康富』宝徳三年九月二十四日条）。彼女も義政に影響力を持っており、疎遠であった生母より、乳母が義政に強い影響力を持ったことがわかろう。

次に資任はこれまでも度々登場したように、義政の乳父であり、幼少のときより身近にいた存在である。資任は応永二十四年（一四一七）の誕生で、長禄三年（一四五九）には准大臣《じゅんだいじん》になり、文明十四年（一四八二）十二月に死去している（『公卿』ほか）。この落書の時点で資任は三十八歳であり、官位は前権大納言、従二位であった。

資任の父豊光は北山院裏松康子・義持御台所裏松栄子姉妹の兄弟にあたるが、彼は永享元年（一四二九）に没している。烏丸家は前述のように義教の時代、冷遇された裏松家に対して義教より優遇されていた。資任は義教時代には室町殿家司であった。さらに彼は、文安改元の勘文《かんもん》作成に文章博士として携わっているほか（「和長」明応十年二月二十四日条）、次の「宝徳」改元の際も勘進《かんしん》を行っている（『看聞』「別記院号事」）。藤原北家日野流は菅原氏などとともに紀伝道の家として漢文学や中国史にも精通しているため、資任にもそのような知識は当然あったと思われる。義政にもそのような教育が行われていた可能性が高い。

また、度々述べたように、当時の義政の御所はこの資任亭を改修して用いていた。幼少より義政に近侍した資任への信任が厚かったことは容易に想像できるだろう。養育していた義政が将軍家を継承したことで資任の家運があがったのである。資任はその立場もあって、前述のように、義政の将軍就任以前より各所により歎願をうけ、それを義政に披露することができた。しかも披露においても独自に披露内容について判断することもできた。それは義政の乳父という立場があってこそのものであることはいうまでもない。

最後の元家は先の二名と比べてやや異質である。彼は前の二人と違って、幼少のころより近侍していたわけではない。

有馬氏は赤松氏庶流で、名字の通り、摂津国有馬郡を本領とする。元家は義教の側近でもあった有馬持家（または教実）の子である。彼の登用については、当時、播磨での赤松則尚と山名持豊との抗争や、それにからむ畠山義就と同弥三郎による畠山氏の家督問題（後述）が背景にあると考えられている（家永一九九九）。元家が義政の「無双の寵人」であったことは相違ないが、明らかに前の二人とは異なる存在であった。その彼は康正《こうしょう》元年（一四五五）十二月に遁世してしまう（『康富』『師郷』十二月十三日条ほか）。この遁世は元家が自由出家したことで義政の怒りを買ったことが原因であった。その後、元家は将軍継嗣となる足利義視《よしみ》に接近していくが（『蔭凉』寛正六年九月十八日条ほか）、大乱中の応仁二年（一四六八）十一月十日に、上意により殺害されることとなる（後述）。

伊勢貞親

義政の親政を支えたのは「三魔」だけではない。義政親政をみるうえで欠かせないのが「御父（乳父）」伊勢貞親である。貞親の弟には伊勢貞藤《さだふじ》、妹には伊勢盛時《もりとき》（宗瑞《そうずい》）の母となる伊勢盛定《もりさだ》の室らがいる。さらにその姉妹は日野勝光に嫁入りしていた（『建内記』文安四年十一月十六日条）。貞親は義政の家督継承後、「御父」となったものの、義政は伊勢亭に移ることはなく、依然として烏丸第にあったため、貞親が実際にまだ幼い義政の養育にあまり関与する余地はなかった。

北小路今出川伊勢亭跡地

伊勢氏は鎌倉時代以来の譜代の被官で、「殿中惣奉行《でんちゅうそうぶぎょう》」・「御厩奉行《みまやぶぎょう》」（『伊勢系図』ほか）であったが、義満の時代には将軍家の家政と動産訴訟などを担う政所執事職に就任して以来、この職を世襲してきた。代々伊勢守を受領する嫡流の伊勢守家のほか、複数の庶流（備前守《びぜんのかみ》流、因幡守《いなばのかみ》流、加賀守《かがのかみ》流など）に別れ、それぞれ将軍家の近習を務めている。伊勢氏の権力は貞親の父貞国の時代を転機として、貞親の時代に急速に伸長した。これは第十三代将軍足利義輝《よしてる》の時代の伊勢貞孝まで継続する。

貞親の父貞国も当初は義政の使者や義政への披露などを

行っていたが、貞親も烏丸第時代の義政と外部の取次役を務めていた。宝徳元年（一四四九）の関白補任のトラブルでは、隠居を仄めかす鷹司房平への対応について、一条兼良や近衛房嗣らが相談したが貞親であり、貞親はその旨を義政に披露している（『康富』十一月二十一日条）。さらに義政に向けた禁裏の女房奉書に付属する伝奏の奉書は貞親に付されている（同宝徳三年七月五日条ほか）。貞親は当時は政所執事の職にはないが、すでに義政の側近メンバーの一員となって、申次を行っていたことに相違ない。さらに貞親は、康正二年（一四五六）には、義政より罪科のあった被官の闕所《けっしょ》（没収地）進退権を付与されるなどの特権も得ている（『蜷川』三七、『政』一二一）。

伊勢氏の被官には蜷川《にながわ》氏一門や太田《おおた》、堤《つつみ》、野依《のより》、松平《まつだいら》、三上《みかみ》各氏のほか、幕府御家人である西《にし》岡衆《おかしゅう》（革島《かわしま》氏、石井《いしい》氏など）、在国の被官、土倉や山徒（比叡山の下級僧侶）などもいた。このような大所帯は守護家や大名家ではない、通常の将軍直臣にはみられない規模である。そのため、貞親が独立した権力を形成することとなった要因とも、「大名」とも指摘される所以である（五味一九七四）。

このの ち長禄二年（一四五八）に烏丸第より室町第に移徙したことで、貞親が「乳父＝執事」として権勢を振るう条件が整ったとされる。そして、翌三年に今参局が失脚して「三魔」の時代が終焉するのと同時に、貞親が新しい側近の代表者となっていく。貞親の権勢は義政との親近ではなく、それまで将軍家の家政を事実上掌握した存在としてのものとみられている（家永一九九九）。実際に義政と貞親が親密な関係となるほど長い時間を共有したわけではなかった。義政と貞親との関係は、烏丸第から室町第に移徙して以降に親密化するのである。そう考えると、義政の人格形成に貞親があたえた影響は資任や今参局ほど大きいとはいえない。

義政の元服、将軍宣下に並行して、関東でも大きな変化があった。鎌倉公方の復活である。義政がその生涯において、重点を置いたものの一つが関東政策であった。

鎌倉公方の復活

父義教の時代、第四代公方足利持氏《もちうじ》が幕府に反抗し、永享の乱が勃発していた。これは持氏の敗北により終結したが、持氏遺児の足利春王丸《はるおうまる》と安王丸《やすおうまる》とを擁立する結城合戦が続けて勃発するなど、関東では混乱が続いた。永享十二年（一四四〇）の結城合戦鎮圧後、遺児二人は斬首されたが、持氏には信濃の大井《おおい》氏が庇護する足利万寿王丸《まんじゅおうまる》（のち成氏）や乙若君《おつわかぎみ》（のち定尊《じょうそん》）など複数の男子がいた。

鎌倉府跡地

鎌倉公方不在のなかで、その補佐役である関東管領職《かんとうかんれい》にある上杉《うえすぎ》氏がその権力を代行していたが、必ずしも上杉氏では対処しきれていなかった。義教は自身の男子（義永〈義制〉）を鎌倉公方として派遣する構想を持っていたが（清水二〇一六）、これは幕府の期待する関東管領上杉憲実《のりざね》（長棟《ちょうとう》）の非協力もあって未遂で終わる。何より嘉吉元年（一四四一）に義教が殺害されたことで、幕府の関東への対応も変化せざるをえなくなった。その後の関東政策は当時の管領畠山持国が中心となり進められることとなる。

幕府内においては持国主導のもと、鎌倉公方は持氏の遺児より就任されることに決定した。だが、憲実の後任人事をめぐって関東では混乱もあった。憲実は自身の子に関東管領職を継承させるつもりはなかったが、長尾景仲《ながおかげなか》ら山内上杉氏の被官は憲実の長男上杉憲忠《のりただ》を支持したのである。この人事案を幕府も了承し、特に綸旨をもって憲忠を関東管領とした。ただ、これに怒った憲実は憲忠を「義絶」してしまった（「山内上杉家御教書以下引付」上杉長棟書状案『上杉家文書』一四三）。

空位となった鎌倉公方については、関東武士らの要望もあり、持氏の遺児であった万寿王丸を次期公方として承認することとなった。一時は乙若君の派遣も考えられたが、万寿王丸は文安四年（一四四七）に鎌倉に入り、宝徳元年（一四四九）に元服し、それまでの鎌倉公方の先例に基づき、義政より偏諱（当時の実名「義成」の「成」）を得て「成氏」と名乗るようになる（「鎌倉大草紙」）。かつて持氏は嫡男に将軍家の通字である「義」を使用し、「義久」と実名をつけたが、今回これは当然否定され、もとのように下の一字を与えるかたちに戻ったのである。

次いで八月二十七日、義政が左馬頭から参議兼左近衛中将に昇進するタイミングで、成氏は左馬頭に任官した。これは義満の時代に、義満が左馬頭より参議兼左近衛権中将に昇進した際に、当時の鎌倉公方氏満が左馬頭に任官した先例による（「綱暦記」八月四日・二十七日条）。こうして、持氏の血を引く鎌倉公方が名実ともに復活したのだった。なお京都にあった乙若君は鶴岡八幡宮寺《つるがおかはちまんぐうじ》（神奈川県鎌倉市）に入寺して若宮別当職《わかみやべっとう》「雪下殿《ゆきのしたどの》」となっている。しかし、結果的には成氏の鎌倉公方就任は、京都と関東の足利氏の和解ということにならなかった。むしろ、義政にとって、もっとも困難な政治問題の幕開けでもあった。

第二章　足利義政の親政

1　義政と管領家

河内畠山氏の内部事情

義政が参内を終えた宝徳元年（一四四九）十月五日、細川勝元は管領を辞し、畠山持国が再任した。十一月九日には評定始、同十三日には侍所に京極持清が補任され、十九日には御沙汰始も行われ、新体制が開始された。だが、これによって義政親政が開始されたわけではない。特に御判御教書をみれば、未だ本格的な発給はなかった。かつて儒学者の清原良賢《よしかた》は、御判御教書の発給は将軍就任後であるべきとしたが（『建内記』応永三十五年五月十四日条）、義政は将軍宣下や御判始などの各条件をクリアしながらも、まだ管領政治は継続していたのだ。

ところが翌二年の七月上旬、持国が再び管領職の辞意を申し入れたため、各種訴訟の審議もいつものように停止された。在職間もない持国が辞任しようとした要因は二つある。禁裏御料所である備前国鳥取荘《とっとりのしょう》（岡山県赤磐市）に関わる人事問題と尾張守護代人事（後述）であった。義政が持国の要求を聞き入れたことで持国は管領に留任することとなった（『康富』八月十六日条）。

ところで、この直前、持国はそれまで養子としていた弟の畠山持富《もちとみ》を廃して、宝徳二年六月に実子義就を後継者指名していた。義政はこれを承認して、安堵の御判を与えていた（『康富』同二十六日条）。義就の生母は卑しい身分（「皮屋」［末柄二〇一四、小谷二〇二〇］）とされ、家督継承に相応しくないとされていた。それだけでなく、持国の実子であること自体、疑問に持たれていた（『東寺』享徳三年四月三日条）。しかし、持国は義就を手元に置いて元服させ、将軍家の通字である「義」の偏諱を得るなど、義就への家督継承準備を進めた。義就は翌三年に伊予守《いよのかみ》を受領したが、その口宣案《くぜんあん》には義政が袖判を据えている（『康富』宝徳三年三月二十七日条）。

一連の家督継承をめぐって注目されるのは、現存しないが家督安堵の「御判」、つまり御判御教書が発給されたことである。さらに義政は先の口宣案にも袖判（室町殿袖判口宣案）を据えている。家督継承安堵の御判御教書については、まだ御判御教書発給が本格化する前ということを考えれば、今回の発給は持国が義就への継承にはずみをつけさせるために、特に強く求めたものであろう。

さらに注目されるのが、宝徳三年に持国室（義就の生母ではない）が義政の「御母」となったことである（『康富』三月三日条）。義満時代、管領細川頼之の継室（持明院《じみょういん》氏）が義満の「乳母」となっていた先例がある。義満時代の再現といえるだろう。持国室が「御母」となったのは、義政の乳父烏丸資任や乳母今参局も関係したとみられている（家永一九九九）。持国室が義政の「御母」となったことは、その夫の持国が義政の「御父」となったに等しい。持国と義政側近らによる連携強化といえる。何より重要なのはこれにより義政と持国の子義就とが仮の兄弟となったことである。この後、義政は義就を支援するが、このことも影響しよう。持国としても、勝元をはじめとするほかの大名家に対して、義政との密接な関係をアピールすることができたのだ。

尾張守護代人事

畠山持国が管領を辞職しようとした要因の一つは、宝徳三年（一四五一）まで続く尾張守護代人事であった。当時、尾張守護は管領家（三職）の斯波千代徳丸（元服後は義健）、守護代は織田《おだ》敏広《としひろ》であったが、もともと守護代は敏広の兄織田郷広《さとひろ》が務めていた。しかし、義教の時代に郷広から弟の敏広に改替させられていたのである。

ところが当時、義政は郷広を支援し、宝徳二年に郷広を守護代に復帰させようとしたのである。持国は当初人事に賛同したが、斯波氏の重臣甲斐将久（常治）に諮ったところ拒否されてしまった（『康富』宝徳三年八月十六日条）。義政は持国に改めて守護代改替を命じようとしたが、持国は斯波家中の反対から改替は難しいとみて、当初の意見を変え、守護代改替を「天下錯乱」のもとであると義政に諫言したのである。それが持国の管領職上表に繋がっていく。義教の時代、守護の家督・人事へ介入する際は、事前に義教は被官や国人の意向（「国の時宜《じぎ》」・「国様《くにざま》」）を調査させた。これは将軍が指名した守護が弱いと、将軍の器量を問われることに繋がるためとみられている（桜井二〇〇一）。実際に、持国が家中の意向を調査したが、義政はそれを無視して強引に人事介入を行おうとしたのである。

この郷広復帰案を取り計らったのが今参局であった（『経覚』宝徳三年七月二十三日条）。義政は持国の反対を受けてもなお守護代改替を諦めなかったが、今度は母裏松重子も「天下のため、公方のため」としてこの人事案に反対し、大名たちも人事案に反対した（『康富』九月二十四日条）。重子は道理のないこの改替案が将軍としての威信を傷つけるものとみていたのである。

この重子の介入について、持国は当初は「御無用」と返答していた（『康富』九月二十四日条）。持国は改替案については反対だが、事態を複雑化する重子と今参局という対立構図を持ち込みたくなかったのだろう。だが、重子は自身の諫言が受け入れられないとみて、嵯峨に隠遁しようとしたのだ。この事態に対して、持国は大名たちと談合したうえで重子のもとに赴き、その述懐の旨を義政に伝えることを約束し、解決を図ったのである。持国は、勝元をはじめとする大名らと談合したうえで、三宝院義賢を通して重子の意見を義政に伝えた。その結果、今参局は守護代改替の介入を辞退し、怠状《たいじょう》（謝罪文）を作成して提出したうえ、御所を退出したのである。これをうけて重子は帰洛し、この問題は一応終息した（『康富』九月二十七日・十月十日条ほか）。今回の一件における一番の責任は義政を示唆した今参局にあるとされたのだ。

今回の事態の収拾をはかるために評定会議に参加したのは主催者の管領持国、細川勝元（管領家、京兆家）、細川成之《しげゆき》（阿波・三河守護）、畠山義忠《よしただ》（能登守護）、山名持豊（四職、但馬・備後等守護）、一色教親（四職、丹後・伊勢守護）、侍所京極持清（四職、飛騨・出雲等守護）であった。つまり、彼らがこの時代の「大名《たいめい》」であった。

結局、今回の人事案は無効となるが、生母対乳母という対立関係が、顕著化した出来事でもあった。今参局はその後復帰し、この後も奥向きでの生母対乳母という対立構図は終わらなかった。両者の緊張関係は今参局の完全な失脚まで継続することとなる。

義政の不満

宝徳四年（一四五二）、畠山持国は再び管領職を上表した。七月二十五日に「享徳《きょうとく》」に改元されたが、翌日行われる予定であった幕府での改元吉書始は延期された（「宗賢」同日条)。吉書始が行われないと、幕府では新元号を使用することができないため、様々な影響を与える重大な問題であった。そこで持国は、「上表を承認するならば儀式に出席する」と半ば脅迫に近いかたちで義政に自らの進退を迫ったのである。義政は選択の余地なく、持国の上表を受け入れるかたちで、八月十一日に吉書始を行った(同日条)。

その後、十一月十六日に細川勝元が管領職に再任したが、勝元は持国が支持していた伊予守護河野教通に替わり、自身が支持する河野通春を守護職に補任する「御教書(管領下知状か)」を義政の上意を得ずに独断で発給した。勝元はこのほかにも上意を経ずに度々管領奉書を発給したようで、翌年になって義政はこのような諸成敗について、「一往〔応〕」上意を経るようにと、勝元に命じたのである。ところが、勝元はこれに「述懐(不満)」をあらわして管領職を上表したうえ、殿中の「壁書《かべがき》」を抹消して、幕府奉行衆の出仕を止め、政務を停止させたのである(『康富』享徳二年五月三十日条)。

この問題はすでに将軍職にある義政に、形式的であれ披露もされずに独断で人事を進めていたことにあった。管領政治が継続されていたこともあろうが、義政の上意が事実上無視されていたといえよう。もちろん、すべて義政の上裁をうけなかったわけではないだろうが、都合の悪い案件は上裁を経ず、独自に裁定して処理していたのだろう。

今回、勝元が独断で恣意的に「御教書」を発給したのは、勝元が伊予の守護職改替について義政にうかがえば、それが拒否される可能性が高かったことを意味する。管領による恣意的な人事は混乱を招くだけでなく、義政の権威、信頼を損なわせるものであり、簡単に上裁を得られない可能性も高かったのだろう。勝元らは以前の義政による尾張守護代人事介入を責められない。

今回、義政は守護職補任という重要事項において、勝手に御教書を発給し続ける勝元に不審を持ち、自身の上意を経ない（または認知しない）公文書の発給を停止させ、将軍親裁を推し進めようとした。もっとも、「一往《(応)》」ということから、すべてを義政が処理しようとしたわけではなく、守護職など重要案件のみを対象としようとしたと思しい。ただ、義政は今回の守護補任の「御教書」の破棄（悔い返し）は命じなかった。建前上、すでに上意として発給された「御教書」を謀書として簡単に否定できなかったのだろう。それだけ、管領の下知状や御教書は重いものであったといえる。

義政の不満にかかわらず、管領不在は幕府の政務停滞を意味するため、伊勢貞親を派遣して辞意撤回の説得にあたらせた。その結果、勝元は七月には辞意を取り下げ、再び政務を開始したのである（『康富』七月十九日条）。管領職の上表は他に管領となる適任の候補がいなければ、義政への牽制、抗議として有効であった。

ところで、義教期から義政期にかけて訴訟の窓口である管領被官の賦奉行を経ずに、直接訴状を幕府の奉行衆が受理できる別奉行《べちぶぎょう》制が充実、拡大しはじめていた（青山一九七九・今谷一九八二ほか）。これは賦奉行（しいては管領）の重要性を低下させるものであった。それでも従来の幕府運営体制は管領の不在を想定しておらず、別奉行を含めた奉行衆はなお管領が総括していた（早島一九九九②）。そのため、義政は親政を進めるにしても、管領の存在をまったく無視することはできなかった。勝元は義政が罷免できないこのような状況を理解したうえで辞意を表明し、義政より留任されることで、自らの立場を義政に再確認させたのである。義政には勝元に代わりうる管領候補が必要だった。

義政の改名

義政は享徳二年（一四五三）三月二十六日に従二位より従一位に越階《おっかい》（位階を飛び越えて昇進すること）した。そして勝元への不満が募るなか、七月になると帝王学を学ぶ「貞観政要」の書写を命じるなど、政務への意欲が垣間見られるようになっており（『康富』同十一日条ほか）、親政の意識を強めていた。これは改名からもうかがえる。六月十三日にはそれまでの「義成」より「義政」と改名したのだ。

この改名については、これまでの武威ではなく仁政を志向したため、「義政」に改名したとされる。しかしこれよりのち、学者であった東坊城和長《かずなが》は明応五年（一四九六）の日記に、「後土御門天皇の皇子時代の御諱《ごいみな》定《さだめ》によって「成仁《ふさひと》」と決まったため、同字を避けるために改名をしたのだ」と記述している（『後鑑』所収「和長卿記」明応五年記）。これが事実ならば、義政の改名は義政が自発的、積極的に行ったものではなく、御諱定により改名が必要となったことで「義政」に改名したことになる（丸山二〇一七）。なお「成」は後土御門天皇の実祖父伏見宮貞成親王の諱字でもある。

もちろん、改名の際に「政」の字を選んだことは、これまでの「成」の意味する武威を示す方向とは異なる新しい施政方針が示されていたと理解してもよい。その意味では享徳二年より義政は親政を志向しはじめたとはいえるだろう。なお、この時の名字勧進を行った人物については不明だが、この話が東坊城家に伝わっていることから、おそらく東坊城益長が名字勧進したと思われる（東坊城家はこの後も独占的に将軍家の名字勘進を行っている）。

だが、そもそも現在の室町殿の名字「成」が使用されている事実を認知しながら、次期天皇である皇子の諱に「成」と選んだことは注目される。室町殿の実名が皇子の実名の候補としてあがったこと自体が異例であろう。これが義満や義持、義教の時代であればどうであろうか。それぞれの字は除外され、候補とすらならなかっただろう。これを天皇権威の向上志向とみることもできるかもしれないが、義政に近い儒学者清原宗賢の日記である「宗賢卿記」長禄元年（一四五七）十二月十九日条をみると、「成仁」という名字はこの日の親王宣下にあたって付けられたと読めるのである（親王の元服は翌年）。皇子の名字勧進をしたのは益長であった。享徳二年の義政改名と「成仁」の御諱定のタイミングが合わないことがわかるだろう。義政の改名により「成」字に制約がなくなったことで、長禄元年の親王宣下の際の御諱定で「成」字が候補としてあげられ、選択されたとみたほうがよいだろう。つまるところ、義政改名の理由は和長のいう理由とはまた別で、親政を目指すなかで、政治的な意思表明として義政自身が自発的に行ったものとみてよいだろう。

河内畠山氏の家督騒動

河内畠山氏の家督問題はこの間、混乱することとなった。特に当初継嗣であった畠山持富に近侍していたものの多くは畠山義就の家督継承に納得せず、持富の子弥三郎《やさぶろう》（義富《よしとみ》とも、のち「政久《まさひさ》」［『碧山』長禄三年十月九日条］）を擁立したのである。そこで、持国は享徳三年（一四五四）四月、「陰謀を企てた」として弥三郎派の神保次郎左衛門《じんぼじろうさえもん》を切腹させ、次いで父越中守《えっちゅうのかみ》を攻めて没落させたのである（『師郷』同三日条）。同時に没落した弥三郎は細川勝元の被官磯谷四郎《いそがいしろう》兵衛《ひょうえ》亭に、その支持勢は山名亭に匿われた。持国は弥三郎討伐のため、義政より「治罰の御教書」を得た（『康富』同日条）。

義就は首実検を行った後、烏丸第に向かい、義政に謁見した。だが、直に死者に接した義就はケガレ（「甲穢」）に触れたが、その義就が義政に会ったため、義政は間接的にケガレ（「乙穢」）に触れてしまった（『師郷』同五日条）。義就はケガレについての概念が欠如していたのだろう。

事態はまた変化し、八月ころより弥三郎方の反撃が始まった。勝元と持豊を除く在京の大名・守護が内裏や烏丸第の警固にあたるなか、持国と義就には味方はなく弥三郎派に敗北してしまった。持国は隠居を表明するが、義政をこれを引き留めた。そして義就に替わり弥三郎に家督が譲られることとなった。弥三郎は二十九日に義政のもとに出仕し（『基恒』同日条ほか）、先の「治罰の御教書」も返却された。翌日には弥三郎は畠山亭に入り、名実ともに河内畠山氏の当主として振る舞うこととなったが（『康富』八月二十一日条ほか）、まだ十三歳である弥三郎に家中の混乱を統制する力はないため、支持勢力は持国を屋敷に戻して後見役としようとしている（同九月十日条）。

報復する義政

義政は支持する畠山持国・義就父子が敗北したことで、畠山弥三郎を家督として認めざるをえなかったことを許せなかった。そこで義政はその怒りの矛先を弥三郎を支援した細川勝元に向けた。まず最初の標的となったのは弥三郎を匿った磯谷四郎兵衛兄弟で、その殺害を勝元に命じたのである。この際、義政は「後毘《こうび》（＝後世）の懲らしめ」のために命じたという（『康富』九月十四日条）。これは騒動の痛み分けでもあった。もっとも、勝敗に関係なく持国や義就を支持し続けることができなかったのは、義政の限界でもあった。

義政の報復はこれだけで終わらない。次の標的は弥三郎派を匿った山名持豊であった。義政は持豊討伐を命じ、かつて赤松則尚への恩賞をめぐって持豊により面目潰された細川持常（宝徳元年［一四四九］没）の後継者・細川成之を討伐の総大将とした。だが、急なことであったため討伐軍の編成が遅れるなか、持豊の聟でもある勝元が赦免を歎願したことで、この討伐は中止された。持豊も義政に対して「告文《こくぶん》（起請文）」を捧げたという（『康富』十一月二日・四日条）。何よりこの持豊討伐を制止したのは在京の大名たちであった（同二十日条）。義政は大名らの制止を受け入れ、持豊については自領但馬で隠居するように命じることで妥協したのである（同十二月三日・六日条）。その後山名氏惣領は嫡男山名教豊《のりとよ》が継ぐが、大名らは義政を牽制する存在としてあったのだ。

だが義政は持豊を完全には信用せず、持豊を牽制するために赤松則尚を利用した。則尚は赤松氏再興を持豊に妨害されたことで恨みをもっていたが、義政は持豊の牽制役として則尚に播磨下向を命じたのである（『師郷』十一月四日条）。これにより持豊は則尚への対応を余儀なくされた。義政は持豊の動きを封じることに成功したのである。

その隙を突いた義就が十二月十三日に兵を引き連れ再び上洛した。義政は義就を「扶持」し続けており（『師郷』同日条）、上洛は義政の「内々の上意」であった（『康富』同日条）。義就は翌十四日に義政のもとに出仕し、対する弥三郎はこれに為す術なく没落することとなった（『康富』二十六日条）。それでもなお義政の弥三郎派への報復は終わらず、翌年四月には弥三郎贔屓の者として義政の命により富樫氏の被官月橋《つきはし》某が殺害されている（同四月十七日条）。

一連の騒動で義政は一貫して義就を支持した。当初は弥三郎の家督継承を承認せざるえなかったが、その後は義就が実力で復帰できる環境作りをしてその復帰を支援したのである。実力で家督を取り戻す行為は、再び河内畠山氏で再現されることとなろう。

義就の家督継承を見届けるかのように翌年三月二十六日、持国は五十八歳で死去した（『基恒』同日条ほか）。義勝・義政時代の幕府を支えてきた持国は、言動に一貫性がないと評価されてはいるが（桜井二〇〇一)、有事における働きや、公武からの信頼など、義政初期の幕府を支えてきた宿老であることに変わりはない。だが、持国が残した後継者問題は幕府の根本を揺るがすこととなる。

斯波氏の家督

宝徳三年(一四五一)、尾張守護代人事問題でゆれた斯波氏であるが、同年十一月に当主千代徳丸が元服し、実名「義健」を名乗り、治部大輔《じぶのたいふ》に任官した(『康富』同二十一日条)。同日には有力一門で「下屋形《しもやかた》」と呼ばれた斯波(大野)持種の子も元服し「義敏《よしとし》」と名乗った。斯波氏は代々将軍家の通字「義」の偏諱を得ていた。ただ、義政はかつての人事問題を忘れたわけではなく、当初は義健の元服の際には偏諱を与えることを拒否しようとしたのである(『経覚』宝徳四年四月二十六日条)。畠山持国の取り計らいにより、無事偏諱が与えられたが、弥三郎派への態度など、若い義政は〝恨み〟を忘れなかったのだ。

ところで、管領家の一つで、越前・尾張・遠江の守護もつとめる斯波氏は鎌倉時代、足利泰氏《やすうじ》の長子家氏にはじまり、南北朝期までは「足利」の名字を名乗ったように、足利一門のなかでも別格であった。代々左兵衛佐《さひょうえのすけ》(または督《かみ》)に任官したことで、兵衛府の唐名である「武衛」や、邸宅の地から「勘解由小路」を称号とした。当時、「斯波」の名字が使われることは稀であった。義健の父義郷《よしさと》は若くして死去しており、管領家ではあるものの先々代の義淳《よしあつ》が永享四年(一四三二)に管領職を辞任して以降、二十年近く管領に補任されずにいた。斯波氏は家格こそ高いものの当主の早世が続いたこともあって幕政参与もなくなり、細川京兆家や河内畠山氏のような幕政への影響力は失っていた。

当時の斯波家中は若い義健に代わり、一門の持種と越前・遠江守護代をつとめる重臣甲斐将久(常治)が主導していた。先の守護代人事で強行に反対したのがこの将久であった。だが、義健が元服翌年の九月一日に、十八歳で死去してしまった（「東寺過去帳」）。義健には男子も兄弟もなかったため、義健と同年齢であった一族の義敏が家督を継承することとなったのである。義敏による「斯波家譜《しばかふ》」によれば義健は病弱であったために、六月に義敏が養子となっていたという。義敏は十一月に斯波氏代々の官途である左兵衛佐に任官したが、義政は特に家督人事に介入せず、これを承認した。

義敏の家督継承は新しい問題を引き起こした。なぜなら義敏の実父持種と将久はもともと家中で対立関係にあったのである。これ以前の文安四年（一四四七）五月には両者が衝突寸前まで行き、義政より調停の上使が出されるほどであった（『康富』同二十八日条）。義敏の家督継承により、一門と宿老の対立が主従の対立に移行するようになったのだ。特に甲斐氏の場合は陪臣でありながら将軍の直臣に近い待遇であり、ほかの被官とは異なるものであった。しかもその姉妹は義政の側近である伊勢貞親の室となっていた（貞親室は義政の「御母」）。しかし、将久の意識や態度に義政も不満に思うことがあったようで、享徳元年（一四五二）から三年ころまで、将久を「不快」に思っていたという（「綱暦記」享徳三年十一月二十九日条）。

将久と義敏の対立は、義敏の出奔につながった。義敏は長禄二年（一四五八）に出奔したが、これに対して義政は義敏を「国家の宗臣」であると説得して、甲斐方と和睦させたのである（『碧山』長禄三年五月二十六日条ほか）。義政による義敏への期待は、次の関東問題によるものであった。

享徳の乱

京都より遠く離れた関東でも大きな騒乱が起ころうとしていた。宝徳二年（一四五〇）に鎌倉公方の足利成氏方と山内・扇谷《おうぎがやつ》の両上杉氏の家宰長尾景仲・太田資清《おおたすけきよ》が対峙した結果、江の島合戦が勃発したのである。成氏と上杉方との軋轢が表面化した事件であった。

この合戦は成氏方の勝利で終わったが、成氏は幕府への弁明のために管領畠山持国に宛て書状を送った（「鎌倉大草紙」『古河』四）。そこで成氏は、憲実の関東管領復帰と首謀者長尾・太田両氏の処罰を幕府に求めた。それと同時に義政への忠節も述べている。一連の事件について、幕府は成氏の主張を承認したが（「喜連川文書」）、これは持国が成氏に同情的であったためである。ところが、憲実が関東管領職復帰をかたくなに拒否したことで、なお上杉憲忠の関東管領職が継続することになった。

しかし、享徳元年（一四五二）に幕府で管領職が持国から細川勝元に交代した。勝元は持国との権力抗争もあって、持国が融和的であった成氏ではなく上杉方支持に方針を転換したのである。翌二年三月には、勝元は成氏単独の文書は京都では取り次がず、関東管領の副状が必要とした（「喜連川文書」）。これは鎌倉公方の自律性は否定しつつ、あくまでも鎌倉公方と関東管領との意思共有のうえで、幕府と鎌倉府とが交渉することを志向したものであった。だが、これは成氏と憲忠との関係をより悪化させただけであった。その結果、同三年十二月二十七日、成氏は憲忠を西《にし》御門《みかど》御所（神奈川県鎌倉市）に呼び出し、武士らに殺害させたのである。憲忠殺害は成氏による父持氏の報復で

西御門御所跡地周辺

あったというが（『康富』享徳四年正月六日条）、これにより成氏と上杉方との和解は絶望的となった。ここに二十九年に及ぶ享徳の乱が開始されることとなったのである。

この事件に対して、義政は早々に上杉方支援を表明した。ちょうどこの時期、本格的に親政を開始しようとしており（後述）、義政にとって成氏討伐は自らの「武威」を示すのに絶好の機会ともなったのである。さらに軍事動員権を行使することで、大名や地方の武士らに対し天下成敗権を示して将軍権力の求心力を向上させるにも好機であった。早速、翌四年正月十六日付で信濃の小笠原光康《みつやす》に対して「上杉憲実跡」に合力すべき旨を命じている（「小笠原文書」『政』一〇）。

この時点では憲忠の後継者は決定していなかったようだが、義政は憲忠弟で当時京都で幕府に出仕していた上杉房顕《ふさあき》をその後継とした。三月二十八日に義政は房顕に武家の御旗を与え、成氏退治の総大将として関東に下向させた。この際、この年の春三ヶ月は東方は凶とされたことで出陣延期の可能性もあったが、義政は成氏討伐を急いだため、延引を「然るべからず」とし、三月中に出陣させたのである（「宗賢」三月三十日条）。ただこの乱により、義政は勝元と連携する必要が生じた。細川京兆家をはじめ、勝元の後見細川持賢などは東国諸将と京都を取り次ぐ大名取次をつとめており（吉田二〇〇一）、関東への軍事要請には、細川氏の持つ都鄙間の交渉ルートは必要であったのだ。

2　親政の時代

本格化する御判御教書

関東で享徳の乱が本格化する享徳四年（一四五五）、この年に二十一歳となった義政は、将軍自身による決裁文書というべき御判御教書の発給を本格化する。その多くは知行安堵や所領返付、諸役免除に関わる内容である。将軍就任後もなお管領下知状が主流であったなか、義政に近い人々には希望があれば御判御教書は発給されてはいた。前述した宝徳二年（一四五〇）の畠山義就への御判御教書や享徳元年の烏丸資任宛て所領安堵の御判御教書などである（「日野烏丸家文書」［末柄二〇一七］）。ただ、末柄豊氏も指摘するように義政はこれ以前より御内書を発給して、自身の意向を伝えるすべは持っていた。

御判御教書発給は享徳四年七月より本格化するが、それと入れ替わるように管領下知状は二月二十二日付を最後に確認されなくなる（「飯尾文書」『勝』二〇六）。ただ、勝元は八月四日付で東岳澄泰《とうがくちょうたい》を南禅寺《なんぜんじ》住持職とする奉書形式の公帖を発給しているが、これは本来禅宗のなかの五山《ござん》・十刹《じっさつ》・諸山《しょざん》の住持任命書である公帖《こうじょう》の発給権を持つ義政の代行であろう（「天龍寺文書」『勝』二一六）。これ以降、管領の発給文書は管領奉書と御判御教書の内容の実行を相手に伝達する管領施行状が中心となる。七月から八月が権力の移行期といえるだろう。

なぜ、義政はこの年に親政を本格化したのであろうか。享徳二年には親政にむけた動きもみられたが、外的要因としては当時、関東ではすでに享徳の乱が開始し、鎌倉公方足利成氏討伐をすでに進めていたこと、さらに三月二十七日には前管領畠山持国が五十八歳で死去していたことも影響しよう。自身の家督継承を主導した一人で、幼少の義政の支えた持国の死は義政にとって独り立ちを意味するものに映ったであろう。また将軍就任後、義政の上意が尊重されはじめ、管領の意向を上回っていったことも影響したとみられている（鳥居一九八〇）。周囲が管領ではなく、義政こそが幕府の意志決定を担う主権者であるとみなして、その文書を求める環境になっていたのである。

開始される親政

義政の親政を支えたのが、「三魔」のような将軍側近であった。ちょうど「三魔」の落書が書かれたのがこの享徳四年（一四五五）であったことは偶然ではない。自らの意思を代行しうる側近が存在しえた状況が、親政を行う前提条件であったことは相違ないだろう。彼らは内々の取次で義政と外部を繋ぐ存在としてあり、各方面から期待される反面、反発も受けた。それでも将軍親政＝側近政治とみれば、彼らの存在は不可欠であった。

この年の七月二十五日に「康正《こうしょう》」に改元したが、これは「去年より兵革《へいかく》が連続している」を理由に義政が「内々」に執申したものであった（『康富』同日条）。義政の家督継承後、文安、宝徳、享徳と改元していたが、これまでは義政が発案したものではなかった。今回はあくまでも「内々」ではあるものの、室町殿としての改元発案を開始したといえよう。これらをみれば、享徳四年（康正元年）七月が義政親政の本格的開始とみてよいだろう。しかし、義政の上意が求められる状況や、親政志向はこれ以前よりみられたのは前述した通りである。義政は将軍就任前後より側近らとともに徐々に親政への準備を進め、二十歳を超えたことを契機に、本格的に親政を開始したのだ。

一方、朝廷との関係を当時の武家執奏からみてみよう。義政が親政を開始しはじめた享徳四年四月に賀茂祭《かもまつり》が「故なく」延期されたが、義政はこの延期を「不快」として、翌閏四月に執奏してその挙行を申し入れたのである。後花園天皇は准后一条兼良と前関白二条持通に延期と開催について勅問した。両者は今月中に挙行したほうが良いと上申したが、これと並行して義政も執奏にて今月（閏四月）中の挙行を申し入れたのである。持通は先例から挙行の有無について卜占《ぼくせん》を行うことを申し入れたが、天皇は義政が強いて執奏しているなかで、卜占の結果が不可となっても、停止することは難しいとして、卜占を行わないと勅定したのであった（「宗賢」閏四月一日条、同二十八日条）。

これは義政（室町殿）の執奏が朝廷内の卜占の結果に優先することを意味する。仮に停止の占い結果が出たのにもかかわらず挙行したとすれば卜占そのものの信用性、ひいては朝廷の権威を失うこととなる。それを事前に回避するために、義政の執奏を優先する決断をしたのだ。義政（室町殿）の執奏の〝重さ〟がわかるであろう。なおこの祭りでは、前年の徳政での分一銭《ぶいちせん》が費用としてあてられており、祭事のスポンサーでもある幕府方の意向を無視することもできなかったのであろう。

右大将任官と源氏長者

康正元年（一四五五）八月二十七日に二十一歳の義政は右近衛大将《うこのえのだいしょう》（右大将）に任官した。右大将はかつて源頼朝も任官した官職であり、左大将と並んで武官として最上位にあるものである。足利将軍家では三代義満、義持、義教の歴代室町殿が任官しているが、二十一歳で任官したのは義満、義持の先例によるものである。特に義政は義満が任官したのと同じ八月二十七日に任官したように（『公卿』）、義満の先例を強く意識していた。

これ以前の享徳二年（一四五三）十二月二十九日に義政は源氏長者《げんじのちょうじゃ》となり、同時に奨学院《しょうがくいん》・淳和院《じゅんないん》等の別当も兼ねているが（「足利官位記」）、これも義満以来の将軍家の先例による。源氏長者とは本来諸源氏のなかでもっとも高位（源氏第一位の公卿）にある人物が補任されるものであるが、前任者の前太政大臣久我《こが》清通《きよみち》が九月に死去したことで、当時、従一位権大納言であった義政が源氏最上位の公卿となったため補任されたのである。そのため、源氏長者就任のタイミングについては義政の意思ではなく、偶然性に左右されるものであったとされる（末柄二〇一〇）。

右大将任官にともなって、翌康正二年正月五日には右馬寮御監《うまりょうごげん》にも補された（『公卿』）。右大将任官の翌年正月に右馬寮御監に補任されるタイミングも、義満の先例と同様である（義満は正月六日）。義政は六年後の寛正《かんしょう》二年（一四六一）八月九日に右大将を辞官するが、これは義満が任官の六年後に辞官した先例に倣って、同じく六年後にあたるこの年に辞官したのであろう。義政の右大将任官は義満を強く意識したものであった。

右大将拝賀

康正二年（一四五六）二月十六日、豊原信秋《とよはらののぶあき》を師範として御笙始《ごしょうはじめ》が行われた（「足利家官位記」）。これは尊氏や義満、義教も行ったものである。同じ年の七月二十五日には摂津之親、飯尾為数、松田秀興《まつだひでおき》らを奉行として右大将拝賀が行われた。この日程は義満の右大将拝賀と同日であった。ただし、義政は武家伝奏中山親通に対して、儀式を義満ではなく義教時代である「永享の時を先例」として調べるように命じた（「慈照院殿大将拝賀篇目」）。義教の大将拝賀は義満を先例としつつも、役者の人数などは義満の先例をそのまま用いたものではなかったが（「普広院殿大将御拝賀雑事」）、右大将を辞官する際も義満の「至徳《しとく》の例」をもって行っている（『満済』永享五年八月九日条）。今回の拝賀は義満と義教の折衷ということであろう。義政の命をうけた親通は自らの日記をもとに先例を調べ、「慈照院殿大将拝賀篇目《じしょういんでんたいしょうはいがへんもく》」を作成したのである。さらに拝賀にあたっての習礼《しゅらい》

（練習）は義満の例にならい、義賢のいる三宝院（法身院）で行われている（『師郷』七月十六日条）。

義満の右大将拝賀は、公家や大名らを動員して行われたもので、公武融合を象徴するハレの儀式であったとされる（早島二〇一〇）。室町殿である義政の場合も、畠山義就らの大名、公卿ら二十三名をはじめとする扈従の公家衆が動員されているように（『師郷』二十五日条）、公武融合を象徴する儀式であった。それだけではない。この拝賀は義政による親政確立を周知させる意味があったともされる（早島一九九九①）。そのため当時、禁闕の変によって焼失した内裏の再建がなかなか実現しなかったものを拝賀に合わせて、急遽実現させたのである。拝賀に対する義政の強い意志がみられよう。拝賀の数日前には天皇が再建された内裏に還幸している（『師郷』七月二十日条）

ところでこの時、側近伊勢貞親が義就や京極持清らと同じ、「大名一騎打」という立場で参列した（『基恒』康正二年七月二十五日条）。もちろん、貞親は細川・畠山両氏のような「大名」ではないが、ここで文字通り「大名」という扱いとなっていたのだ。側近代表者である貞親を義政のハレの場たる拝賀で「大名」として参列させたのは、何より義政が管領・大名に依存しない親政をアピールするためのデモンストレーションであった。

日野富子との婚姻

義政が親政への意欲を高めるなか、康正元年（一四五五）八月二十七日に義政の正室として日野富子が決定した。これ以前にすでに複数の妾はいたが、正室たる御台所とはまったく別の存在である。富子の父は裏松重政で、生母は苗子《みつこ》（北小路殿、妙誉院《みょうよいん》）であった。苗子の俗姓は「医師」とされる（「兼暦記」文明八年九月十七日条）。富子の祖父は義教の時代に非業の死を遂げた裏松義資である。義資の姉妹である重子の意向がこの婚姻に影響していたこと

日野富子

に疑いはない。また、義教正室の正親町三条尹子の死により重子への尊重が高まったことが、この婚姻成立の背景として指摘される（田端二〇一一）。

当時十六歳の富子の兄で日野（裏松）家の当主勝光は当時権大納言であり、すでに義政のもとに出仕していた。この前年には義政は方違えのため勝光亭を訪れているため（『康富』享徳三年七月四日条）、この時にはすでに両者は顔合わせしていたに違いない。正室が決定したことに対して諸人が義政のもとに参賀した。婚姻以後、富子は「上様」「御台様」などと呼称されることとなるが、これに伴って重子は「大上様《おおかみさま》」とも呼称されるようになる。今参局や重子が奥向きで健在であったため、富子の影響力はまだ途上であった。

ところで、御台所には夫である将軍とは別に御料所（「上様御料所」・「御台御料所」）が設定されていた。そこで新しい御台所となった富子にも、義政とは別に上様御料所が設定された。なかには淀魚市《よどうおいち》塩合物《しおあいもの》（「東寺百合文書」『奉書』一一六一）や、のちには京都七口《しちくち》関所（『大乗院』文明十一年九月十六日条）など、諸権益も「御料所」としてあった。

さらに富子には「上様奉公衆」（『親元』寛正六年二月二十九日条）や「上様被官」（同十二月八日条ほか）として安芸大膳亮《だいぜんのすけ》・勢田大判事《せただいはんじ》、松波六郎左衛門尉《まつなみろくろうさえもんのじょう》など、「上様御中間・御小者」（同十一月二日条ほか）などの独自の被官を有していた。それだけはない。御成などの外出時には義政と同じように、「上様御供衆」や「上様走衆《はしりしゅう》」が供奉していた（『親基』寛正七年二月二十五日条ほか）。ただ彼らは御台所の被官ではなく、あくまでも将軍（義政）の直臣である（木下聡二〇二四）。ほかに、義政とは別に侍女たる女房衆（民部卿局《みんぶきょうのつぼね》、右京大夫局《うきょうのだいぶのつぼね》など）も仕えていたように、富子は将軍家のなかにあって独自の「家」を擁する存在であった（田端一九八九）。ただ、これらは富子に限定されるものではなく、各御台所に共通するものである。

土一揆と分一徳政令

義政の右大将拝賀より遡ること一年前、享徳三年（一四五四）、土一揆が発生した。この当時、河内畠山氏の家督をめぐり、畠山義就と弥三郎が対立状態にあり不穏な情勢にあった。だが、徳政令は幕府財政に影響することもあって、幕府は土一揆の要求をのまないで徳政令を出さず、九月には徳政禁止の禁制を発給して対応した（「追加法」二三七条）。しかし、将軍直臣なども徳政の申請を求めるなかで、その一ヶ月後の十月二十九日には分一徳政令を出したのである（「追加法」二三九条）。これは債務者に対して、幕府に借銭の十分の一（分一銭）を納付し、徳政を認めた幕府奉書を所持したものに対して債務放棄を認めたものであった。ところが、申請が少なかったことや、申請しても実際に十分の一が納入されたなかったこと、担当奉行が飯尾為数一人で業務が混乱したこともあって、翌四年（康正元年）に改めて五分の一の納付を条件とした分一徳政令（分一銭令）が再公布されたのである（『基恒』十一月条、「追加法」二五五）。これは債務者だけではなく債権者も対象としたものであったため、債権者も分一銭を幕府に支払えば債権は保証された。これで債権を多く持つ土倉・酒屋の被害もある程度抑えられることが期待されたのだ。

この分一徳政令により幕府は、債権者、債務者ともに自動的に金銭収入が見込めることとなった。ただ、分一銭は奉書の発給においてこれまで担当奉行に支払っていた礼銭を明文化し、奉行人個人から幕府へ納入先を変更したものであるという（桑山一九六二ほか）。

この業務には政所執事の二階堂忠行らだけではなく、伊勢貞親も関与したが、実際には貞親が主導したものとみられている（早島一九九九①）。さらに翌康正元年（一四五五）にも徳政をめぐる土地の審議において、二階堂被官の政所代 塙《はなわ》行久《ゆきひさ》と貞親被官の 堤《つつみ》有家《ありいえ》（「伊勢守代」）が連署して召喚を指示する召文《めしぶみ》奉書を発給しているが（『康富』十一月二十八日条）、これについて幕府奉行人斎藤基恒《もとつね》は執事の忠行や政所の奉行人らの能力不足をあげている（『基恒』康正元年十一月条）。貞親の政所への関与についての評価はわかれるが、貞親がまったく政所や幕府財政と無関係でなかったことは確かである。これ以前の宝徳元年（一四四九）には慶事の朔旦冬至《さくたんとうじ》があった際、その祝宴費用を幕府が負担したが、その御訪《おとぶらい》（支援金）の支払いのための切符を発給したのは貞親であった（『康富』閏十月二十六日条）。

貞親の執事就任は長禄四年（一四六〇）七月（「長禄」同十七日条）であるが、正式に貞親が執事となったことで二階堂氏の政所への関与は終焉した。もともと忠行就任の背景には、単に義満の先例というだけではなく、政所代であった蜷川親当《ちかまさ》の姉妹がそれぞれ貞国室、忠行室となっており、伊勢氏と二階堂氏がともに婚姻関係にあったこともあった（設楽一九九三）。政所への貞親の関与が維持されたのは、二階堂氏に執事職を譲る条件であったとみられている（木下聡二〇一〇）。それでも幕府財政など様々な問題が蓄積されるなかで、十年近く忠行が執事に在職し続けたのは、二階堂氏と貞親との協調関係が順調に維持されていたためであろう。

長禄元年（一四五七）十月にも再び土一揆が発生したが、幕府はこれを打ち払うために、土倉にも自衛のための軍事動員をかけた。これには貞親の内衆も加わったものの（『経覚』同十二日条）、その勢いを押さえることができず、西岡《にしのおか》（京都市西京区ほか）の馬借を中心とした一揆勢は二十六日に洛中に乱入した。幕府は、細川勝元、山名教清、山名教之、一色義直ら在京の大名らの軍勢を招集したが敗北し、各所が放火されることとなった（同二十六・二十七日条）。この時、馬借は質物などを奪い、「田舎者」はただ盗み取るだけであったというが、日頃より土倉・酒屋と取引のあったであろう伏見の竹田（京都市伏見区）の者らは借銭の十分の一を払って、質物を取り出したという（同十一月一日条）。また、この一揆には斯波氏の被官ら四十名余も参加していたが、義政はそれを許さず、その成敗を命じている（十一月五日条）。

幕府は土一揆の発生を防ぐ政策を講じないなかで分一銭の徴収を行い、幕府収入の確保に励んだ。幕府の主要な財源となった分一銭は十六世紀の戦国期まで継続したが、義政の時代における分一銭の導入は一つの画期となったのである。

寺社本所領還付政策の始まり

享徳四年（一四五五）に続いて、長禄二年（一四五八）も義政親政の一つの転機となった年であった。

義政は相国寺や建仁寺《けんにんじ》（京都市東山区）をはじめとする寺社領の返付や、冷泉・飛鳥井《あすかい》家などの公家衆の所領安堵を行ったが、これは義教時代の再現であった（『大乗院』四月七日条）。これ以前の閏正月一日には父義教の定めた法令にしたがい、禅僧人事を担う僧録の推挙のない諸職就任を禁止している（『蔭凉』同日条）。本来、相国寺には禅僧の任免を統括した鹿苑僧録と、将軍との取次役であった蔭涼職《いんりょうしき》があったが、義教死後はこれは停止していた。そこで義政は後述するように義教時代に蔭涼職であった季瓊真蘂《きけいしんずい》を同職に復帰させ、再興したのである（『蔭涼』正月十日条）。

続いて義政は、二月ころより寺社本所領の還付政策を開始した（『蔭涼』二月十五日条ほか）。これは寺社本所領のうち不知行地を返還させるものであるが、一連の還付は義政による「代始め徳政」とされる（榎原二〇〇六）。だが、実際に還付されたとはいえ、年貢未納の寺領が多かったようだ（『蔭涼』長禄四年三月十日条ほか）。

さらに義政は、五月に幕府奉行衆らに起請文《きしょうもん》を提出させた（幕府右筆衆起請文案『蜷川』四〇）。これは二ヶ条からなるが、概ね義政の御成敗に万一理に叶わないものがあれば、奉行衆が言上するというものである。このような奉行衆の起請文は父義教の時代、永享三年（一四三一）にも行われており、今回の起請文はこれにならったものというから（榎原二〇〇六）、義政はこの年に、明確に父義教時代の政治を再現する姿勢を示したといえる。同時に、政務・裁許に対して恣意的な判断を下さず、あくまでも為政者として客観性の担保を求めたものといえよう。もっともこの前年の長禄元年十二月に、奉行衆らが「毎事について奸謀している」と、義政は不信を持っていたことは否定できない。そこで、義政は「用捨」する代わりに起請文を提出させようとしたのである。奉行衆の起請文は義政の不信を受けて義政に提出されたともいえる。またこの際、義政は清原宗賢に奉行衆らに下す文書の案文を作成させ、それを自筆で作成していた（「宗賢」長禄元年十二月四日条）。

奉行衆は訴訟などの担当により日常的に権門寺社と接近しているが、これが癒着の要因となり、訴訟における様々な陰謀にも繋がったのだろう。義政は訴訟における幕府裁許の信頼性を担保するために奉行衆の中立性が必要と考えたのだ。それにくわえて、義政自身も裁許の信頼性のため、恣意的な裁許をしないと宣言したのである。この翌年に義政は季瓊に対して、「上医は国を医し、中医は人を医し、下医は病を医す」という一文を草書にして献上するようにと命じている（『蔭凉』長禄三年四月二十一日条）。これは中国の医書「小品方《しょうひんほう》」にある言葉であるが、もちろん、義政は「上医」を為政者に準えて、目標としたのだ。

ところで、義政は奉行衆の整備を行ったものの、自身の政策決定や政権運営において、義教期までにみられた宿老など個別の大名への諮問（大名意見制）については行われなかった。大名の政治参加を意図していなかったといえる。これまで管領により様々に制限をうけていた義政は、大名らに制限をうけない親政を目指したのであった。ただ、大名側が政務運営において意見が反映されないことに不満を持つであろうことは容易に想像できるだろう。

内大臣任官と「義政公記」

長禄二年（一四五八）七月二十五日に義政は権大納言より昇進して内大臣《ないだいじん》に任官した（『公卿』）。これ以前の四月十六日は内大臣任官に先だって公家の家司を補任し、同十六日には直衣始、十九日には和歌会始が行われている。公家としての足利将軍家の姿がある。

義政は内大臣任官にともなって、それまでの武家様花押より公家様花押に改めた。八月九日には公家様花押の御判始を行っている（『在盛』同日条）。内大臣任官にともなって公家様花押に改めるのは義満・義教の先例による。内大臣任官は将軍家の公家化の象徴であったが、後年、将軍家が大納言までしか昇進しなくなると、大納言任官が公家様花押へ改める基準となる（義晴、義昭など）。

義政の公家様花押は「慈」の文字に基づくものとみられている。上島有氏は、義政の院殿号である

足利義政公家様花押

「慈照院殿」の一文字目に似せて作られたとする（上島二〇〇四）。本来院殿号は没後に送られる号であるが、義政の場合、生前の文明十九年の時点で「慈照院殿」の院殿号がみられる（『蔭凉』正月十五日条）。さらにそれ以前の長禄二年時点でも決定した可能性はある。

これらの一連の手続きにより義政は公武の頂点に立つ室町殿としての権力を確立したため、この長禄二年こそが義政の〝代始め〟とされる。前述の寺社本所領還付政策や奉行衆の起請文提出など、この年の政策は義政の代始めの一環であった（榎原二〇〇六）。

ところで、内大臣任官に関して興味深い史料が残る。それは国立公文書館内閣文庫《こくりつこうぶんしょかんないかくぶんこ》や柳原家《やなぎはらけ》旧蔵《きゅうぞう》本《ほん》、宮内庁書陵部《くないちょうしょりょうぶ》などに所蔵される、「慈照院贈相国義政記《じしょういんぞうしょうこくよしまさき》（以下、義政公記）」と外題のある写本である。これは「長禄《ちょうろく》二年《にねん》七月《しちがつ》任大臣《にんだいじん》拝賀《はいが》大饗《だいきょう》等《ら》之事《のこと》」との内題もあるように、義政の内大臣任官にともなう拝賀・大饗に関する記録である。特に任大臣大饗は義満が再興して以来、様々な人々が見物する一大イベントであるのと同時に、公武一体化を象徴するものとされる（渡邊誠二〇一二）。義政にとっては、右大将拝賀以上に室町殿としてハレの舞台であった。

この「義政公記」は義政筆による記録と伝えられているが、歴代の足利将軍は、自ら日記・記録や故実書の類いを残さなかった（少なくとも残されていない）。その意味ではこれは貴重な史料といえる。複数残される写本のなかでもっとも古いもので、完全な形で残されたのが宮内庁書陵部本とされる。これは任大臣大饗の正確な記録であることが証明されている（森田一九九二）。ただしこの表紙には

「季瓊日録歟」と記されているというが、正確な記主については確定されていない。

公家故実の顧問清原業忠

「義政公記」については、高橋秀樹氏が「田中《たなか》穣《みのる》氏《し》旧蔵《きゅうぞう》典籍《てんせき》古文書《こもんじょ》」内に「義政公記」の草案を発見、検討したところ、記主は義政であるが草案は清原業忠によるものであることが明らかになった（高橋秀樹一九九七）。

これ以前、義政は右近衛大将任官に関わる「任大将御記」を自ら執筆しようとしていた。この時は幕府の右筆らが起草しようとしたが叶わず、義政は信頼する清原業忠に起草を依頼し、自ら清書したのである（『康富』康正元年九月九日条）。この執筆にあたって義満の「任大将の記」は御所内にあったが、義教の「任大将の記」（「普広院殿《ふこういんでん》大将《たいしょう》御拝賀《おんはいが》雑事《ぞうじ》」か）は当時武家伝奏であった万里小路時房が私的に記録したものが万里小路家にあったという。義政が執筆しようとしたものは自身のもとに置かれることとなっていった。なお、翌二年七月の右大将拝賀については「慈照院殿大将拝賀篇目」という故実書が残されているが、これとは別のようである。ただ、義政が公家故実の集成に強い関心があったことは間違いない。

これらで注目されるのは、草案者の清原業忠であろう。当時を代表する儒者である業忠は、天皇の侍講をつとめたほか、義教時代には室町殿家司をつとめている（『満済』永享四年六月十九日条）。嘉吉二年（一四四二）の義勝の読書始には講師として「孝経」を読習させたほか、文安三年（一四四六）の義政の読書始では業忠の子である宗賢が、その後は義政により業忠と宗賢が交互で講師をつとめている。さらに業忠は宝徳元年（一四四九）には論語談儀《ろんごだんぎ》の講釈役もつとめた（『康富』十月十一日条）。業忠は正親町三条尹子の服仮や直衣参内についても義政より諮問を受けたように、義政にとっては公家故実の顧問であったといえる。義政は同家では初例となる業忠の従三位昇叙を執奏して実現させた（「宗賢」享徳四年二月二十六日条）。これは恩賞であったのだろう。

　息子である宗賢も父の業忠同様、義政より度々先例などについての諮問を受けており、場合によっては父業忠との談合のうえ、返答を行っている（「宗賢」長禄二年正月十四日条、閏正月二十六日条ほか）。宗賢も業忠と同じく義政の顧問の一人とみてよいだろう。太政官事務における重職・局務でありながら、幕府の政務を顧問のように支えた業忠・宗賢父子の存在から、公武統一（融合）政権としての室町幕府の一側面をみることもできるだろう。

室町第の造営

　同じく長禄二年（一四五八）十一月末、義政は幼少より過ごした烏丸第より義満以来の室町第（上御所）への移徙を決定した（『経覚』十二月一日条ほか）。これまでの烏丸第をみると、文安二年（一四四五）には室町第の寝殿が（『基恒』文安二年五月二十八日条）、同五年には持仏堂となった「御亭」などが曳かれていた（『康富』七月二十六日条）。寝殿は古代以来、邸宅のなかでももっとも中心的な場である。さらに義政は寝殿の御門をやはり室町第より曳き、翌六年には寝殿に移徙している。次いで歌会など芸能の場でもある会所を造営したり（『康富』宝徳元年十月二十六日条）、庭園の整備を進めていた（『蔭凉』長禄二年十一月十日条ほか）。

　烏丸第の整備を進めていた一方で、これまでの室町第の建築物の多くは同地より失われた。前述のように裏松重子の姉光子は文安四年に死去するまで室町第の北向に居住していたから、彼女が死去した翌五年より本格的に建物を曳くようになったのであろう。庭園の整備にあたっては、その樹木を採すために河原者《かわらもの》を奈良に派遣している（『大乗院』長禄二年閏正月二日条ほか）。このなかで義政は東寺の不動堂前の松を烏丸第に移そうとしたが、以前に東寺長者《とうじのちょうじゃ》であった三宝院義賢が諫言したため、これは取りやめている（『廿一口方評定引付』康正二年二月二十七日条）。

烏丸第の庭園整備が進められているなか、義政は突然室町第への移徙を決定したのである。突然の決定に、「衆人が仰天することは比類ない」（『経覚』十二月一日条）と驚かれている。これは単なる義政の気まぐれであったのだろうか。少なくとも当時の人たちから見て、義政の決定が驚きをもってむかえられたことは間違いない。だが、突然の決定で他者からすれば理解不能でも、義政には義政なりの理由があった。親政を開始した義政にとって政務を行う場は、室町殿称号の地である義満以来の室町第でなければならなかったのである。これはやはり室町第を居所として父義教の後継者であることをアピールする目的もあった。この年に義教を先例とする政策を進める義政にとって、義満・義教時代の御所である室町第への移徙は、当然の帰趨であった。

室町第跡地

室町第造営について、普請の惣奉行は義教時代の先例により山名持豊と能登守護の畠山義忠に命じられた。作事奉行は結城政藤《ゆうきまさふじ》である。十一月二十七日は管領細川勝元と侍所京極持清らによる普請始があった（「在盛」二十七日条）。早速、十二月五日には作事始が（『蔭凉』・「在盛」同日条）。翌年二月二十二日には立柱上棟《りっちゅうじょうとう》があり、四月には観音殿が室町第に曳かれているが、この造営に際して、その築材などは烏丸第の建物が再利用されている。

長禄三年（一四五九）十一月十六日、義政は造営途中の室町第に移徒した（『蔭涼』同日条）。これに先だって、「旧規を守るように」と命じている（『蔭涼』十一月五日条）。

室町第の様相

移徒の後、観音堂の本尊や小持仏堂なども移された（同二十八日条）。さらに翌四年には会所や泉殿も造営され、徐々に御所内の建物などが整備されている（同四月八日条、十二月五日条）。新造された室町第には常御所、寝殿、会所、対面所、泉殿、泉の西殿、持仏堂、仏護堂、相国寺より移された観音堂などが造営されていた。このうち、対面所には将軍家の重宝「御小袖《おんこそで》」や重代の太刀（「篠作《ささづくり》・二《ふたつ》銘《めい》」「抜丸《ぬきまる》」など）、重代の楽器である笙「達智門《だっちもん》」などを安置する御小袖間があった（『親長』文明四年正月二十日条）。また義教時代には正門である四足門、中門《ちゅうもん》、寝殿、台盤所《だいばんしょ》、御湯殿《おゆどの》、常御所、一対《いったい》、夜御殿などがあった（「永享九年行幸記」）。御番所では番衆に御茶が振る舞われていたという（『大館常興日記』天文十年二月二十六日条）。

室町第内の泉殿には「四季十二間《しきじゅうにま》」、泉の西殿には「舞十二間《まいじゅうにま》」があったという。高岸輝氏によれば、「四季十二間」に描かれた水墨四季山水図《すいぼくしきさんすいず》の障子絵の障子賛について、義政は義教時代を意識して賛詩の作成を命じたようだ。また「舞十二間」に描かれた舞楽図《ぶがくず》は、義教時代の先例をもとに、楽人豊原治秋《とよはらのはるあき》・統秋《むねあき》父子などの協力を得て、土佐広周《とさひろちか》・同光信《みつのぶ》によって描かれたものという。これらは義政が、義教の盛儀を記録すること、これを見物する後花園天皇に自身が義教の後継者たることを宣言することにあったという（高岸二〇〇三）。義政が室町第に移徒したのは、父義教時代の再現、または自身が義教の後継者ということを視覚的にも表明する側面が大きかったといえるだろう。

また、長禄四年七月二十八日、義政は自らの代になってはじめて将軍家伝家の重宝である大鎧「御小袖」の拝見儀式を行った。前述のように御小袖間は対面所にあったが、この「御小袖」は将軍家家督の象徴であり、重代の太刀とならぶ武威を象徴するものであった（加栗二〇一七）。義政は「御小袖」奉行である一色義直の申沙汰として「御小袖」拝見の儀式を行ったのだが、これは一代に一度拝見するのが嘉例であったという。拝見の御礼のため、大名、公家衆、直臣等が太刀を進上している（『長禄』七月二十八日条）。義政が烏丸第ではなく、室町第に移徙したのちに「御小袖」拝見儀式が行われたことは、義政が烏丸第をあくまでも時限的な将軍御所と認識していたことにほかならない。その意味でも室町殿としての親政の場は、やはり室町第でなければならなかったのだ。

さらに、公方御倉《くぼうおくら》を御所内に移すことが議論されている（『蔭凉』長禄三年五月二十二日条）。公方御倉は将軍家の家財などを管理出納する機関であるが、洛中の酒屋・土倉などが任命されていた。当時の公方御倉である正実坊《しょうじつぼう》は相国寺の南に位置していたが、御倉の建物、特に水車を曳くこと、正実坊も御所内に移させるかどうかについても談合しているのである。御所内部にはもともと財物を保管する倉はなかったこともあり、これを契機に御所内に倉を移そうとしたのであろう。ただ、実際は公方御倉が御所内に移ることはなく、計画のみで終わった。

この義政の室町第移徙により重子とは別居することとなった。烏丸第は重子の御所（高倉亭）となるが、その後も庭園の造営は続けられた。これ以前の整備は重子に譲るための準備とみることもできる。また、御台所の富子も重子と別居したため、新たな室町第の奥向きの掌握者は富子となった。

河原者と善阿弥

室町第造営と同時に庭園の整備も行われた。「花の御所」の別称のように、室町第の見所はやはり庭園である。庭木、庭石などは京都や南都の寺院より徴収されたようで、目的の木を見つけた義政は「歓喜」している（『大乗院』寛正二年十二月五日条ほか）。これらは義政自身が選定にあたったようで、特に義政が寵愛したのは「猿猴《えんこう》の松」と呼ばれるものであった（『経覚』同六日条）。「猿猴の松」とは南宋の画僧で室町時代にも広く評価された南宋の画僧牧谿《もっけい》の画材などにも見られるものである（『碧山』応仁二年十一月六日条）。庭園は寛正三年（一四六二）ころにはおおよそ整備されていたようで、庭園を見学した経覚《きょうかく》は「見事である」と感想を述べている（『経覚』正月二十八日条）。庭園の池には湖橋が架かり、奇花珍石などがあったという。

義政自身が作庭に精通していたことは当時の記録からみられるが（『蔭凉』文正元年四月十四日条ほか）、当時、作庭などで活躍したのが河原者（山水河原者）であった。河原者による作庭は義教時代にみられる。御庭者虎菊《とらぎく》という河原者が義教の命により、伏見宮家の庭園を拝見しているが（『看聞』永享八年二月二十一日条）、これは室町第作庭の見本のためだろう。

特にこの時代を代表する御庭者の河原者は善阿弥《ぜんあみ》である。彼は至徳三年（一三八六）に誕生し、文明十四年（一四八二）四月に九十七歳にて没したとされるが（『鹿苑』延徳元年六月五日条）、先の虎菊と同一人物とみられている。義政が室町第に移徙したころはすでに七十歳を超えていたが、義政は彼を非常に寵用した。「善阿弥」の活躍は『蔭凉軒日録《いんりょうけんにちろく》』に多くみられるが、彼が「善阿弥」の名前で記録上はじめて登場するのは長禄二年（一四五八）である。それは蔭凉軒の庭頭への植樹を義政が善阿弥に命じたものである（同二月二十四日条）。

義政は老齢で病となった善阿弥に対して度々投薬を命じているが（『蔭涼』長禄四年六月二十二日条ほか）、これに対して季瓊真蘂は「作庭の妙手であり、義政が慈愛している。もっとも過定分である、はなはだ辱《かたじけな》いことだ」と述べており（同寛正四年六月十四日条）、義政に近い彼ですら、この寵用を異常なものと感じていた。また、善阿弥は義政の命により度々南都にも下向しているほか（『経覚』寛正二年十二月六日条ほか）、南都の寺院作庭も手がけており、その活動範囲は京都に留まるものではなかった。ただ、善阿弥への義政からの上意下達は常に季瓊を通して行われており、彼は直接的には蔭涼職の管理下にあったのだろう。

義政が善阿弥を寵用したのは、彼が樹木に対する知識が豊富であり、作庭の名人であることも確かであろうが、一つの道を究めたまれな才能を持つ芸能者に対する理解や、一種の尊崇も理由であるのではないだろうか。さらには善阿弥は当時としては長寿であったこともあるかもしれない。義政は当時長寿であった松拍子《まつびょうし》の十二大夫《じゅうにたゆう》や猿楽の音阿弥《おんあみ》とともにこの善阿弥に対して「老いて」「益々健やか」であることを賞賛しているのである（『経覚』寛正七年正月十八日条）。義政と善阿弥について森田恭二氏は、階級を超えた人間関係があり、すぐれた庭園文化を築き上げたとされる（森田一九九三）。義政にとって善阿弥は、自らの理想を具現化するうえで必須の存在であり、そのうえ老いて盛んという彼は、義政にとっては一種の理想であったのかもしれない。善阿弥の跡は子の小四郎《こしろう》、孫の又四郎《またしろう》に継承されていく。

同朋衆の活躍

善阿弥の活動はもちろんだが、この時代の文化活動を支えた同朋衆を忘れてはいけない。彼らはもとは時宗《じしゅう》（衆）の従軍僧であり、剃髪するものの、帯刀、俗装の身なりで将軍（または大名ら）に近侍する存在であったのが、平時になり芸能を専門とするものになった。その名称については、本来の宗教活動からくる「同行同朋」からくるものとされる。その成立は村井康彦氏によれば、第二代将軍義詮の将軍宣下以前とされる（村井二〇一六）。

同朋衆は主に「〜阿弥陀仏《あみだぶつ》」（「〜阿」・「〜阿弥」とも）と阿弥号の法号でよばれるが、これは時宗の特徴である。ただ、河原者も阿弥号の名前を使用しているが、両者は身分も立場も別ものである。さらに猿楽師の世阿弥《ぜあみ》や音阿弥なども同じく阿弥号を持つが同朋衆には含まれない。彼ら芸能を主とする遁世者という立場であった。一方の同朋衆は河原者や猿楽師と異なり将軍直臣の身分を持ち、騎乗で将軍の御供をつとめることもあった。なお、大名家や伊勢氏の被官にも同朋衆がみえる。

村井氏によれば、同朋衆の職掌は、将軍御使、御供、掃除、配膳、贈答品の取次、唐物奉行、座敷飾、香合、茶湯、立花、和歌・連歌、作画、美術品鑑定などと多岐にわたる。ただし、芸能に秀でたものもいたが、すべての同朋衆がこれにあてはまるわけではない。特に「東山文化」の担い手とイメージされる同朋衆は、唐物の管理・鑑定にあたる唐物奉行を務めた能阿弥《のうあみ》や、芸阿弥、相阿弥など、会所での活動を担う一部の人々（「会所」の同朋衆）であった（村井二〇一六）。

同朋衆のなかにも善阿弥のように、特に義政より寵用されたものがいた。その一人が春阿弥《しゅんあみ》である。彼が病となった際には、義政は洛中の医師を招集して治療に当たらせた（『蔭凉』寛正四年十一月十四日条ほか）。善阿弥以上の厚遇といえよう。同朋衆すべてがこのような厚遇をうけているわけではない。春阿弥は義政と蔭凉職を取り次ぐ存在であったが、善阿弥のごとく特別な信頼を置いていたのだろう。猿楽師や同朋衆などに対する厚遇は義満以降の歴代室町殿にもみられるが、特に義政の場合は弱者に対する愛情がみられるという（村井一九六七）。義政は芸能に秀でた能力を持つものを身分にかかわらず寵用したのだった。

足利政知の還俗

義政は戦乱の続く関東への対策を忘れてはいなかった。義政は細川勝元と連携のうえ、足利成氏討伐のために新たな関東管領として上杉房顕を下向させたほか、関東に対する幕府方の前線ともいうべき、駿河守護今川範忠《いまがわのりただ》などにも武家御旗を下した。

しかし、事態が収拾しないなかで、康正三年（一四五七）になって義政は新たな鎌倉公方の擁立を図った（細川勝元奉書「白河結城文書」『勝』二五二）。それが義政の庶兄天龍寺香厳院主の清久《せいきゅう》である。清久は斎藤朝日《あさひ》氏出身の小弁局《こべんのつぼね》を生母として永享七年（一四三五）に誕生した。乳父は生母の近親者朝日教貞《のりさだ》とみられている（家永一九九九）。庶子であった清久は当初より後継者の対象外であったため、将軍家所縁の天龍寺香厳院に入室し「清久」と号していた。

鎌倉公方を継承するため、清久は長禄元年（康正より改元、一四五七）十二月十九日に還俗し、偏諱を与えられて「政知《まさとも》」と名乗り、従五位下、左馬頭に叙任され、鎌倉公方就任への準備が進んだ。一連の儀式は「毎事瑞泉寺殿《ずいせんじどの》（足利基氏《もとうじ》）の例に任せられ」た。なお「政知」の名前を勧進したのは、日野勝光である（「宗賢」十二月十九日条ほか）。政知には外戚（生母の実家）で奉公衆の朝日教貞、執事として上杉氏憲《うじのり》（禅秀《ぜんしゅう》）の子上杉教朝《のりとも》や足利御三家の渋川義鏡《よしかね》などが付された。これにより政知は、鎌倉公方を指す「鎌倉殿」と呼ばれるようになったが、一部からは「征東将軍《せいとうしょうぐん》」と呼ばれることもあった（『碧山』寛正元年五月五日条）。

ところで前述のように、かつて義教は鎌倉公方として自身の男子義永を派遣しようとしていた。これは義教の死もあり中止されたが、享徳の乱の発生により義政は父義教の政策を復活させたのである。かつて候補であった義永は健在であったが、この時非常に荒れた生活を送っていたらしく、評判が悪かった（清水二〇一六）。そのため、鎌倉公方として派遣するには適任でなかった（義永は長禄二年に捕縛され、流罪となっている）。そこで候補となったのが庶兄の政知であった。

新しく鎌倉公方となった政知は十二月二十四日に京都を発し、近江へ進んだ。そして、越年のうえ、四月に関東へ出発し、八月に伊豆に到着した。関東下向の日取りについては、陰陽師の日時勘進の影響があったともされる（杉山二〇二二）。ところが、関東を目前とした伊豆に到着したものの、軍事的な裏付けのない政知は、そのまますぐに関東に入ることができなかった。彼は伊豆国内の堀越《ほりごえ》（静岡県伊豆の国市）にとどまり、そこを拠点としたため、「堀越公方」として知られるようになる。

第三章　家督で揺れる大名家と将軍家

1　大名家の再興と失脚する人々

長禄二年（一四五八）八月三十日、禁闕の変で失われたまま所在不明であった神璽が南都の旧南朝勢力より奪還され、禁裏に返還された（『目録』同日条ほか）。

赤松惣領家の再興

神璽の奪還に赤松氏の旧臣が尽力したことで義政は赤松惣領家の再興を認めることとした。この赦免に尽力したのは当時管領の細川勝元であった（『経覚』六月十九日条）。

新たに当主となったのは赤松満祐の弟義雅の孫にあたる次郎法師《じろうほうし》（のちの政則《まさのり》）であった。次郎法師は加賀半国の守護職と赤松氏旧領内の備前国新田荘《にったのしょう》（現岡山県和気町）などを獲得したものの、旧領すべてを回復することはできなかった。その一方で、当時の加賀一国の守護、冨樫成春はこの人事によりその職を失った。成春とその父冨樫教春をかつて支援していたのは畠山持国であり、この点からもこの人事が勝元の主導であったことをうかがわせる。

だが、この赤松惣領家の再興は大きな問題を生むこととなる。なぜなら、この再興をもっとも嫌う存在、山名持豊がいたからだ。かつて赤松一族の赤松則尚が赤松惣領家の再興寸前までいったが、持豊により妨害されたことはすでに述べた。赤松惣領家の再興は赤松満祐追討の賞で山名一族が得た、播磨・備前・美作の三ヶ国を失う可能性が高まるからである。

実は神璽帰京の直前の八月九日、義政により隠居を命じられ但馬にあった持豊が、勝元の支援により赦免され上洛し、義政のもとに出仕していた（『経覚』六月十九日条ほか）。勝元は舅である持豊の赦免を進めるのと同時に、持豊が反対するであろう赤松氏の復興も並行して進めたのである。一見すると矛盾する勝元の動きだが、勝元は惣領家の再興そのものは支援したが、旧領の守護職復帰は支援しなかったように、持豊と赤松氏の両方のバランスを意識したのであった。

赤松氏による旧領支配はうまくいかなかった。備前守護であった山名教之が新田荘支配を妨害したため（『蔭凉』長禄三年六月十五日条ほか）、赤松方は幕府に違乱を訴えている。そのなかで勝元は赤松氏への支援を約束して連帯を強めていた（同五月六日条）。それもあってか、義政は教之の違乱に対して政則への遵行を命じている（同六月三十日条）。義政にとっては父義教を殺害した一族への恨みより、持豊への牽制という点で、赤松惣領家の再興は望ましいものであった。

今参局の失脚

長禄三年（一四五九）正月、富子が後継者となりうる若君（「産所」では姫君）を死産してしまった。ところがこれは今参局による呪詛が原因とされたのである。実は今参局は尾張守護代人事問題で、一度は御所を退出していたが、その後再出仕していた。義政は呪詛を聞いて逆鱗し（「行状」）、今参局を断罪したのである。これを聞いた興福寺の経覚によれば、今参局は

「五六ヶ年天下万事、この身の上を謳歌していたので、権勢は傍若無人であった」というが、彼女は召し捕えられ、流罪となった（『経覚』正月十七日条）。今参局はその途中の近江国甲良荘《こうらのしょう》（滋賀県甲良町）にて殺害（または切腹）されたが、今参局は怨霊となり、翌年には義政の妾上臈御料人局（三条公《さんじょうきん》量《かず》娘）が死産したのも、この怨念のためと噂されている（「行状」）。

東福寺《とうふくじ》（京都市東山区）の雲泉太極《うんせんたいきょく》は、今参局が政治を壟断したとして、その流刑を「天下安全のもと、喜ぶべし」と好意的に捉えている（『碧山』同日条）。実は一連の対処は裏松重子が取り計らったものという（「寺務方諸廻請」同日条）。重子は世間から今参局への不満を背景に、呪詛の事実にかかわらず、若君の死を利用して今参局の排斥を進めたのだった。

今参局と重子との対立の背景には、幼少より義政の愛情を独占する今参局に対する重子の嫉妬もあったのだろう。生母でありながら誕生から家督継承まで義政と疎遠な関係であった重子は、その後も今参局を越える信頼関係を義政と築けなかったのだ。

実はこのころ、義政は女房衆の政治関与に制限をくわえようとしていた。長禄元年十二月に、「近日は諸人が訴訟のことを女中を通して申し入れている。もっともなことではない」として、女房衆を通して訴訟を行った場合、その所帯を没収するとしていた（「宗賢」長禄元年十二月四日条）。ここでの女房衆には今参局も含まれているとみられる。義政は親政を本格的に開始するにあたって、上意の公平性を保つため、これまでの彼女らの政治介入に制限を設けようとしたのである。

今参局の失脚の余波は続いた。彼女に近いとされた佐子局《さこのつぼね》（大館持房《もちふさ》娘）、五伊局《ごいのつぼね》（一色右馬頭娘）、別当局《べっとうのつぼね》（大中臣有直《おおなかとみのありなお》妹）らが殿中を追放された（『大乗院』二月八日条）。彼女らは義政の女子を出産していた妾たちである。殿中の奥向きでは今参局を中心とした妾らの派閥が形勢されていた。その派閥が殿中より排除されたのである。義政は、いつ果てるともない奥向きでの権力抗争に対して、最終的には生母と正室を選択し、今参局と妾らを見捨てることを選択したのだ。ただし、理由は定かではないが、今参局と同等とされた大御乳人は追放を免れている。

義政による今参局の切り捨てと重子との和解により、「三魔」の時代は終わったとみられている（家永一九九九）。義政が室町第に移ったことで、乳父であった烏丸資任の影響力も低下した。資任は今参局や有馬元家と異なり、失脚することはなかったが、明らかにその存在感は低下した。彼らに代わって義政側近の中心となるのが伊勢貞親や日野勝光、武家伝奏の広橋綱光らである。

畠山義就の失脚

享徳三年（一四五四）の河内畠山氏の家督相続争いは、義政の支援もあり畠山義就が勝利した。弥三郎は河内に没落したが、義政は興福寺に義就の援軍を命じた。義就軍勢を整えた義就は六月に河内に出陣したが（『基恒』享徳四年二月七日条、六月十二日条ほか）、義政は弥三郎退治のために奉公衆も派兵させ、義就を支援させたのである（同七月十日条）。

義就派と弥三郎派の対立は河内、大和、紀伊を巻き込んで収拾がつかなくなっていたが、義就は自軍の優勢を計るために義政の「上意」を詐称して勝手に合戦を繰り返した。上意の権威を傷つけるような行為に義政は怒り、義就の一部所領を没収したのである（『経覚』康正三年七月六日条）。これ以前、義就は今参局とのルートを持っていたようであるが、おそらく義就は京都を離れ大和に出陣していたことで、義政中枢との連携が希薄となって、義政の心情を読み間違えたのだろう。

この情勢に対して、もともと弥三郎を支援していた細川勝元は、義政の義就への不信をうまく利用して、弥三郎の赦免工作を開始した。長禄二年（一四五八）には弥三郎に河内か紀伊か、どちらかの国が与えられるところまで話しが進んだ（『経覚』六月十九日条）。これが実現されれば、河内畠山氏は義就流と弥三郎流の二流に分裂することになり、その勢力はより減退することとなる。斯波氏も内紛状態のなか、三つの管領家のなかで細川京兆家の一強状態となるだろう。

義就への不信が募るなか、義政は勝元の意見を聞き入れ、翌三年七月二十三日に弥三郎の赦免を決定した。ただし、この時弥三郎は病のため上洛できなかったようだ（『大乗院』同日条）。また、赦免後弥三郎は義政より偏諱をうけて「政久」と名乗ったとされる（『碧山』同十月九日条）。結局、弥三郎が上洛することはなかったが、実は赦免以前の六月以前に死去していたのである。そこで、その弟の政《まさ》長《なが》（「尾張次郎」）が、反義就派であった興福寺の成身院《じょうしんいん》光宣《こうせん》らにより擁立されたことで（『目録』六月一日条）、畠山氏の内紛は終息がみえなくなっていく。

義政は弥三郎を赦免したものの、河内畠山氏の家督継承を認めたわけではなかった。しかし、大和での義就の行動は変わらなかったため義政の不興は続いた。そこで翌四年、義政は当時在京していた義就に、河内での隠居とその後継者「次郎」政国《まさくに》（実父は畠山義忠）への家督移譲を命じたのである（「長禄」九月十六日条）。ただこの時点でも義政は政長への家督移譲については判断しなかった。これ以前の十五日に義就は義政に謁見しており、おそらくその場で弁明したのであろうが、それは認められなかったようだ（『碧山』同日条）。隠居を命じられた義就は一度は受諾するものの最終的にそれを拒否した。義就は遊佐《ゆざ》国助《くにすけ》亭に移った後、軍勢を率いて河内に下国したのである（「長禄」二十日条ほか）。その際、義就派の被官衆は自亭を自焼した。

義就の反抗的な態度に怒った義政は政国への家督移譲を白紙とし、とうとう政長を河内畠山氏の単独家督として承認したのである。政長への家督承認は勝元だけではなく、伊勢貞親も関与していたようだ。義政はここに至り義就を見限って、二十六日に出仕した政長に対して河内・紀伊・越中のほか、所領を安堵した御判御教書を与えたのである（「長禄」同日条）。

この一件以降、義就への義政の態度は一転した。政長は京都より河内に進発したが、義政は義就討伐のため、武家伝奏広橋綱光を通して天皇に治罰の綸旨を申請した（「長禄」閏九月八日条）。義政は綸旨のみならず、さらに将軍御旗を政長に与えたのである（『大乗院』閏九月十九日条ほか）。義政は大和などの諸将に対して、政長と協力して義就を退治するように命じたが（「昔御内書符案」『政』一二五〇ほか）、これらは河内畠山氏をめぐる義政の大きな政策転換であった。本来であれば、勝元を牽制しうる管領家当主として義就に期待しただろう。だが、勝元の支援を受ける政長を当主として認めたことで、管領家で一強となった勝元と今後もよりいっそう協調せざるをえなくなったのだ。

なお、義政は同じ年の七月に六角氏の家督についても介入している。これは当主政高が、被官伊庭氏の子を殺害したことに不審を持ったため当主としての地位を追い、亀寿丸（のち高頼）を家督としたのである（『碧山』七月二十八日条ほか）。ここから、義就の場合も含めて、義政が当主としての振る舞いに難があるものを認めないという姿勢が垣間見られるだろう。

斯波氏の家督交替

義政は鎌倉へむけて下向した足利政知の援軍として、斯波義敏に関東への出兵を命じた。斯波氏は関東政策の幕府方の最前線である駿河に隣接する遠江を領国としていたことや、東北地方には斯波氏一門が多く点在していたこと、義敏の父持種がかつて関東に出陣していた経歴も考慮されたためである（家永一九九五）。

ところが、義敏は日野富子の叔父である東北院《とうほくいん》俊円《しゅんえん》を通して出兵中止を歎願した。同時に義敏と対立する甲斐将久にも出兵を命じていたが、彼もやはり中止を歎願した（『経覚』長禄二年六月十九日条）。これは越前で義敏と将久とが抗争していたためである。それでも義敏は近江の小野（滋賀県大津市）まで出陣するが、兵粮や人夫の不足を理由に、甲斐方との停戦を義政に歎願した。義政は将久に停戦を命じたものの、義敏方との交戦を理由にそれは断わられた（同十二月一日条）。斯波家中の抗争を収拾できない義政は、幕府軍の関東出兵政策を事実上頓挫させざるをえなかった。

義政が斯波氏による関東出兵を本気で考えていたのであれば、まずは領内での家中の対立状況を解消させる必要があるが、義政は守護たる義敏ではなく将久を贔屓していた（『経覚』長禄三年正月十四日条）。これは将久の姉妹が伊勢貞親の室で義政の「御母」ということも影響していただろう。甲斐氏は陪臣でありながら、主人たる斯波氏を通さず直接義政に伺いを立てることも出来る立場であった（同長禄元年十一月五日条）。一方で家中の統制がとれず、義政の期待する関東への出兵ができなかった義敏は、信認を失っていった。そこでついに、義政は事態を改善するため、義敏から守護職と斯波氏の家督を剝奪し、それを義敏の子松王丸《まつおうまる》（のち義良《よしすけ》・義寛《よしとお》）に安堵したのである（『応仁記』）。幼少の当主のもと将久を補佐役として家中の統一を図ろうとしたのだ。進退窮まった義敏は周防の大内教弘を頼って出奔した。

だが、当事者である将久は長禄三年（一四五九）八月十二日に死去してしまう。その跡は甲斐敏光《としみつ》が継承したが、敏光には義政より安堵の御判が発給されたという（『大乗院』同十三日条）。家督安堵に御判御教書が出されたことから、甲斐氏は特別な待遇にあったことがわかるだろう。ただ、越前では甲斐氏に替わり国内での合戦で次第に台頭した朝倉孝景《たかかげ》が、家中で影響力を持つようになっていく。義敏の没落に際して、翌年に早速、細川勝元が赦免に動いている。勝元は三宝院義賢を介して義政に赦免申請をしたが、これは失敗に終わった。義政は寛正二年（一四六一）には松王丸も廃し、その後は足利御三家である渋川義鏡の子義廉《よしかど》を当主とした（『大乗院』九月二日条）。義鏡は足利政知の側近であり、この人事は一度頓挫していた関東への出陣と無関係ではなかった。この義廉への家督変更には貞親も関与していたとみられている（家永二〇一七）。

関東情勢と政知

東国へ下向した足利政知だが、幕府より援軍が来なかったこともあって、箱根の山を越えることができず、目的の鎌倉府の本拠地・鎌倉に入ることはできなかった。さらに、政知の近臣が伊豆国内などの押領を進めたことで、現地と軋轢を呼ぶこともあった。

長禄二年（一四五八）に義政は幕府軍の主力として斯波義敏に出兵を命じたが、実際派兵することはなかったことは前述の通りである。そのため、政知は現地でより窮することとなったが、義政はこのような政知や幕府方の軍事的窮地を、武威を守るために京都で情報操作していた（榎原二〇一六）。

長禄四年になると政知をめぐる環境はより悪化した。まず当初幕府軍として出陣していた駿河の今川勢が離脱した。さらにその隙を狙って、成氏方の軍勢が政知の御座所である伊豆の堀越御所を襲撃したのである（『碧山』五月七日条）。義政はこのような情勢の悪化もあって、四月から五月にかけて関東に幕府・上杉方に大量の感状や軍事要請の御内書を発給して対応した（「御内書案」『政』一八〇ほか）。この副状の多くを東国との取次を担う細川勝元が発給しているように、義政は関東政策において勝元との連携が必要であった。

　この危機に対して改めて斯波勢が再編され、関東に出陣した（『大乗院』八月十日条）。そのなかで政知は義政に諮ることなく、独自に伊豆より関東に入国しようとしたが、義政はそれを許さなかった。義政は政知の独断を、「楚忽の企て」で「一向に不忠」であるとして、その軽挙を戒めたのである（「御内書案」『政』二四六）。これは幕府方の軍勢が不足していることもあるが、鎌倉公方としての政知の自発的な軍事活動を否定し、軍事動員権が室町殿のもとにあることを示したものとみることもできる。義政から出陣を制止された政知は、近臣の朝日教貞らを上洛させ、義政にその窮状を訴えた（「長禄」閏九月十四日条ほか）。それを受けて義政は翌十月付で再び東国の諸将らに大量の御内書を発給して対応している。

堀越公方府跡地

　当時の政知の政治的な自立性についてはおおよそ否定されている（家永一九九五）。本来、幕府の御料所である下野国足利荘（現栃木県足利市周辺）の代官職についても、政知はその進退権を持たず、挙状を発給するのみであった（『親元』寛正六年八月二十日条）。さらに、政知のもとには幕府奉行人であった布施為基《ためもと》が義政より付属させられ、幕府の意向に沿いながら政知のもとで活動していた（松島二〇一〇）。ただ当時、事実上所領を失っていた奉公衆高師長《こうのもろなが》が、佐渡守護職を求めるとともに、関東に先祖勲功の地があるという理由で政知の御供として関東に下向しようとすることもあった（「高師長代庭中申状案」『蜷川』四四）。活躍の場を関東に求め、自身の利益に繋げたい存在もいたのだ。もっとも、これは義政により制止されたうえ、管領の細川勝元には黙殺された。

義政は京都にあって東国の諸将に対して頻繁に「成氏誅罰」のため「御方」に参り、忠節を果たすように軍勢催促の御内書を発給しているが、今川・斯波両氏を除き、義政が軍勢催促をかけたのは、東北、関東といった東国の諸将のみであったことは注目される。先の師長の関東下向が制止されているように、これは東国に経済的基盤のないものが下向することで、東国社会や秩序体系を混乱させる可能性があり、在地の混乱を最小限に収めることを意図したものとされる（杉山二〇二二）。基本的には義政は東国の住民による解決を一番に思っていたのだ。

ところで、寛正二年（一四六一）には政知の執事上杉教朝が自害しているが、これは堀越公方家内と扇谷上杉氏との対立が背景にあったとされる。教朝の跡はその子上杉政憲《まさのり》が継承するが、彼ら父子は堀越公方家内にあって関東の上杉氏との仲介者としての役割が期待された。教朝・政憲父子らは難しい立場に置かれることもあったが、義政は政知と関東の上杉氏との亀裂を避けるために彼ら父子に期待したとみられている（松原二〇一四ほか）。しかも、教朝の子で政憲実兄の一色政熙《まさひろ》は京都で義政に御部屋衆として近侍しており、その繋がりも無視できないだろう。

義政の関東政策は、基本的には上杉方からの情報を通して決定されたことは忘れてはならない。そもそも義政は生誕より洛中洛外、つまり、現在の京都市中の範囲を出たことがほとんどなかった。その例外としては源氏所縁の石清水八幡宮や伏見、南都、伊勢神宮（後述）などがあったが、それでも南都・伊勢を除けば山城国周辺である。義政にとって関東とはまったく未知の土地であった。いかに主導的に進めようとしても、現地の武家勢力の関係性なども上杉方や取次の細川氏などを通した情報で判断するのみであった。ここに義政の関東政策の限界をみることもできるだろう。

仲介者としての三宝院義賢

これまでしばしば登場したのが醍醐寺三宝院（京都市伏見区）門跡の義賢である。

ここで一度、義賢について確認してみたい。義賢は応永六年（一三九九）に足利義満の弟である小川殿《こかわどの》足利満詮《みつあきら》（義政の大叔父にあたる）を父として誕生した。つまり、義賢は将軍家（義詮の孫）の出身であった。彼は三宝院門跡満済の附弟となり、はじめ宝池院《ほうちいん》、大僧正、東寺長者を歴任し、永享六年には満済より醍醐寺座主職を継承した（『満済』四月三日条）。ただ、義賢は醍醐寺ではなく、洛中の里坊法身院《ほうしんいん》に滞在することが多かったようだ（藤井二〇一五）。兄弟には実相院《じっそういん》門跡増詮《ぞうせん》、浄土寺に入り、天台座主《てんだいざす》となった持弁《じえん》、地蔵院に入室した持円《じえん》などがいる。

将軍家と三宝院との関係は、日野家出身の賢俊《けんしゅん》が尊氏の護持僧《ごじそう》（武家護持僧）となって以降、密なものであり、特に義満時代に義賢の前任者満済が登場すると、義持、義教期とその存在は単なる護持僧の枠組みを超えて、俗に「黒衣の宰相」とも呼ばれるほど、政治的に重要な存在となっていた。

満済は義教への意見上申、大名間の調整役として幕府を支えたことはよく知られる。義賢は護持僧として武家祈禱のほか、将軍家に連なるものとして、将軍家の追善仏事にも関わっていたほか、満済の後継者として、義勝の時代より度々朝廷・公家や大名らから幕府や義政への歎願仲介を期待された。だが、義勝の名字選定に関して、義賢への諮問がなされないことに不満を持ったり（『建内記』嘉吉元年十月十二日条）、満済の時代に三宝院が担った護持僧・諸門跡の統括機能は継承しなかったという

（石田出二〇一五）。前任者の満済と比較して、その重要性はあきらかに下がっていた。

次に仲介役としての義賢に注目すると、文安六年（一四四九）の細川勝元の管領上表の際には、勝元からの使者はまずは義賢のもとに派遣されている。さらに先の尾張守護代人事問題で重子が出奔した際、大名たちが重子の「述懐」を義政に伝える際にも義賢が仲介役をつとめた。前述の斯波義敏赦免についても勝元より仲介を依頼されている。義賢は大名と義政との仲介役として周囲より認識されていたことがわかるだろう。

また、勝元は義敏の赦免に絡んで、「（三宝院）御門跡は代々、自然の事を申沙汰してきたことは天下が存知している」として、義賢にかつての満済のような役割を期待した。勝元の要請は権勢を高める伊勢貞親を牽制する意味が込められているともみられている（桜井二〇〇一）。だが、義賢はこの要請を拒否した。勝元は、「義教時代、義政時代とこれまでも将軍家や大名家のために骨を折られて、これまで無為であったことは皆が承知している。それなのに、今回の私のお願いを断るのは納得できない」（勝元書状『醍醐寺文書』一二七）と義賢にその役割をなお強く要望している。義政と大名との緊張関係を緩和できる存在として義賢への期待が少なくなったことがわかるだろう。

ただ、義賢は義敏の赦免についての仲介要請を引き受けた。しかし、義政はこれを許容せず、義賢に対して、「今後はおっしゃらないように」（『長禄』閏九月二十一日条ほか）と強く釘を打ったのだ。将軍家に連なる義賢でも限界があった。義賢は大名からの期待に対して、かつての義教と満済と同じ関係性を義政と築ける自信がなかったのかもしれない。結局、義賢は大名からは仲介役として期待される反面、側近として義政を支えるという立場にはならなかった（林二〇一三）。義賢がかつての満済のような大名間の調整役としての振る舞いをしなかったのは、義政の親政の前提に大名の衆議が意図されていなかったこともあろう。親政を進める義政と大名との乖離は進んでいったのである。

季瓊真蘂と蔭凉職

この時代、義政の政治、特に禅林政策を中心に支えたのがこれ以前に登場した蔭凉職にあった季瓊真蘂である。将軍家は禅宗の内、臨済宗を信仰し、五山制度などを整備して保護したことは知られる。そのなかで、人事面を管轄したのが僧録であった。義満の時代に春屋妙葩《しゅんおくみょうは》が僧録司《そうろくし》となり、その後相国寺前住絶海中津《ぜっかいちゅうしん》が僧録司となるが、彼は相国寺内の鹿苑院の院主でもあったため、以降は鹿苑院主が僧録を兼ね、人事や訴訟を担当するようになった（鹿苑僧録）。その僧録と将軍との間をつなぐ存在が蔭凉軒内の蔭凉職であり、実際の人事などの権限は次第に僧録より蔭凉職に移っていった（玉村一九四〇）。

大乱以前の義政時代にその蔭凉職にあったのがこの季瓊である。義政時代の政治、文化、禅林政策などを知るうえで重要な史料である『蔭凉軒日録』の記主でもある（後半部分は亀泉集証が記主）。

赤松一族の上月《こうづき》氏出身である季瓊は、義教時代の永享七年（一四三五）六月五日に蔭凉職についた（『蔭凉』同日条）。だが、嘉吉の乱が赤松氏により起こされると、一族出身の季瓊の進退にも影響して蔭凉職を退いた。そのため、義勝・義政時代初期には蔭凉職は中絶し、その間「僧家のことを悉く掌った」のが伊勢貞親であった（同延徳二年八月二十四日条）。

季瓊が蔭凉職に復帰したのが、長禄二年（一四五八）正月であった（『蔭凉』同十日条）。義政は季瓊に「僧中のことについては、旧例のようにすべて披露するように」と命じたのである。この年は義政が本格的に親政を開始する年であり、その一環が義教時代の蔭凉職の再興であった。季瓊は文正《ぶんしょう》元年（一四六六）九月に失脚するまでの八年間、義政の側近として禅林政策を支えたのだ。

季瓊の主な仕事は将軍家の法事、御成の差配や、各種寺院よりの訴訟の仲介、住持などの人事、などの禅林行政のほか、さらには明《みん》や高麗《こうらい》、琉球などの対外文書作成（勘合《かんごう》、印章などの管理）も担った。一つ一つはあげないが、寺領についての訴えは蔭凉職に出され、蔭凉職が義政に披露し、その裁許は蔭凉職を通じて担当の別奉行に下達された。これについては、貞親が蔭凉職に代わって僧事を行っていた時に整えられたものとされる（百瀬一九七六）。

前述したように、義政は長禄二年に寺社本所領還付政策を開始する。寺領の回復は義政の政策の大きな柱であったが、季瓊は各寺院からの申請に対応したのである。それだけではなく、武家の人事にも関与している。特に出自柄、赤松氏と密接に関係した。赤松氏が再興した際に与えられた備前国新田荘の支配を山名教之が妨害したことについて、季瓊が所領回復につき義政に披露しているのである（『蔭凉』長禄三年四月二十二日条ほか）。これは本来蔭凉職の管轄外であるため、あくまでも季瓊が私的に披露したものであった。さらに斯波義敏の復権などにも積極的に関与した。特に義敏の復権については貞親との連携がみられるが、季瓊は単に禅宗関係のみに関与したわけではなく、大名の問題にも介入したように、貞親と並ぶ義政の側近グループを形成していたのである。

また何より、義政にとって季瓊は心を許せる数少ない人間であったに間違いない。『蔭凉軒日録』には度々上機嫌な義政が登場する（『蔭凉』寛正二年七月十五日条ほか）。季瓊らと気兼ねなく談笑する義政の姿は他の日記ではほとんどみることができない。ただ、これは季瓊に限ったことではなく、このののち蔭凉職となった亀泉とも同じように度々談笑している姿がみえる（同文明十七年四月十四日条ほか)。季瓊にしろ、のちの亀泉にしろ、蔭凉職にはその能力はもちろん、義政との個人的な信頼関係が必要であったのだろう。そのため、季瓊が「衰老」を理由に蔭凉職を致仕しようとした際には、義政は進退権は自身にあるとして引き留めている(『蔭凉』長禄三年四月二十五日条)。その後も義政は致仕を許可しなかったが、季瓊に対する信頼が高かったためであろう。

だが貞親との近さは自らのあだともなった。季瓊はのちの文正の政変(一四六六)で、貞親に近かったこともあり失脚してしまうのである。貞親による斯波義敏赦免にも助力していたことも影響した。この政変では季瓊の本家筋である次郎法師(政則)も一時的に失脚していたが、貞親、季瓊に連なる側近グループが排除されたのであった。季瓊は大乱最中の京都に戻ったが、文明元年(一四六九)八月十一日、相国寺内にて六十九歳で寂した。彼は大乱の一因とされるなど(『応仁記』)、義政側近として後の評価は芳しくないが、義政親政を支えた存在であったことに相違ない。

御前沙汰と奉行衆

親政時代、義政による政務決裁はどのように行われていたのだろうか。義政は親政以来、義持期や義教前期と異なり、大名を自らの意志決定に参加させることはなかった。享徳の乱への対応でも大名衆議は行われず、彼らに意見を諮問することもなかった(吉田二〇〇二)。もちろん、関東政策を担う細川氏との連携はあるが、管領政治からの脱却の過程で、大名の政務参与そのものを排そうとしたためであろう。

親政下における日常的な政務決裁では、まず将軍主催の御前沙汰(所務沙汰、雑訴方)をみる必要がある。幕府の評議機関には創生期には評定や引付などがあったが、義満の時代には形骸化しており、それに替わり管領がとりまとめる御前沙汰が幕府の裁定機関の中心的な存在となった。御前沙汰は主に所務沙汰といった土地・所領をめぐる相論を扱った。なお、洛中の屋地は地方《じかた》が、動産訴訟や買得地については政所が、それぞれ管掌を分担していた（「武政軌範」）。御前沙汰といっても、時期によりその内実に変動があるため、管領が御前沙汰の運営を管掌している時期のものを大乱後のものと区別して、「前期御前沙汰」「管領沙汰」と呼ぶべきとの意見もある（鳥居一九八八）。

大乱以前、御前沙汰運営において管領は必須であった。これまでもみたように訴訟の窓口である賦奉行は管領の被官がつとめた。管領は裁判などの審議を行う法曹官僚である奉行衆（御前奉行）を指揮して審議を進め、最終的には室町殿臨席のもとで決裁が行われた。その決裁は管領奉書や奉行人奉書で当事者に下された。管領政治の期間は管領が主催して事実上判決を下していたが、義政が親政を進めると親裁されるようになった。義政は奉行衆を基盤とする親裁体制の構築を図ったため（百瀬一九七六）、室町殿の権力とその行使において奉行衆は必須のものとなっていた。それにくわえて、義政の時代には奉行人奉書の用途も軍勢催促や守護への遵行など、本来管領奉書で行うような重要事項に拡大されていったのである。

大乱以前の御前沙汰は、義教期と同じく管領、評定衆、奉行衆により構成されたとみられている（設楽一九八七）。特に中心となる奉行衆は、幕府の諸機関に所属して裁判などの審議にあたるほか、裁判以外にも幕府の様々な事務的な業務を担った（奉行衆の筆頭は公人奉行《くにんぶぎょう》）。おおよそ飯尾、布施、斎藤、松田、諏方、清《せい》、中澤《なかざわ》の各氏が奉行衆である（それぞれの家もさらに分かれる）。義政の時代には常時二、三十人ほどがいた。さらに義政の家督継承後の管領政治下には、応永以来の奉行衆である飯尾為種《ためたね》や飯尾貞連《さだつら》などベテランの奉行人もまだ残っていた。ただ、奉行人個人は御前沙汰、政所や地方、侍所など、複数の機関にわたって所属し兼任することが多かった。

変わる裁許体制

前述した別奉行制は長禄年間以降に拡大したが、奉行衆全体で分担するわけではなく、特定の奉行人が集中して兼任した（今谷一九八二ほか）。担当の権門よりの礼物は奉行人にとっては重要な収入となり、特定の奉行人の経済力向上に繋がった。もちろん、別奉行のいない申請者は変わらず賦奉行が窓口である。ただ、康正元年（一四五五）十一月ころに、奉行衆の管轄が管領から伊勢貞親に移行したとされる（早島一九九九①）。これにより、義政の親政が進むこととなった。同時に貞親の権力も向上することとなったが、奉行衆が管領の管轄より離れたことは、義政への牽制でもあった管領上表の効果が減少したことを意味する。訴訟審議の場での管領や賦奉行の役割低下は、義政親政において、管領権力からの克服が成就した結果といえる。

また、義政による政務決裁の姿については、評定衆摂津之親の日記である「長禄四年記」にも詳しい（設楽一九九二②）。この日記はわずか半年ほどしか現存しないが、これによれば義政から立法や所領問題である所務沙汰など重要事項に関する意見具申が求められると、「内談」という評議が行われ、上申のため評定衆連署の「意見状」が作成されたことがみえる。同一案件でも評定衆とは別に奉行衆にも意見が求められることもあった（管領政治期には意見諮問の主体は管領となる）。この意見において、評定衆と奉行衆は競合関係にあったとされる。そのため奉行衆も別個評議を行い、意見状が作成されることもあった。いずれにしても義政はそれぞれの意見に拘束されるものではなく、自身の判断で裁定を下すことができ（閏九月八日条）、あくまでも最終的な決裁権は義政にあった。義教期にも意見制が存在しており、義政は父義教の裁許体制を継承したのであった。

これらの意見や裁許について、管領の関与はみられない。ここから義政親裁の姿をみることができるだろう。ただし、この場合でも管領そのものが否定されているわけではない。年始の御前沙汰始などの儀式では管領は必須の存在であった（評定始も同じ）。

奉行衆を中心とする政務決裁は、義政臨席による評議、決裁は、次第にその場が分離していたとみられている（設楽一九八七）。このような評議体制が変化するのが、大乱以降である。つまり、管領、評定衆が御前沙汰より外れ、将軍と奉行衆、それを繋ぐ申次などが中心となり、意見も奉行衆のみに求められるようになったのである。義政の政務はその治世を通して共通するものではなく、大乱を分水嶺として大きく変化するのだ。

2　大飢饉と天皇の譲位

長禄・寛正の大飢饉

長禄三年（一四五九）の天候不順にはじまる大飢饉が西日本で発生した。現代でも異常気象などで農作物が不作となることは珍しくはないが、当時の農業技術を考えれば、農作物への影響は計り知れないだろう。そして、翌四年（改元して寛正《かんしょう》元年）には疫病も流行し、各地は悲惨な状況となってしまった。長禄・寛正の大飢饉である。

飢饉は悲惨な様相をみせた。東福寺の雲泉太極による『碧山日録』長禄四年三月十六日条をみると、六条にて死んだ幼児を抱えて、その名を泣き叫けぶ老婦がいたようで、彼女は飢饉と河内での争乱により京都へ逃れてきたらしい。その一方で、花見で酩酊した「貴公子」の大行列が通りかかったというが、これを見た太極はこれを「受天親民」に背くものと非難している（『碧山』三月十六日条）。

ここでは太極はあえて個人名こそあげなかったが、実はこの「貴公子」こそが義政だったのではないか。雲霞のごとき数を従えた豪勢な行列であり、当時京都でこのような行列を従えることができる存在は公家衆はおろか、並の大名でも難しいだろう。実際、義政は同十四日に大覚寺内の不壊化身院《ふえけしんいん》に御成をした帰路に宝護院《ほうごいん》で梅花見をしている（『蔭凉』同日条）。意図的に名前を隠していることも踏まえてその可能性は高いだろう。義政はまたこの直後の三月二十日に西芳寺《さいほうじ》（京都市西京区）で、同二十二日には若王子《にゃくおうじ》社にて花見をしており、この時には疫病を気に懸ける様子はみられない。

だが、世間で疫病が広がるなか、義政もこの疫病から逃れることはできず、六月四日に発病している（『碧山』同日条）。疫病は数日で平癒し、七日には例年通りに京極亭にて祇園《ぎおん》の御霊会《ごりょうえ》（祇園祭）を見物しているが、この御霊会自体が無病息災を祈念するためのものであり、その意味では時宜に適うものであろう。ただし、同月には東海地方に異獣が現れ、それが入京しようとしているらしいとの噂など（同二十八日条）、世上に不穏な空気が満たされていた。

天皇の諫言　飢饉疫病により、十二月に「寛正」に改元したが、年が明けても事態は悪化する一方であった。京都には数万人に及ぶ乞食があったというが、日増しに餓死者が増加するなかで、後花園天皇は現状を見かねて義政に諫言した。ちょうどこの当時、義政は室町第内の山水草木の整備を進めていたところで、これをみた天皇が諫言の詩を義政に示したという（「長禄寛正記」）。

残民争採首陽薇（生き残った民は争って首陽山の薇を採っている。）

処々閉序鎖竹扉（処々は垣を閉じ、竹の扉を閉めている。）
詩興吟酸春二月（詩を吟じようとも春の盛りに苦しむだけで、）
満城紅緑為誰肥（都市全体の花草は誰のため茂っているのだろうか。）

これを見た義政は大いに恥じて造営を中止したというが、実際に天皇がいつ作成したのか、一次史料より裏付けるものはないため、これをどこまでが史実と簡単に理解することには躊躇する。事実であれば、当時、天皇と義政は昵懇関係であったとされるから、その近さゆえの諫言であったのかもしれない。また、義政は寛正二年（一四六一）より大量の飢餓者への対応に本腰を入れるようになっており、もし諫言があったとすればこれ以前となろう。

飢饉対策に本腰を入れた義政がまず行ったのは銭の分配であった。しかし、一・二日で費用が尽きてしまったという（『経覚』正月二十二日条）。失敗した義政は、時宗の願阿弥《がんあみ》からの大規模な慈善活動へ支援依頼をうけて百貫文（約一千万円）を扶助したのである（『碧山』二月二日条ほか）。飢饉への対策については、将軍直臣や公家衆もそれぞれ個別に飢民への対応を行っている（同二年二月十日条ほか）。この時点で京都中の死者は八万二千人に及ぶというから（同二月晦日条）、現代では想像できない惨状であっただろう。義政による百貫文の支援も焼け石に水である。

一連の飢饉のなかで、義政は三月二十二日には五山に対して、「雨御祈禱ならびに天下太平」を命じたほか、施食会《せじきえ》（施餓鬼会《せがきえ》）を行うように命じた（『蔭凉』同日条）、そして、同二十九日には建仁寺が、四月十日には相国寺が河原にて同じく施食会を行っている。これは死者への鎮魂のためであった。

義政は際限のない飢餓者への布施行為から、死者の供養へと対策を転換したのである（森田一九九三）。だがその一方で、芸能支援も忘れなかった。この時期に興行ができない観世座《かんぜざ》に対して百貫文の支援を行っているのである（『大乗院』七月十二日条）。

義政の飢饉への対応については批判的な評価も多いが、義政はこの大飢饉に無関心であったわけではないことはすでに指摘されている（森田一九九三）。少なくとも寛正二年にはいくつかの対応をしている。祈禱を命じることにほぼ限定され、特に有効な手段を打てなかったのは事実だが、では誰がどのような手段を行えばこの大飢饉を終息させることができたのか疑問である。干天については義政の能力でどうこうできるわけではなく、飢饉で施せる食料も限界がある。さらに医療技術や衛生概念のない当時、実際に義政に実行できることは限られていた。義政が後手に回ったことは事実だが、飢饉への対応をめぐってただ闇雲に義政を批判するのは不当であろう。

このような飢饉のなかでも斯波氏や河内畠山氏の内紛が同時並行的に行われていた。義政は飢饉への対応とともに、大名家への関与も同時に行わなければならなかった。義政にはこのころ、難しい判断が求められ続けていたのである。心身共に疲労し、多いにストレスも溜まっていたであろう。

義教への思い

飢饉をめぐる義政の慈善活動をみるうえで、注目される出来事がある。それは義政がみたという夢である。その夢とは、父義教が束帯姿で枕元に立ち、「私は生前は罪を犯すことが多く、今も苦しい思いをしている。しかし、善行も少なからず行ったため、再び将軍に生まれ変わる。現在乞食が多くいる。私の苦しみを助けるため、乞食に施しをせよ」と述べたというものである。義政はこの夢をはっきり覚えており、義教の依頼を成就するために願阿弥に対して布施を行わせたというのである（『経覚』寛正二年二月七日条）。

この夢については経覚の伝聞情報のみであるが、これが事実であろうとなかろうと、飢饉対策はあくまでの父義教の願いによるものとして、父の徳を示すのと同時に義政による父への孝行ということにしようと、義政かその周辺が広めたのであろう。

義政が父義教を敬愛し、模範としていたことはこれまでよく知られている。義政の義教への思いについては、『蔭凉軒日録』などから多くみられ、枚挙に暇が無い。例えば、長禄二年（一四五八）には蔭凉職の季瓊真蘂に対して、一種の供養として、義教の手跡の紙背に法華経《ほけきょう》を印書するように命じている（『蔭凉』閏正月二十八日条ほか）。くわえて奉公衆であった鞍智高春《くらちたかはる》が寛正三年（一四六二）二月二十四日に出家したが、その許可を事前に義政に求めたところ、義政は「二十四日は義教の月命日である」として、この日に出家するように命じ、高春はそれに従い出家したのである（『碧山』同日条）。ほかにも、寺社への御成にも「普広院殿の旧例」が尊重された。

さらに父への恋慕もあろう、寛正三年九月には東西の諸寺院が所蔵していた義教肖像数十軸すべてを召し寄せたこともあった（『蔭凉』九月十八日条ほか）。義政は、そのうち一軸を手元に置こうとした。もっとも義政は父義教の記憶というものはほとんどない。義政は誕生後、烏丸資任に養育され義教と別居していたため、義教の生前に義政が直接対面する機会はほとんどなかった。義政は義教の顔を覚えていなかったため、諸寺に残された肖像画のみが義教の面影を知る唯一のものであった。先の夢に現れた義教も実際の記憶の姿ではなく、度々みてきた肖像画の姿であろう。

裏松重子の死

「大上様」裏松重子は義政は室町第に移徙したのちも高倉亭（旧烏丸第）に残った。義政と別居して以降、重子の称号は「高倉殿」・「高倉御所」となっていた。

今参局の失脚後、義政は度々高倉亭を訪問し、それまでの関係が嘘のように親子の情を暖めていた。しかし、義政は重子に対しては政治と親子関係について一線を画していた。重子は当初より度々政治に口入したが、親政の開始後もそれがまったく無くなったわけではなかった。例えば長禄三年（一四五九）には興福寺大乗院領越前国河口荘《かわぐちのしょう》兵庫郷《ひょうごのごう》（現福井県坂井市）政所職について重子が強く介入したことについて、義政は大乗院の理運を認めて無視しようとしたが、最終的には重子の要求を妥協して受け入れることもあった（『経覚』長禄三年三月二十三日条ほか）。ただ、これは重子の要求で代官となった将軍直臣の熊谷持直《くまがいもちなお》が年貢無沙汰をしたため、翌年には改替されるが。

また寛正二年（一四六一）には、保安寺《ほあんじ》が寺領回復について重子を頼った件では、「かねてより（所領回復を幕府に）申請せず怠慢していた」として義政はその訴えを却下した。これはそもそもの保安寺の不備が原因であったが、重子の仲介には限界もあったのである（『蔭凉』八月二十七日条）。その後も重子は禅院の人事にも口入するなど（同十二月三日条）、その成否は様々だが、今参局亡き後、外部より期待される存在であり続けたに違いない。

翌三年には義政は重子の日常を彩るためであろう、高倉亭の内装や庭園造営を進めた（『蔭凉』六月十一日、八月十日条など）。これには室町第の造営でも活躍した善阿弥も新しい高倉第亭の造営に関わっていたとみられている（家塚二〇〇七）。また、このころより小栗宗湛《おぐりそうたん》が絵師に登用され、高倉亭の障子画を命じられている（同六月二十一日条）。これより宗湛は幕府の御用をつとめるようになった。

ただ、実際はこれ以前の烏丸第や室町第造営などでも絵師として登用されていたとみられている（綿田二〇〇八）。なおその翌年、義政は宗湛について、「上意を受ければ、どこでも作画してよい」と命じたほか、かつての御用絵師周文《しゅうぶん》と同じ月俸を与えるように命じた（同四年三月二十八日条ほか）。これは上意を得なければ、自由には制作できないということでもあり、義政による絵師の独占といえよう。ただ、宗湛には十二月に二十貫文（約二百万円）と御服一領が下されることとなったものの、実際に月俸の支払いは滞っていたようだ。

高倉亭が整備されるなか、寛正四年六月ころより重子の健康状態が悪化するようになる。そのため諸寺社に対して祈禱が命じられた（『大乗院』七月二十五日条ほか）。これをうけて東寺では不例本復の祈禱が行われたが、このような祈禱もむなしく、八月八日に重子は没してしまった（『蔭凉』同日条）。享年五十三歳。院殿号は勝智院殿《しょうちいんでん》従一位万山性寿大禅定尼《ばんざんせいじゅだいぜんじょうに》。重子の死により三十ヶ日、天下に触穢宣下が出された（『大乗院』同日条）。同十一日には等持院《とうじいん》（京都市北区）にて日野一門や大名たちも参列して葬儀が行われ、同地で茶毘に付された。高野山に分骨もされた（『蔭凉』九月二十二日条）。

重子の菩提所・勝智院はもと嵯峨の持地院《じちいん》を改称して設定されたが（『大乗院』九月二十二日条）、柳原室町（京都市上京区）の地に移転したようで、高倉亭の一部が移築されている（『長興』文明七年八月八日条）。仏事銭については三ヶ国の守護は百貫文（約一千万円）、二ヶ国の守護は五十貫文（約五百万円）、それ以下は以前の例に遵うとされた（『蔭凉』寛正四年八月十六日条ほか）。

義政と重子の実際の親子関係はわからない。幼少より別居し、幼少期にはあまり接点がなかった。そのため、義政は重子ではなく今参局に偏向することも多かった。しかし、大名たちの香典料について談合があった際、義政にとって「重子は御慈母であり、その悲歎がはなはだしい」とされているから（『蔭凉』八月十六日条）、このころには大切な母親として認識していたのだろう。しかも、三回忌を目前とした寛正六年七月には重子の道号「万山」の扁額を書している（七月十九日・二十一日条）。ただ、実際の義政の重子への思いは愛憎半ばというものではないだろうか。

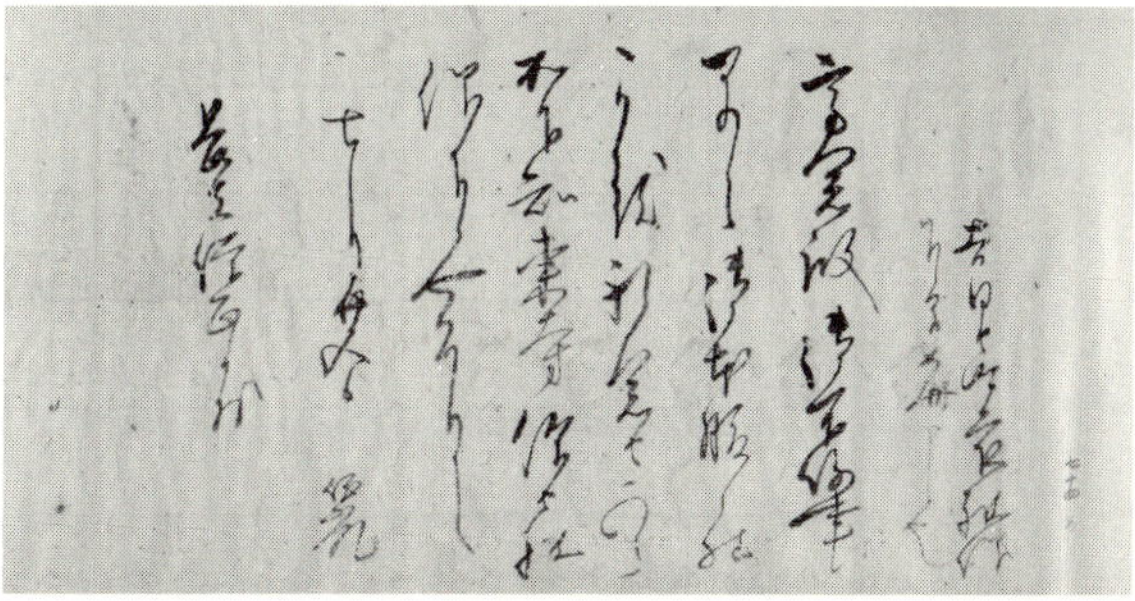

伝奏広橋綱光奉書

重子の死により幕府では大規模な大赦が行われることとなった。これにより管領細川勝元は追放されていた斯波義敏父子の赦免を申し出て、前述のように受理された。また、重子の一周忌にあたって畠山義就が仏事銭二千疋を献上してきた。季瓊真蘂はこの仏事銭の扱いに困って伊勢貞親に相談したが、貞親は、「義就は義政より赦免されている。避けることはない」と返答して、仏事銭が納入されている（『蔭凉』寛正五年九月二十七日条）。義就にも大赦があったようだ。義就は重子への布施をきっかけに、義政との関係改善を期待したのだろう。

糺河原での勧進猿楽

裏松重子の死去した翌年の寛正五年（一四六四）、京都で大きなイベントが開催された。それが下鴨の糺河原《ただすがわら》（京都市左京区）で行われた勧進猿《かんじんさる》楽《がく》である。勧進猿楽とは、寺社の建立、修造などの費用捻出のために行われた興行であるが、今回の勧進猿楽は鞍馬寺《くらまでら》再興のために、四月五日、八日、十日の三ヶ日に及び開催されたもので、当時九十八歳であった善盛法印《せんせいほういん》が勧進聖をつとめた。役者は四世の観世大夫《かんぜだゆう》又三郎正盛《まさもり》と三世の音阿弥（元重《もとしげ》）がつとめた。義政は音阿弥について「当道の名人」と称している（『蔭凉』寛正三年正月二十八日条）。なお、紀河原での勧進猿楽は義教の時代、永享五年四月二十一、二十三、二十七日にも行われている（『看聞』各同日条）。この時は義教の寵愛をうけた音阿弥がつとめている。

ところで、将軍家は義満以来猿楽を愛好したが、義政は義教と同じく能楽師として観世座の音阿弥を寵用した。あるときは経済的に困窮したとして義政に訴えた音阿弥のために、畠山亭にて能をさせ、千貫文（約一億円）を扶助させることもあったという（「宗五大草紙」）。今回の猿楽勧進では、義教時代につとめた音阿弥と、その子正盛がつとめた。その目的の一つは正盛が音阿弥の後継者であることをアピールするためであろう。なお、当時は観世大夫との対面なども幕府儀礼の一部となっており、正月四日に観世大夫が御所に出仕し、庭上にて御目に懸かるものとなっていた。庭上での対面は諸家の陪臣並である。また、大名亭への御成にも猿楽は必須であり、観世大夫がこれをつとめることが多かった（「長禄二年以来申次記」など）。猿楽は将軍家において単に愛好されるものではなく、極めて政治的・儀礼的な意味合いが強かった。

さて、この勧進猿楽については「紀河原勧進猿楽日記」をはじめ多くの史料が残されており、その詳細がわかる。特に舞台の絵図面「紀河原勧進猿楽舞台図」も残されており、桟敷の様子や配置などもわかる。それらによれば、初日は（五日）義政、富子、日野勝光が参加したが、伊勢貞親や畠山教《のり》国《くに》ら同朋ふくめて十六人が御供衆として供奉したほか、富子には十三人の上様御供衆と五名の同朋が供奉した。さらに御相伴衆《ごしょうばんしゅう》として管領の細川勝元、畠山政長、斯波義廉、山名持豊、細川成之（途中体調不良で退出し、七日は不参）、畠山義統《よしむね》、一色義直、京極持清が参加した。御相伴衆は河原に設けられた桟敷の門中に祇候した。

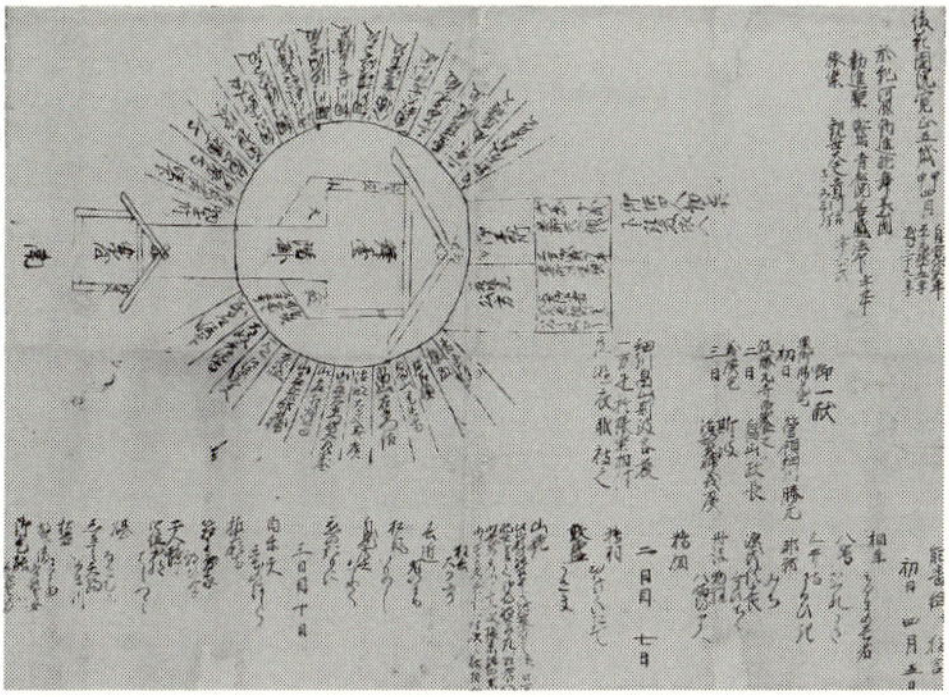

糺河原勧進猿楽舞台図

参列者は御相伴衆のほか、守護家では山名教豊、同教之らの山名一族、細川成春《しげはる》、同常有《つねあり》ら細川一門、赤松次郎法師（政則）に富樫政親《まさちか》、六角亀寿丸（のち高頼）が、御供衆では伊勢貞親、畠山教国、公家衆は二条持通、門跡は青蓮院尊応《そんおう》、聖護院道興《しょうごいんどうこう》、三宝院義賢、梶井義承、このほか八幡の善法寺や医家の上池院胤祐《いんゆう》も参加し、上洛できなかった大乗院尋尊《じんそん》を除く計三十名が参加した。彼らは舞台を中心に円形に囲んだ。舞台正面中央の左右には義政と富子が座した（正面中央は神座）。

義政の御成以後開演し、初日は「相生《あいおい》」以下七番、二日目は「鵜羽《うのは》」以下七番、三日目は「白楽天《はくらくてん》」以下十二番が演じられた。初日の一献は勝元、二日目は政長、三日目は義廉が担当し、終演後はそれぞれの邸宅に御成があった。この御成には御相伴衆のほか観世正盛や音阿弥が臨席し、音阿弥父子は各万疋（約一千万円）のほか、六十から九十の小袖を拝領している。

勧進猿楽について季瓊真蘂は「天下太平」の時に必ず行われるものであり、今回も勧進猿楽により「公方の御威勢これに過ぎることはない」としている（『蔭凉』四月八日条）。この勧進猿楽は「天下太平」を世間に喧伝するものであり、飢饉を経て「天下太平」を実現している義政の徳を示すための一大イベントであったのだ。だが、参加者の規模をふくめ、このような大規模な勧進猿楽は義政の時代では一度であり、この勧進猿楽は大乱前における一大イベントといってよいだろう。さらに大名や公家衆、門跡などの参加者からみても、幕府の威信を示す事実上の国家イベントとみてよいだろう。

また、この翌年三月に義政は華頂山《かちょうざん》（京都市東山区）と大原野《おおはらの》（京都市西京区）にて大規模な花見と連歌会を開催している（『親元』三月四日・六日条ほか）。この時に限らず、飢饉の最中も度々花見のため京都周辺を遊覧しているが、特に規模が大きかったのが華頂山での花見であった。これは「華麗で目を奪い、天下を改観するもので、皆が一代の奇特といっている」（『蔭凉』四日条）というものであった。このような大規模な花見は『応仁記』では義政による浪費の代表としてあげられているが、勧進猿楽同様にこの花見も「天下太平」を象徴するイベントとみることができる。花見には公武をともなった連歌会も行われており、この花見・連歌会は単なる義政の遊興とみるよりは、天下太平・公武融合を象徴する一大イベントとみるべきだろう。

後花園天皇の譲位

勧進猿楽が終わってすぐの七月十九日、後花園天皇の譲位をうけて皇子成仁親王（後土御門天皇）が践祚《せんそ》した。義政の代ではじめて（そして唯一）の皇位の継承儀礼である。義満以降、皇位継承儀礼に室町殿が関与することとなったが、義政も室町殿として各種儀礼と無関係ではなかった。ただ、義政の儀式への関与は義満時代とは異なるものであった。

当時義政は左大臣《さだいじん》であったが、これはかつて後円融天皇《ごえんゆうてんのう》が後小松天皇に譲位した当時の義満と同じ官職であった。通常、践祚儀内弁《せんそのぎないべん》は「一の上《いちのかみ》」である左大臣がつとめるが、義政はすでに左大臣であったにもかかわらず、これをつとめていない。さらに、譲位節会《じょういのせちえ》でもかつて義満は内弁をつとめたのに、義政は公式な参仕者としてみられない。これはかつて後小松天皇より称光天皇《しょうこうてんのう》に譲位があった際、当時内大臣であった義持とほぼ同じ状況である。父義教の場合は、正長元年（一四二八）の後花園天皇の践祚の段階では左馬頭、翌年の即位式では権大納言兼右大将であり、当時の官位のため主導的な役割は果たさなかった。そのため、義教は官位によらず、内々に室町殿として摂政二条持通と扶持したのだった。義政の場合、今回は践祚の儀式にあたって新帝・後土御門天皇と同車して摂政的役割を演じた（『蔭凉』寛正五年七月十九日条）。義政も義教の時と同じく持通とともに扶持を行ったと推測されている（久水二〇一一）。

また、義政はこの譲位の同日に、治天の君となる後花園上皇の「院執事《いんのしつじ》（院司）」となった（「足利家官位記」）。かつて、義持は後小松上皇の「院執事」、父義教も後小松上皇の「院大別当《いんのだいべっとう》」となっている（院執権は広橋兼郷《かねさと》）。義政の就任はこれらの先例によるものであり、室町殿としてこれまで通り、治天の君を支える「王家の執事」としての役割を継承したのだ。義政は二十九日には上皇のもとに院参、八月二十三日には上皇が義政のいる室町第に御幸《ごこう》し（『蔭凉』同日条）、義政と上皇との関係がこれまで通り継続することが演出されたのである。

翌六年十二月二十七日には後土御門天皇の即位式が挙行されたが、やはり左大臣であった義政は内弁などの諸役をつとめることはなかった。すでに室町殿はその時の官位によらず、廷臣として諸役を行うことは求められていなかったのである。

准三后義政

義政は即位式翌日の十一月二十八日に准三后宣下をうけた。准三后（准三宮、准后とも）とは太皇太后《たいこうたいごう》、皇太后《こうたいごう》、皇后《こうごう》（中宮《ちゅうぐう》）に准じる待遇のことで、もともとは経済的な利益を伴うものであったが、当時は名誉称号化していた。基本的には終身である。また、「后《きさき》」とあるものの男女は関係なく、当時は皇族のほか、摂関家、門跡なども宣下をうけていた。

将軍家の事例をみれば、永徳《えいとく》三年（一三八三）六月二十六日に当時左大臣であった義満が准三后となったのが最初である。義満の准三后宣下は特別扱いであった（『後愚昧記』同日条）。ほかには義満の継室である裏松康子が応永十三年（一四〇六）に准三后となっているが（『荒暦』十二月二十七日条）、それ以降歴代の室町殿への宣下はなかった。

義満以来となる義政への准三后宣下について、「綱光公記（暦記）」により、その詳細が知られる。それによれば、関白二条持通が去年より執り申したもので、義政は再三辞退したものの、持通は翌十二月五日に行われる予定の仙洞御所《せんとうごしょ》での三席《さんせき》（漢詩、和歌、管絃）御会の出席にあたり、義満の先例を取り上げて薦めたのである。義持の場合は内大臣であったことや、再三辞退したことで宣下はなく、義教については青蓮院門跡時代に准三后となっていたため、将軍就任後には宣下はされなかったという（還俗後は准三后ではない）。そのため、義政の宣下は永徳の義満の先例にならい、綱光の取り計らいで役者も決められた。これ以降、義政は死去するまで自署などで准三后の称号を使用し続ける。なお当時は、准三后の宮中席次は親王の上位とされている（『親長』文明五年七月二十七日条）。

この翌年には上皇により飛鳥井雅親《まさちか》を選者として勅撰和歌集《ちょくせんわかしゅう》の編纂が開始されることとなった（『公卿』）。これは大乱により中止されるが、中世の勅撰和歌集は「新千載和歌集《しんせんざいわかしゅう》」が足利尊氏の執奏により編纂されて以来、将軍（室町殿）の執奏によって「新拾遺和歌集《しんしゅういわかしゅう》」（義詮が執奏）、「新後拾遺和歌集《しんごしゅういわかしゅう》」（義満が執奏）、「新続古今和歌集《しんしょくこきんわかしゅう》」（義教が執奏）が編纂されてきた。そのため、今回の勅撰和歌集もやはり義政の執奏により開始されたとみてよいだろう。義政は生涯に多くの和歌を詠んだが、和歌文化の庇護者としての室町殿の姿も継承したのである。

3 足利義視の登場と文正の政変

義視の還俗

寛正五年（一四六四）は天皇の譲位という国家的な出来事もあったが、それに並行するように将軍家にも大きな出来事があった。それが異母弟足利義視《よしみ》（はじめ義尋《ぎじん》）の還俗と義政よりの後継者指名である。寛正五年の時点で成長した義政の子供皆女子であったため、後継者となるべき男子がいなかった。義政は自身に男子が誕生する可能性が低いとみて、十一月に異母弟で浄土寺《じょうどじ》（京都市東山区）の門跡であった「義尋」を自身の後継者として還俗させたのである（『応仁記』）。義視は十一月二十五日に浄土寺より細川亭に入り、次いで乳父正親町三条実雅亭（武者小路今出川西頬《にしつら》）に入った（『蔭凉』同日条）。これ以前の十一月十三日には、享徳元年（一四五二）以来管領であった細川勝元よりその職が畠山政長に交替していたが、すでに管領ではない細川亭に最初に入ったのは、勝元の後見を期待したものとみられる。

義視は永享十一年（一四三九）閏正月十八日に誕生した。生母は正親町三条尹子の侍女であった小宰相局である。産所は当時の阿波守護細川持常亭であったという（「御産所」）。当時は尹子の兄実雅が「養君」（『建内記』永享十一年二月二十一日条）となり、彼亭である今出川亭にて養育されていた。義視は義政が家督を継承した同じ嘉吉三年（一四四三）に浄土寺に入寺し（「嘉吉三年若君御入室次第」『蔭凉記』）、「義尋」を名乗った。

ところで、義視が義政の後継者となった第一の理由は、他に同母異母含め兄弟がいなかったためである（家永二〇一四）。庶兄の政知はすでに鎌倉公方として伊豆に下向しているし、そもそも兄を養子とするには無理があろう。そして他の兄弟たちも既に死没していた。つまり、消去法で義視となったのである。もちろん、まだ三十歳未満である義政に今後男子が誕生する可能性は十分にあったが、それだけ将軍職移譲を急ぎたかったといえるだろう。

正親町三条（今出川）亭跡地周辺

さて、浄土寺よりまず細川亭に入った義視は、十二月二日に還俗した。この還俗についてはやはり武家伝奏広橋綱光による「綱光公記（暦記）」などに詳しい。それらによれば東坊城益長の勘進により「義視」の実名が付けられ、従五位下左馬頭に叙任された。義視は乳父実雅の居所正親町三条亭

（今出川亭）にちなんで「今出川殿」と呼称されることとなる。なお、還俗の儀については、諸事は日野勝光と伊勢貞親が取り計らい、官位については綱光が取り計らった。勝元はここでは義視の裹頭《かとう》（顔を覆う布）の役をつとめたが、勝元の後援を期待したためであろう。勝元はすでに管領ではないものの政長の後援者でもあり、幕府内においてなお影響力を持っていたからである。

義視の還俗と叙任について、義政と義視に対して公武をはじめ諸方より参賀が行われた。翌六年正月五日には従四位下に昇叙し、二月二十五日には御判始、弓馬故実家の奉公衆小笠原持清を師範として御弓始・御乗馬始が行われた。また、三月十五日には裏松重子の御所であった高倉亭を改修して、義視の御所とする計画も建てられている（『蔭凉』同日条）。さらに六月二十六日には、義政の信頼厚い清原業忠を講師として大学御談義始《だいがくごだんぎはじめ》が行われた。

このなかで義視はかつての「三魔」の一人で、すでに失脚していた有馬元家の赦免を義政に申し入れた（『蔭凉』九月十七日条）。それまで義視と元家の直接の接点はないから、元家が将軍後継者となった義視にその影響力を期待して接近したのであろう。だがこれは義政によって拒否され、元家の赦免はならなかった。直臣の進退は義政が掌握しており、義視には限界があったのだ。

義視と足利満詮

義視の還俗にあたっては、足利満詮が先例とされた。満詮とは先の三宝院義賢の父である。貞治三年（一三六四）に誕生した義満の六歳年下の同母弟であり、義満の死から十七年後の応永二十五年（一四一八）に没した。満詮はその住居から「小川殿《こかわどの》」の称号で呼ばれ、兄の在世下の応永十年権大納言まで昇進している（『公卿』）。義満の兄弟のなかで、唯一義満とともに在俗していた兄弟であった（応永十年に出家）。

足利満詮

参賀の際、義視の申次は一色政熙と伊勢貞誠《さだのぶ》が行ったが、これも満詮の先例という。はじめ義政は公家衆による申次を考えていたようだが、義満・満詮兄弟を吉例として結局、満詮の先例を遵守したのである。さらに義視の左馬頭任官と同じタイミングで足利政知が左兵衛督に昇進しているが、これも康暦《こうりゃく》二年（一三八〇）二月十八日に満詮が左馬頭に任官したタイミングで当時の鎌倉公方足利氏満が左馬頭より左兵衛督となった先例によるものである（『愚管記』同日条）。

また、義視にはその財源のために御料所が付せられたが、義政はかつて満詮の御料所で、今現在寺社に寄進された分や直臣が知行している分を義視に渡すように命じている（『蔭凉』文正元年五月十二日条ほか）。丹波国山内荘《やまのうちのしょう》上三《かみさん》ヶ《か》村《むら》（現京都府京丹波市）などである（「丹波国山内庄上三ヶ村名主百姓等申状案」『蜷川』一三三）。ここにも満詮の先例が意識されているのがわかるだろう。ただ、所領返還の指示に公家衆や寺社側も困惑したようで、その免除を求めている（『政家』七月二十七日条ほか）。そのため、義視の御料所は満詮の御料所全体を継承したものではなかった。

義視は還俗後、満詮に倣って元服、官位の昇進も行われた。さらに義持とその弟義嗣の先例を持ち出して、義政は義視を行幸に供奉させようとしている。義満と満詮兄弟、義持と義嗣兄弟の二つの先例が意識されている。ただ、満詮も義嗣も将軍後継者ではないため、あくまでも在俗の兄弟がともにある状態を再現したものといえる。

だが、満詮の先例を用いなかったものもある。それが実名である。満詮はその名の通り義満の「満」の偏諱と父義詮の「詮」を組み合わせて名付けられたが、その例であれば、義視は本来は「義」ではなく義政より「政」の偏諱を得て、政知のように「政～」（例えば「政教」）となるべきだろう。しかし、義政の意向でその例は用いられず、「義視」となった。歴代将軍家の家督者の通字である「義」をあえてつけさせたことは、将来的に義視に将軍職を移譲する意思があったとみられる。仮に「政～」であれば、将軍在職者の名前として相応しくないだろう。そのため、満詮の先例はあくまでも広義の「イエ」の先例とはなっても、室町殿の先例ではなかったとされる（髙鳥二〇一七①）。少なくとも、義政は義視を満詮になぞらえたことで、自身を義満になぞらえていたといえる。また義視の還俗は天皇家の代替りを背景に具現化されたものとされ、義政から義視への将軍職移譲は、大嘗会《だいじょうえ》（大嘗祭）が行われる前後であると推測されている（末柄二〇一四）。

では、その後の義政の権力構想はどのようなものであったのであろうか。将軍職移譲後、まったく隠棲するのか、もしくは北山殿義満や、室町殿義持のように大御所として権力を保持したまま将軍職のみをを移譲しようとしただろうか。これまでの自らを義満になぞらえた態度から、大御所政治の再現を意図していたとみられている（末柄二〇一四・二〇二三）。また義視はあくまでも中継ぎであるともされるが、義政に男子が誕生するのかどうかはこの時点では流動的であり、当初より中継ぎとして意識されていたのかはわからない。

義尚の誕生

義視が還俗し、将軍後継者としての準備が進められる寛正六年(一四六五)、三月と七月に、皮肉なことにこれまで待望されながら叶わなかった義政の男子の誕生が続いた。まず、七月二十日に二階堂政行《まさゆき》の被官三富《みとみ》氏の親類「経師」娘の茶阿局を生母とする男子(のちの等賢同山《とうけんどうざん》)が奉公衆小串政行《おぐしまさゆき》亭を御産所として誕生した(「御産所」)。生母の身分こそ低いが、義政にとって待望の男子の誕生は「天下皆趨慶《すうけい》(速やかに喜ぶ)」であった(『蔭凉』同日条)。だが義政はこの時、石清水八幡宮放生会《ほうじょうえ》の上卿をつとめていたため穢れがあるとして、誕生の時やその後の御祝に御産所御成をすることはできなかった(『親元』七月二十日・八月一日条)。それでも待望の男子の誕生ということもあって僧俗ともに慶事として儀礼や御祝いは続いた。義政は神事が終わった八月十九日に御産所に御成し、はじめて男子と対面したのだった。なお、この時は御産所の亭主政行の懇望により富子と日野勝光も御成に同道した(同日条)。この男子は八月二十二日には御産所より烏丸資任亭に御座を移した(同日条)。彼は後継者が入る伊勢亭ではなく、父義政にならって烏丸家が養育することとなったのは、この男子に自身の先例を倣わせるためであろう。

初めての男子が誕生した時点で実は富子も懐妊していた。八月二十七日に安産祈願である着帯の儀を行い、十一月三日には初めて御産所とされた和泉上守護細川常有亭(一条堀河西頰《ほりかわにしつら》)に御成している(翌日還御)。御産所奉行は二階堂政行、奉行は松田秀興《ひでおき》である。そして同二十三日午の刻に男子が誕生した。これが義尚である。この誕生について「万人歓呼、もっとも天下太平の基なり」とされた(『蔭凉』同日条)。この天下太平は男子の誕生により、将軍家の将来が安泰という意味であろう。なお、富子は出産前の十月二十三日には従一位に叙されている(『蔭凉』同日条)。

義尚の誕生は先の妾出生の男子誕生とはその意味が異なる。正室出生の男子は通常そのまま嫡男となるからだ。しかも、御台所出生の男子誕生は第五代将軍である義量（生母は裏松栄子）以来二人目である。富子は嫡男を出産したことで、御台所にして将軍家嫡男の生母という二重の立場を手に入れたのである。また、これ以降、七月に誕生した男子は将軍家継嗣以外の進路として将軍家の子弟の入る香厳院へ入室し、「等賢同山」を名乗ることとなる。彼は継嗣の地位から外れたのである。

実子と猶子

ここで、義政の子女について確認してみよう。義政には富子との婚姻以前より複数の妾がおり、彼女らとの間に複数の子が生まれていたが、ほとんどは女子であった。

ここで一次史料より出生が確認される義政の子女をまとめたのが次の【表二】である。この【表二】以外にも文明九年（一四七七）の閏正月二十一日には、義政のいた小川第で流産があったようであるから（『長興』同日条）、懐妊も含めればさらに増えるだろう。この【表二】を見ると、寛正六年（一四六五）に男子（⑩）が誕生するまで女子の誕生が続いていたことがわかるだろう。富子との間の子もともに女子（⑦⑧）が続いていた。寛正六年三月に誕生した男子は、その生母は宮内《くない》卿局《きょうのつぼね》（赤松貞村娘）であったが、実は「進士《しんじ》美乃《みの》（濃）守《かみ》」の子であり、義政の男子とはされなかった。この密通を訴えたのは富子であったという（『大乗院』同二十九日条）。

義満以来、将軍家の家督継承者以外の子女は寺院に入院することが通例となっていた。ただし、すべての子女が入院するわけではなく、義満の弟満詮、義持の弟義嗣は在俗のままであった。また当初、出家したものの家督継承のため還俗した義教、政知、義視もいる。

義政実子のうち義尚を除いて、入寺したものは【表二】から庶長子等賢同山（天龍寺香厳院）、三男

子女一覧

産所	備考	典拠（「御産所日記」を除く）
二階堂忠行	死産か	『斎藤基恒日記』,『南方紀伝』
細川氏久		『斎藤基恒日記』,『康富記』
佐々木六角久頼	俄に産気により実家の大館邸にて誕生	『斎藤基恒日記』,『康富記』
山名教之		
	「御産所日記」では女子。今参局の呪詛により死産とされる	「大館持房行状」,『経覚私要鈔』
		『碧山日録』,『大乗院寺社雑事記』
一色義直		『綱光公記』,『実隆公記』
土岐成頼		『実隆公記』『長興宿禰記』
	実は進士美濃守の子	『大乗院寺社雑事記』
小串政行		『大乗院寺社雑事記』,『蜷川親元日記』,『後法興院記』
細川常有	第９代将軍	『蜷川親元日記』,『蔭凉軒日録』ほか
細川教春		『親長卿記』
細川政国	権大僧都，贈権僧正	『蜷川親元日記』,『親長卿記』

表二　足利義政

			生没年	生母
①	某	女子	享徳2年2月17日？	五伊上臈局（一色左〔右〕馬頭娘）
②	某	女子	享徳3年7月12日～？	阿茶子局（御新参局，別当局・造宮使有直朝臣妹）
③	堯山周舜（総持院）	女子	享徳4年1月9日～享禄5年2月18日	佐子上臈局（大館持房〈入道常誉〉娘）
④	某	女子	長禄2年閏1月27日～？	宮内卿局（赤松貞村娘）
⑤	某	男子	長禄3年1月某日（死産）	日野富子
⑥	某	男子	長禄4年6月18日（19日とも）死産	御料人局（三条公量娘）
⑦	光山聖俊（南御所大慈院）	女子	寛正3年7月14日～永正2年8月26日	日野富子
⑧	因山理勝（宝鏡寺）	女子	寛正4年7月20日～文明18年10月23日	日野富子
⑨	某	男子	寛正6年3月某日～	宮内卿局（赤松貞村娘）
⑩	等賢同山（香厳院）	男子	寛正6年7月20日～文明15年3月24日	茶阿局（経師女）
⑪	義尚	男子	寛正6年11月23日～長享3年3月26日	日野富子
⑫	某（入江殿・三時智恩寺喝食）	女子	文正2年2月10日～文明6年7月12日	日野富子
⑬	義覚（三宝院）	男子	応仁2年3月21日～文明15年9月16日	日野富子

義覚《ぎかく》（醍醐寺三宝院）、女子では光山聖俊《こうざんせいしゅん》（大慈院《だいじいん》）、因山理勝《いんざんりしょう》（宝鏡寺《ほうきょうじ》）、堯山周舜《ぎょうざんしゅうしゅん》（総持院《そうじいん》）である。入江殿（三時知恩寺）に入室した女子もいたが、彼女は八歳で夭折している。

子弟の附弟・入室は幕府による寺院統制の強化が期待されるが、貴種である将軍家子弟が入室することで当該寺院の権威も高まることはいうまでもないだろう。ただし、これには将軍家子女の数が必要である。義政の場合、ある程度成長した男子は三名のみであるが、そのうち義尚は将軍家継嗣である。男子の多かった義満や義教と比較すれば、子弟による入室には限界があった。しかも、義尚を除く二名（等賢・義覚）はともに文明十五年（一四八三）に十代で若くして没してしまう。

そこで、実子を代行したのが室町殿猶子である。室町殿猶子は義満以来、天皇子弟に代替できる存在となっていたとされる（相馬二〇一九）。このような猶子化がもっとも盛んであったのが義教期であったが（髙鳥二〇二二）、義政の時代をみると、その出自も将軍家、皇族や摂関家がみえる。摂関家では二条家以外の一条家や近衛家が、皇族では伏見宮貞常《さだつね》親王の皇子（宗山等貴《そうざんとうき》）を猶子としている点が注目される。

このような附弟の猶子については、多くは門跡方の申請によった。義政はこの附弟猶子について、選定は武家の判断を仰ぐこと、それを踏まえて室町殿猶子を申請すること、これらの手続きを得て入室を進めることを基本方針としていたとされる（相馬二〇二二）。

また、義政のみならず富子の猶子となったものもいる。太閤《たいこう》一条兼良の娘は文明十四年に富子の猶子になっている。そして、義政娘である光山聖俊のいる大慈院に入室したが、これは兼良が「申し置いた」ものであった（『大乗院』八月三十日条）。兼良の子である尋尊はこれについて、「兄弟姉妹が御台所の御子（＝猶子）となることは、めずらしい果報である。」（同十二月三日条）と述べており、将軍家の猶子化が摂関家からみて殊勝とみられていたことがうかがえる。ただ実子ではなく猶子による入室の増加は、結果的に将軍家の血を引かないものたちが門跡を占めることに繋がってしまう（水野一九九八）。さらに、義政と富子、両人の猶子となることもあった。大乱終結直前の文明九年七月には、義視の娘（祝渓聖寿《しゅくけいせいじゅ》）が義政猶子となり、曇華院《どんげいん》へ入室するが（『親長』十八日条ほか）、同時に富子の猶子にもなっている（『実隆』二十三日条）。このことは、彼女を他家からの猶子と異なり、義政夫妻の実子と位置付けをしようとしたのだろう。

義視の元服と義尚

義尚が誕生する三日前の十一月二十日、義視の元服が室町第において執り行われた。元服は公家の儀によるものであったという（『親基』同日条）。さらに同日に従四位下に叙され、室町第の寝殿にて祝儀も行われた。ところが、義視の元服については詳細な記録は伝わらない。そもそも加冠役が誰であったのかもわからないのである。義尚の誕生もあってか、公家衆などからも義視の元服に対する注目度は低かったようだ。ただ同月、常徳院喝食《かつじき》の承悦《しょうえつ》の掛塔《かた》（一つの寺に留まって修行をすること）について、上意に準じる義視の命がだされた（『蔭凉』十一月四日条）。義視は将軍後継者として、禅林の人事についても義政に準じた権限を行使し始めていたのである。

義尚の誕生二日後の十一月二十五日に義視は、参議兼左近衛中将に昇進して公卿に列し、参内した。この後、十二月十七日には権大納言に昇進している（『公卿』）。義視が参内した二十五日には義尚の御湯始もあった。くわえて、義政が誕生したときに義教が飛鳥井家に御詠を遣わしたという先例に基づ

表三　足利義政の猶子一覧

入室先	備考	典拠
醍醐寺三宝院		『綱光公記』
大和法華寺	富子の猶子にも	『大乗院寺社雑事記』ほか
興福寺松林院		『大乗院寺社雑事記』
興福寺大乗院		『大乗院寺社雑事記』
	将軍継嗣として	『大乗院寺社雑事記』
相国寺常徳院万松軒	永崇の弟	『実隆公記』ほか
曇華院	富子の猶子にも	『お湯殿の上日記』ほか
円満院		『兼顕卿記』ほか
実相院，興福寺一乗院		『兼顕卿記』ほか
興福寺一乗院	入室せず，のち一条房家	『大乗院寺社雑事記』
醍醐寺三宝院		『大乗院寺社雑事記』ほか
相国寺常徳院聯輝軒	等貴の兄	『後法興院記』
慈照院		『蔭凉軒日録』
相国寺常徳院聯輝軒	永福院，富子の弟	『尊卑分脈』
東大寺東南院，醍醐寺三宝院	のち義尚の猶子にも	「御得度略記」ほか

いて、義政の歌の師範である飛鳥井雅親に対して、「千代の花共にちきらんゆくすへをけふより松にすたつひなつる」という御詠を遣わしている。雅親の返歌は次のようなものであった。「君もかく松よりすたつ鶴のこのよはひを千代にならふけふかけ」（『蔭凉』十一月十五日条）。この「ひなつる（雛鶴）」が義尚を意味することはいうまでもないだろう。同日には祇園社に対して神馬を寄進している。これは義政が誕生したときも行われたものであった。さらに十一月二十八日には御髪置の儀も行われた（「常徳院殿御髪置記」）。

　公武の参賀が続くなか、十二月二十日に富子は御産所小串亭より

	名	聖俗	実父
①	某	聖	近衛忠嗣
②	尊秀	聖	一条兼良
③	貞就	聖	伊勢貞親
④	政覚	聖	二条持通
⑤	足利義視	俗	足利義教
⑥	宗山等貴	聖	伏見宮貞常親王
⑦	祝渓聖寿	聖	足利義視
⑧	政尊	聖	一条兼良
⑨	良誉	聖	近衛政家
⑩	某	聖	一条教房
⑪	政深	聖	近衛房嗣か
⑫	就山永崇	聖	伏見宮貞常親王
⑬	維山周嘉	聖	足利義視
⑭	永俊	聖	日野政光（重政）
⑮	政紹		九条政忠

（相馬2019を基に作成）

室町第に還御した。それと同時に義尚は北小路今出川の伊勢亭に移された（『親元』同日条）。義尚の乳父は伊勢貞親となったのである（室甲斐氏が「御母」。後室《こうしつ》新造《しんぞう》は「今御母」）。伊勢氏が養育を担ったことは、義尚が将来的に将軍家正統の後継者と見做されていたことを意味した。ただ、貞親は後述する文正の政変で失脚したため、乳父は貞親の嫡男貞宗《さだむね》に変更されることとなる。

しかし、この段階での将軍継嗣である義視と義尚との今後の関係については判断が難しい。義尚が誕生したことで義視を中継ぎとして、いずれ義尚へ将軍職を移譲するのか、もしくは義視の系統に統一して義尚の将軍継承は認めないのか、またはかつての天皇家の両統迭立のように、義政系と義視系の二つの将軍家が交互に将軍職を継承するのか判然としない。しかも、この時点では義視には男子もおらず、この時点での将軍家の将来は偶然に左右されうるものであった。

この時期の義政で注目されるのは、山荘造営計画である。二人の男子が誕生する合間、義政は東山に山荘を造営しようとした。用地については東山の南禅寺塔頭の恵雲院《えうんいん》を候補とする旨を幕府で造営奉行をつとめる結城政藤が上申して話が進められた（『蔭凉』寛正六年八月十日条）。なおこの恵雲院の地は今まで特定されてこなかったが、最近新しい史料が発見された。名古屋市博物館蔵「恵雲院跡地《えうんいんあとち》売券《ばいけん》」である。この史料を調査された馬部隆弘氏によれば、この地は現在の慈照寺《じしょうじ》の南一キロメートル、南禅寺の北五百メートルの場所にあたるという（馬部二〇二〇）。

ただ、この年末に義政は、相国寺内の寿徳院《じゅとくいん》を東山にあった義勝の菩提所である慶雲院に改め、これに連動して本来の慶雲院を恵雲院としている（『蔭凉』寛正六年十二月五日条ほか）。この理由として、「炎天の時節での御成はよくない」ともされているが（『蔭凉』文正元年七月六日条）。実はこのころ、義満以降の将軍家の菩提所（香火所）を相国寺に集中させており、同寺を将軍家の寺と位置づけようとしていた。義政は義満以前の将軍家の近親者については、相国寺外の「単立香火所」として整理、再編しようとしたのである（高鳥二〇一七②）。

義政の南都下向

義尚誕生と義視元服の間の九月、義政は宝徳四年（一四五二）以来となる（『柳営御伝』）南都に下向した。これは前年冬より話が進められいたのだが（『大乗院』寛正五年正月五日条）、もともとは寛正四年（一四六三）に計画されていたものであった。ただ同年八月に裏松重子が死去したことにより延期され、さらに翌五年は後花園天皇の譲位によりさらに延期されて、この年にやっと実現されたものであった（安田二〇一〇）。

義政は二十一日の卯の刻（午前六時前後）に京都を発して、昼に宇治の平等院《びょうどういん》（京都府宇治市）にて休憩したあと、申の刻（午後四時前後）に奈良に到着した。宿所は一乗院であった。この南都下向は大規模なもので、武家では管領畠山政長、細川勝元や斯波義廉、山名持豊ら山名一門、一色義直や土岐成頼といった大名たちのほか、随身の御供衆、奉行衆、同朋衆、伊勢貞親の被官衆らが、公家衆では関白二条持通、南都伝奏でもある義兄日野勝光や武家伝奏広橋綱光、正親町三条公躬《きんみ》（実雅の子）などが、門跡では三宝院義賢も参加した（『親元』九月二十一日条ほか）。室町殿の南都下向は室町殿を頂点とする政治秩序の確認の場であったほか（金子一九九八）、公武を伴う八幡宮参詣や伊勢参宮、今回の南都下向などは室町殿権力の確立の手続きともみられている（石原二〇二二）。

この下向の行程は『蔭涼軒日録』・『大乗院寺社雑事記』・『親元日記』などの当時の日記にくわしい。それらによれば翌二十二日には春日社に社参し、二十三日には東北院と松林院《しょうりんいん》に御成した。松林院の門主兼雅《けんが》は綱光の実弟である。二十四日には東大寺《とうだいじ》の大仏殿などを巡礼し、戒壇にて受戒したほか、西室《にしむろ》に御成した。さらに勅使により正倉院《しょうそういん》の勅封が解かれ、義政はこの宝物を閲覧し、蘭奢待《らんじゃたい》を切り取ったという（「東大寺三倉開封勘例」）。二十五日は滞在地である一乗院にて猿楽を見物、二十六日には法花寺《ほっけじ》と東北院、尊勝院《そんしょういん》に御成、二十七日は黒木御所《くろきのごしょ》にて若宮祭の祭礼を見物して、翌二十八日は後宴として白木御所《しらきのごしょ》にて大和四座による猿楽を見物した。義政は二十九日に奈良を発し、平等院を経て、淀にて船に乗り換えて伏見で降り、京都へ還御したのであった。

このような大規模な下向は義政の生涯でも数少ない。同年八月に石清水八幡宮で義政が神事をつとめた際もこれまでの規模ではない。義政は基本的には現在の京都市内を離れることはほとんどなく、十月に近江の石山寺（現在大津市）に（『蔭涼』十七日条）、遠方では翌文正元年三月に伊勢神宮に参宮したくらいである（『親基』二十日条）。この南都下向は室町殿の権威、更に糺河原勧進猿楽と同様に天下太平を世間に周知する重要なイベントといえるだろう。義政と関東との関係でも述べたが、義政の生きた世界は、現代からみれば極めて狭いものであった。

飯尾之種亭御成

年が明けた寛正七年（一四六六）二月、義政は幕府奉行人飯尾之種亭に御成した（『蔭凉』二十四日条ほか）。これは之種からの申し入れにより行われたものである。之種は義持時代より義政初期まで活躍し、公人奉行などを歴任した有力奉行人飯尾為種の子であり、長禄二年（一四五八）に兄為数に替わって家督を継承し、御成当時、引付衆、神宮開闔《じんぐうかいこう》や政所執事代などの要職を務めていた。さらに同月三日には摂津之親、清貞秀《さだひで》らとともに御禊大嘗会《ごけいだいじょうえ》奉行《ぶぎょう》に任じられている（『親基』同日条）。伊勢貞親は之種と連携して軍事問題にあたったほか、之種と連携することで、奉行衆への影響力を向上させたとみられている（北山二〇二四）。

奉行人にかかわらず、義政の将軍直臣の邸宅への御成は伊勢亭を除けば、寛正五年の摂津亭など少数の事例しかなく、奉行人亭への御成ははじめてであった。この御成は之種の祖父飯尾為継《ためつぐ》の先例によるものとされているから、将軍の奉行人亭への御成はまったくはじめてのことではなかったようだ。この御成の様子については「飯尾宅《いいのおたく》御成記《おなりき》」に詳しい。ここでも観世大夫による猿楽が行われたほか、このほかの奉行衆も太刀進上を行っている。

将軍の御成を迎えるというのは、邸宅の規模はもちろん、相応しい献上品などを用意するだけの経済力が必要である。之種は多くの別奉行も担当し、その御礼なども膨大なものであった。この御成は当時の有力な幕府奉行人の経済力を示すのと同時に、幕府奉行人の地位向上を示すイベントであった。しかし、このような奉行衆の地位向上は近い将来に大きな問題を引き起こすことになるだろう。

飯尾亭への御成が無事終了した直後、二月二十八日に「寛正」から「文正」に改元した。これは後土御門天皇の代始め改元であり、義政が執奏したものではなかったが、義政は当日中御門宣胤の持参した年号勘文を確認したあとそれを返却し、その夜に改元定が行われたように（「綱暦記」同日条ほか）、改元に関知した。

ところで、義政はこのころ、公家亭への御成も計画していた。そのなかには近衛家もあったが、近衛家は「計会（経済難）」を理由に辞退している。当時、義政は諸家に御成したい旨を伝えていたようで、諸家は「迷惑」であったという（『政家』五月十五日条ほか）。武家と異なり、公家にとって義政の御成は余計な負担でしかなく、迷惑であったようだ。

義視嫡男の誕生

文正元年（一四六六）七月三十日、義視に男子が誕生した。前年七月に日野富子の妹である日野良子《よしこ》が義視の正室となっているが（『大乗院』寛正六年七月二十六日条）、嫡男の生母はこの良子であり、この男子がのちの十代将軍義材《よしき》（のち改名して義尹《よしただ》、義稙《よしたね》）となる。御産所は義視に近侍する種村《たねむら》（薩摩《さつま》入道《にゅうどう》弁清《べんせい》か）亭であった（「御産所」）。良子が義視の正室となったのは義視自身が日野家の血を引かないことに対して、日野家の血を引く将来の室町殿・将軍候補となりうる男子の誕生を期待してであろう。日野家の外戚が今後も継続する布石でもあったのだ。

しかし、誕生の御祝いについては「公方様の半分」とされている（「御産所」）。次期将軍の義視の嫡男は義政の嫡男と同じ御祝いではなかったのである。これは義政より指示されたのか、義視が指示したのかは判然としないが、義政男子（義尚）と義視男子（義材）は同等でなかった点は注目される。しかも誕生したばかりの義視男子は義尚と異なり、伊勢氏のもとで養育されることはなかった。義材の養父は不明だが、義視と同じ正親町三条家であろう。これらのことは、将来的に義視の男子への継承が考慮されていないこととなり、義尚の誕生により義視があくまでも中継ぎとされた傍証となるだろう。また、義視のもとには種村氏が一門をあげて近侍した反面、伊勢氏の一門は義視に近侍するものはいなかった（家永二〇一四）。義視と伊勢氏の疎遠は大きな問題を生む要因ともなる。

もっとも、当時の時代背景をみれば、この時まだ乳幼児である義政男子の等賢や義尚が無事成長できる保証はない。日野家の血を継ぐ男子であることで、義視の嫡男にも家督継承の可能性は当然残されたが、その将来はやはり偶然性に左右されるものであった。そのため、義視の嫡男の将来はまだ不明だが、義視自身の将軍継嗣としての地位は不変であった。

一方、義政はこれに前後して、山荘の見本として近衛家に指図を求め（『政家』文正元年六月十五日条）、さらに予定地として「東山師子谷《鹿ケ谷》」の下見を貞親に行わせている（『親元』八月九日条）。このころ、義政による山荘造営が本格的に進められようとしていた。

斯波義敏の復帰

家督を追われた斯波義敏父子の赦免は細川勝元や伊勢貞親により、寛正四年（一四六三）になって話が進んだ。これは裏松重子の死による恩赦でもあった。このとき勝元は、義敏父子の赦免の是非を季瓊真蘂を通して義政に確認したが、義政は貞親に尋ねるように指示したのみであった。義政に一任された貞親は、「上洛して赦免するのは世上の混乱のもととなるから、在国のまま赦免するほうがよいのではないか」と返答したのである（『蔭凉』十一月十三日条）。貞親に一任したように、この時点で斯波氏の家督交替にあまり積極的ではなかったようだ。貞親らの尽力もあって、義敏は家督に復帰することはなかったものの赦免された。その息松王丸は鹿苑院の喝食《かつじき》（禅寺における有髪の童）とされたのである（『蔭凉』同十九日条ほか）

その後の寛正六年（一四六五）、貞親と季瓊による取り計らいにより、義敏は九州より上洛し、十二月三十日に義政に対面した。これには細川勝元も関与していたが（『蔭凉』十一月十三日条）、このときに家督に復帰したわけではなかった。そもそも義廉を当初支持していた貞親が義敏の赦免に関与したのは、この時の貞親後室が義敏の妾の姉妹であったからである。

ところが、義敏赦免の動きに対して、義敏を含む「越前国牢人等」討伐について命じた幕府の奉行人奉書が発給された（『大乗院』十二月三十日条）。その奉書では斯波氏に対して矛盾する「上意」が示されており尋尊は混乱しているが、義政はこれを知らなかったらしい（『蔭凉』文正元年七月十六日条）。ここで執筆、署判した之種は義政と貞親に近い存在であり、その之種に義政の意向に反する奉書を発給できるのは義政に準じる上意＝義視しかいないという（家永二〇一四）。つまり、義視は斯波義廉の申請をうけて義敏排除を命じたのである。これに対して貞親が義視に強い不満を持ったことは容易に想像できる。義視は義廉と接近することで、自らの権力基盤として期待したのだろう。

一方、義政は翌文正元年（一四六六）七月に、義敏を家督に復帰させた（『政家』七月二十三日条）。ところが、これに勝元や持豊、一色義直や土岐成頼らの大名たちが反対したのである。この決定に対する不満により一気に軍事的な緊迫が高まった。そこで義政は万が一の備えとして、管領の畠山政長や侍所京極持清らに御所を警固させている（『蔭凉』同日条）。そして、義政は八月二十五日に、義敏を越前、尾張、遠江三ヶ国の守護に復帰させた。そのうえ、義政はこの間、持豊と義廉との縁組みを禁じる命令を出した（『蔭凉』八月三日条）。義廉の生母は山名氏出身であり、持豊と義廉との連携が強まることを封じようとしたのである。さらに、義政は義廉討伐を命じた。ところが、持豊は義廉に味方することを決定して義政の怒りを買うこととなった。そのなかで勝元は、持豊討伐を拒否したというから(『経覚』文正元年八月二十六日条ほか)、勝元と持豊の連携はこの時にも生きていたのだ。

斯波氏の家督をめぐり混沌とするなかで貞親は、勝元と瀬戸内海の覇権をめぐって対立関係にある大内氏の赦免も義政に取り計らった。これに勝元は「隠居」も示唆して抗議したらしい(『大乗院』八月二十六日条)。これ以前、勝元と貞親は関東政策などで連携することもあり、まったくの敵対関係というわけではなかったが、大内氏赦免は両者の関係を破綻させることとなった(家永二〇一七)。

今回貞親は、季瓊とともに義敏の復帰を進めたが、大半の大名の支持を得ることはなかった。守護職や諸家の家督に、貞親が独断で差配しようとしたことに大名らは強く反発したのである。それでも義敏は、義政により正式に守護職に補任されたため、貞親の思惑は一度は成功した。そもそも、貞親は自身に近い義敏を勝元の次期管領として擬して、義視の将軍職継承後の幕府運営において、義政の影響力残存を図ろうとしたとしたみられている(末柄二〇一四)。

一連の義敏復帰問題における義政の態度をみると、それはあくまでも貞親主導のなかでそれを追認するだけであった。貞親の目的は義視の将軍就任後の義政の政治的な影響力の保持であったため、義政はそれに反対することはなかった。むしろ、義政は義敏を赦免して将来的に管領とすることで、現在管領家でほぼ一強状態にある勝元に対抗しうる存在として期待するところもあったのだろう。

文正の政変

斯波氏の家督交替をめぐって義政・伊勢貞親らと大名らの間で緊張が高まるなか、九月五日に事件は起こった。貞親が義政に義視のことを讒言して、殺害することを進言したのである。そのため義視は「誅戮」させられそうになった(『政家』六日条)。貞親は前年に斯波義廉と連携していた義視を「義廉を御贔屓して、天下を乱される」（「応仁別記」）と主張して危険視し、その排除を目指したのである。

義視に男子が誕生したことも影響しただろう。将来的な将軍家家督相続をめぐる混乱の元を、事前に排除したかったとしても不思議ではない。さらに義視が将軍に就任したら、山名持豊とその一派の大名と連携して庇護する可能性もあり、貞親にとってそれを防ぐことが火急な課題であった。貞親は持豊らの排斥より、義視を排除したほうが簡単であるとみたのであろう。しかも義政が「誅戮」しようとしたくらいであるから、貞親は義政がそれを信じるだけの証拠を提出したのではないかとみられている（家永二〇一四）。

貞親の讒言を知った義視は、自身の無実と貞親の排除を訴えるために、後見役である細川勝元のもとに向かった。義視を保護した勝元が義政に申し入れても義政より返答はなかったという（『大乗院』六日条）。だが冷静になったのか、義政は義視による無実の訴えを受け入れた。そして反対に、勝元らの大名たちの意見を受け入れて、貞親に対して「不実の申状」を理由に切腹を命じた（『大乗院』七日条）。親政以降、義政は大名の提言を受け入れて決裁することはなかったが、今回大名の意見を聞き入れたことは、義政がそれだけ今回の事件に危機を感じたからであった。義政の庇護を失った貞親は失脚し、近江に逃れることとなった。この一連の事件を「文正の政変」という。

義政は、いまだ自亭に戻らない義視に次のような御内書を発給した（「宗賢」九月十一日条）。

御還の事、連々勝元《（細川）》をもって申し候如く、更に別心なきの条、八幡大菩薩照覧に候間、御入れ目出

べく候、謹言、

九月十一日　御判

今出川殿(足利義視)

口語訳：還御のこと、念入りに勝元を通して申したように、さらに別心はないこと、八幡大菩薩も照覧しているので、（自亭に）入れば目出度いことである。謹言。

義政は義視の帰還に期待し、さらに大名たちに対しては、貞親の再出仕を許さない旨の奉書を出させた。義政としては義視と大名に最大限に妥協した屈辱的なものであったが、それだけこの一件の終息を優先したのだろう。義視は義政の御内書を得て、十三日に今出川亭に還御した。なお「宗賢卿記」では、この時は日野勝光がこの御内書を義視に届けたという。勝光の説得もあったのだろう。

幕府から排除されたのは貞親にとどまらなかった。義敏や義政の親政を支えてきた蔭凉職の季瓊真蘂、持豊と対立する赤松政則、医家の上池院なども没落することとなったのだ。政変当時、大名らは勝元のほか、義政派（赤松政則、斯波義敏）、勝元と義政の両方に近い管領畠山政長と侍所京極持清、義政らによる大名統制に反発する反義政派（山名持豊、斯波義廉、一色義直、土岐成頼ら）、反義政派ではないが、反勝元派（畠山義就、大内政弘）とがあったという（末柄二〇一四）。大名のなかでは特に義政派が排除されたのである。義敏の失脚により義廉は斯波氏の家督に復帰した。

政変の結果

この政変についてはこれまで様々な評価がされてきたが、側近を重用する義政親政が挫折し、大名の政治的立場が復権したことに相違ない。貞親は義政側近として、政治、経済、軍事の分野の政策決定に関与しており（吉田二〇〇六）、その権力は他の追随を許さなかった。さらに貞親と近い関係にあった評定衆摂津之親やその妹で義政女房衆で中﨟頭《ちゅうろうがしら》の春日局《かすがのつぼね》も屋敷を破却されていることから（『経覚』九月八日条）、政変では親政を支えるものたちが標的となっていたことがわかる。親政は貞親の失脚により大きな打撃をうけたのだ。それだけ、貞親に依存しすぎたともいえる。またこの事件は、義視が伊勢氏を自身の周囲に取り込めなかったことも要因であった。そもそも両者が昵懇な関係を築いていたならば、貞親が讒言することもなかっただろう。

貞親が守護家の家督進退にも介入しようとしたことも影響した。かつて今参局が尾張守護代人事に介入し失敗したが、大名たちは家中の人事や家督問題への恣意的な介入に対しては協調して抵抗してきたのである。今回もそれに近い様相となったうえ、貞親という共通の敵が生じたことで、立場の異なる大名らが一時的に協調することとなった。これも貞親の誤算であった。義政は大名（特に反義政派）たちの要求に対して最終的に貞親の失脚を容認し、この事件の手打ちとしたのである。『応仁略記《おうにんりゃっき》』には大名らの要求について、「御所巻《ごしょまき》」のようだと記述されている。親政を進めた義政も、大名に一致して対抗されれば、その要求に屈せざるを得なかったのだ。

義政が貞親を見限らざるをえなかったのは、朝廷では大嘗会、幕府では将軍職移譲が眼前に迫るなかで混乱を長引かせたくない思惑もあろうが、その将軍後継者である義視を謀殺しようとしたのが大きいだろう。貞親は義政のためとはいえ、一線を超えてしまったのである。ただ、政変後も義政は貞親と通じるか、復帰のタイミングをうかがっていたともされる（大薮二〇二一）。義政が事件の収拾を優先して、まずは貞親を京都より離して、ほとぼりが冷めるのを待ったとしても不思議ではない。もっとも、これにより将軍継嗣義視と貞親との関係は修復不能となった。貞親が復帰するには、義視が将軍職を継承する以前に、義政によって行われなければならないだろう。

貞親を排除させた大名たちは貞親にくわえ、伊勢氏の一門も排除しようとした（『経覚』九月八日条）。しかし、貞親の嫡男貞宗は先手を打って早々に義政に対面して、家督継承と政所執事職の継承を認めてもらうことに成功した。さらに貞親の弟で御供衆、申次をつとめる貞藤《さだふじ》も同じく出仕を継続している。それまでの貞親の権限はその身内である貞宗・貞藤に分けて受け継がれたのである。義政も将軍近習の中心を占める伊勢氏そのものの排除は望まなかった。

ところで義視の排除について、『応仁記』から富子が暗躍していたとされることもあったが、これは『応仁記』の記述と実際の義視と持豊との関係から、現在では否定されている（家永二〇一四）。乳幼児の成長が保証されない時代、義尚らが誕生したとはいえ、無事成長できる保証はない。義視に男子が誕生したとしても無事成長できる保証があるわけではない。仮に義尚が夭折した場合、日野家の血を引く男子の確保は富子（日野家）にとっては必要となろう。義視排除は将軍家、日野家の将来を考えれば大きなリスクが伴うものであった。ただ、貞親が義視排除に動いた背景には義尚の誕生があったことも疑いないが、その思惑の齟齬が貞親の失敗の要因であろう。

義視の執政

政変の混乱は京都市中にも影響した。山名氏や朝倉氏の被官らが京都中の土倉・酒屋を襲撃したが、彼らは伊勢氏の被官となっていた土倉・酒屋など町衆を襲撃したのである。貞親の凋落を象徴するような事件であるが、これによって「義政の面目が失われた」というから（『大乗院』九月九日条）、貞親が支えていた義政権威の凋落にも連動したのである。

政変後、幕府運営体制にも変化がみられた。貞親の失脚は義政の親政が破綻したことを意味した。そこで幕政が大名たちによる衆議体制に移行されたのである。義政はこれを傍観していたというから、特に障害なく幕政の主導権は大名たちに移った。注目されるのは、持豊が復権したことである。幕府では管領の畠山政長がいるにもかかわらず、持豊と勝元の二名が「大名頭《たいめいのとう》」として主導することとなったのである（『大乗院』九月十三日条）。義政に代わって幕府を代表することとなった義視は、細川亭で奉行衆を使役しながら、大名たちの衆議により幕府運営をしようとしたのである。

持豊はこのころより畠山義就支援を開始した。義就はこれ以前より義廉との連携関係があり、義廉を介して持豊と義就も繋がったのである。彼らの連携は、政変後の幕府内での影響力拡大をねらったものとみられている（末柄二〇一四）。そして、義視も義就を扶持しようとした。これを聞いた尋尊は、義視が今回勝元を頼って事なきを得たのに、それに反する態度を示したことについて訝しんだ。なぜなら勝元は長く政長を支援しており、義視と持豊が義就に接近することは、勝元の立場を不利にするものであったからである。政変後、幕府を主導することとなった二大大名である勝元と持豊は河内畠山氏の家督問題においては相容れない立場であったのだ。

義政としては義視が持豊・義就に近い立場をとったことに、将軍職移譲に不安を覚えたであろう。義政が将軍職移譲後も室町殿・大御所として権力を維持する予定であれば、将軍となった義視と持豊が接近した場合、義政と義視が対立し、幕府が二分する状況ともなりかねない。貞親の危惧が現実的になろうとしていた。

ただ、義視の執政は短期間で終わり、義政の親裁が再開された。この時期には義政の主導する大嘗会の開催が迫っていた（後述）。これはまだ将軍でも室町殿ではない義視単独で代行できるものではない。さらに義就と義視が結ぶことに危機を抱いた勝元が義政親政の再開を望んだためともされる（末柄二〇一四）。十月の時点で義政は軍事親裁を再開し、義就討伐を勝元に命じて大和に出兵させているが（『大乗院』十月五日条）、義就を容認しない姿勢と同時に、勝元との連携の再開を示したのである。もちろん、これは持豊への牽制でもあった。持豊らは義政の軍事親裁再開と勝元との連携の動きをみて、富子へ接近をはじめるようになる。

文正の政変では勝元と持豊、それぞれの支持勢力が一致して貞親排除に動いた。共通の敵の排除ということで両者は一致したが、勝元寄りである赤松政則も連座して没落したのは持豊の意向であろう。しかし、政則の失脚は一時的であった。それは復帰を勝元が支援したからであろう。勝元と持豊は政変、その直後の義視執政期には協調したが、義政の親裁が戻ると、河内畠山氏の家督問題もからんで事態がより一層深刻化することとなった。

中世最後の大嘗会

文正の政変という混乱もありながらも、文正元年（一四六六）は大嘗会（大嘗祭）の挙行という国家的事業が予定されており、義政にとってはこの成功が優先された。義政の将軍職移譲がこの大嘗会挙行と関連していたとみられていることもあり、義政にとって現職の将軍として最後の大事業となるべきものであった。

大嘗会は、五穀豊穣や国家安寧を祈願する即位儀礼の一つで、天皇一代について一度のみ行われる重要行事である。今回の大嘗会は二年前の寛正五年（一四六四）に践祚し、前年に即位式を行った後土御門天皇の即位儀礼の締めくくりともいうべきものであった。義政にとっても今回の大嘗会ははじめての経験であった。

費用は国役として幕府が諸国に段銭を懸けて徴収した。天皇の即位式、大嘗会という国家的行事は公武が共同で遂行するものであり（幕府側の惣奉行は摂津之親が担当）、室町殿義政は大嘗会に対して積極的に取り組んだ。『応仁記』ではこの大嘗会も義政の浪費の一つとみなされているが、大嘗会は即位式と並んで将軍家と天皇家との関係を再確認する国家行事の場として重要なもので、『応仁記』の批判は的外れである。その成功は必須であった。

大嘗会自体は後花園上皇の譲位が決定したときから進められてきた。そのなかで義政は、今回も父義教時代の先例を持ち出した。それは義教が家督を継承し室町殿となってはじめての大嘗会（後花園天皇）の際、五山などの禅林の大寺院の住持が退院した例をもって、今回もそのような人事を行うように命じたのである（『蔭凉』寛正五年七月十五日条）。その後、義政・幕府は大嘗会のために課役をはじめ、大名・守護に国役を命じている（『親基』文正元年十一月三日条）。ただ、大嘗会は十二月十八日に行われたが、諸国からの段銭自体は大嘗会終了後に納められることもあったようだ（『小早川家文書』一四四・一四五）。

しかし、践祚と即位式同様に、ここでも「一の上」左大臣であった義政は儀式自体に参加することはなかった。大嘗会前日に神殿などを確認したのみである（『親長』十一月十七日条）。義持の時は当時内大臣という官職もあり、関白の指南を受けて扶持をする選択をし、「准摂関」として大嘗会に関与した（石原二〇〇六）。当時権大納言であった義教もやはり当時の摂政とともに扶持しており、摂関に準じた職掌を演じていたという。廷臣を超える別格的立場で室町殿の威儀を世間にみせ、その存在感を示したのである。義政も室町殿として大嘗会の準備を公武共同で進めるものの、やはり儀式については義持、義教と同様な立場をとった。義政の場合は左大臣であり、義持・義教の当時の官職とは異なる。義政は大嘗会の際の廻立殿《かいりゅうでん》への行幸では義満以来の前行大臣をつとめ、最高位の公式所役人としての存在を世間に視覚的にアピールした。ただし、これまでのように内々に扶持したのかは判然としない。それでも大礼が無事完了したことへの参賀は義政にも行われているため、皇位継承儀礼において上皇・天皇とならぶ特別な存在であったとみられている（久水二〇一一）。

大嘗会が無事終了したことで、将軍家と天皇家との関係が再確認された。さらに義政は大嘗会での行幸に義視を供奉させることで、将軍後継者としての義視を周知させることも忘れなかった（『政家』文正元年十二月十四日条）。ただ、今回の大嘗会は無事に終了したが、戦国期に突入したこともあり、次代の後柏原天皇《ごかしわばらてんのう》以降、江戸時代の貞享《じょうきょう》四年（一六八七）に東山天皇《ひがしやまてんのう》が行うまで中断することとなる。この後土御門天皇の大嘗会は、結果的に中世最後のものとなったのである。

義政は大嘗会挙行前のタイミングで将来の隠居先として定めた東山の恵雲院の山荘造営のための費用と材木の徴収を始めた（『親基』十一月二十日条）。これは義政が将軍職移譲の準備を着々と進めていた傍証である。ただし、仮に造営を開始してもその完了期間を考えれば、義視への即時将軍職移譲ということにはならない。義政の将軍職移譲は順調にいけば数年以内に実現されるだろう。

第二次遣明船

文正の政変や大嘗会などが行われたこの年、二回目の遣明船が派遣されている。一回目の派遣は当時の管領畠山持国が主導したもので、義政は事実上関与したものではなかったため、義政の発案による派遣は今回がはじめてであった。

この時の随員や荷物などについては記述したものには、「戊子入明記《ぼしにゅうみんき》」が残る。ただ、これは同時代のものではなく、戦国期に遣明正使となったの策彦周良《さくげんしゅうりょう》が編纂したものである。なお雪舟が明に渡ったのはこの時である。

実は二回目の遣明船の計画は早かった。長禄四年（改元して寛正元年）には正使として天与清啓《てんよせいけい》が決定されているのである（『蔭凉』六月十七日条ほか）。遣明正使にあたって清啓は建仁寺の住持に補任されている。だが、正使が決定されたものの、遣明船の派遣は遅れた。その理由には輸出品である銅が不足していたようだ。そこで寛正六年に、その準備費用として十万疋（約一千万円）の借銭を大内教弘に命じている（『親元』五月二十七日条）。準備品が整ったのであろう、翌年に遣明船は日本を発した。この時の遣明船は三隻であり、一号船が公方船（和泉丸）、二号船が細川氏の船（宮丸）、三号船が大内氏の船（寺丸）で、それぞれが勘合を携えていた（「戊子入明記」）。なお、渡唐にあたっての費用は二千六十五貫文（約二億六千五百万円）であった。

今回、義政が明に求めたのは明銭と書籍である。特に明銭の下賜を強く求めた。これは幕府にはもう銭貨がないためであった。大内氏との連携は貿易を行ううえで必須であり、伊勢貞親が細川勝元の不興を買うことを承知で大内氏の赦免に動いたのは、このためでもあった。ただ、この遣明船はちょうど大乱が勃発したことにより帰朝は遅れ、文明元年（一四六九）八月十三日となった。しかも、この時一緒に渡唐していた大内氏はすでに西軍に属して敵方となっていたため、公方船は九州、四国と遠回りをして戻ってきたのであった（『蔭凉』八月十三日条）。

第四章　応仁・文明の乱

1　大乱の発生

文正元年（一四六六）十二月二十五日、畠山義就が山名持豊、斯波義廉らの支援のもとで上洛した（『親基』同日条）。義就は千本地蔵堂《せんぼんじぞうどう》（京都市北区）を陣所としたが、これにより京都に緊張が走ったことはいうまでもない。義就と敵対する畠山政長をはじめ、赤松政則らは洛中に兵糧米を懸けようとするなど有事に備え始めた（『大乗院』二十七日）。これに対して義政はなんと義就討伐を命じるのではなく、持豊らの申し入れを受け入れ義就を赦免したのである（「応仁別記」ほか）。これまでの対義就政策を大きく転換したのだ。

畠山義就の赦免

義就の赦免について、『応仁記』によれば、義就の姉安清院《あんせいいん》が日野富子のもとに毎日歎願し、「いずれ（義就は）若君の御守護となる」と訴えたことで、義政に取り次いでもらい成就したという。もちろん、それだけが理由ではないだろう。もともと義政は河内畠山氏の家督問題では義就を支持し、勝元に近い政長（その兄弥三郎も）を積極的に支持したわけではなかったことを思えば、この赦免はさほど不思議ではない。そのうえ、文正の政変により幕府内の勢力は変動しており、特に貞親の失脚により義政は大名らとの関係を再構築する必要があった。そこで、権力の危機克服のため、義政は富子らの説得もあるにしても、持豊・義就との関係改善を選択したのである。

翌二年正月二日には義政は赦免した義就と対面し（『親基』同日条ほか）、政長のいる畠山亭への例年の御成を急遽中止した。その理由は「武命に違う」からであるという（「宗賢」同日条）。近衛政家は、対立する義就、政長の両畠山氏が幕府に出仕している異常事態について、「意得《こころ》ないことだ」と述べている（『政家』同日条）。

義就の赦免だけではなく、御成の中止は政長の面目を失わせるのに充分であった。しかも、五日になって義政は義視とともに義就のもとに御成したのである（『親基』同日条ほか）。ただし、畠山亭には政長がいたため、義政が御成したのは持豊が義就の後援者として山名亭を貸したものであった。御成を受け入れる主体は惣領・家督とされることから（二木一九七二）、これは義政が政長の河内畠山氏当主の地位を否定したことと同じ意味であった。しかも次期将軍の義視も同道したのである。御成は幕府の公式な行事として、将軍と大名との主従関係を再確認するための重要な場であった。義政はそれを承知のうえで義就への御成を決定したのである。義政による義就赦免と政長排除は、これまで政長を支持していた細川勝元と舅持豊との決定的な決裂に繫がることを意味した。

当事者の政長はもちろん、勝元や京極持清もこれに反発し、御成に祇候しなかった。この時、義就は義政に対して畠山亭の引き渡しを申し入れたようで、翌六日に政長に対して屋敷の引き渡しが命じられている。もちろん、政長はこれを拒否した（『大乗院』十一日条）。さらに政長は義就のもとへ御成をした時点で管領職も解任されたようで、六日の内裏の四足門警固役について、「管領が未だ補されていない」という理由で、侍所開闔の治部国通《じぶくにみち》が代行している（『親基』六日条）。

義政の態度は政長やそれに連なる勝元らを刺激し、対立する義就・持豊方との衝突を煽るものであった。周囲による義就赦免運動があったにせよ、あからさまな義就・持豊方への肩入れは、勝元・政長らを刺激したことは想像に難くない。そのうえ、八日には政長に替わって持豊方の斯波義廉が管領に就任した。斯波氏当主の管領就任は永享四年（一四三二）に当時の斯波義淳が辞任して以来、三十五年ぶりであった。この結果、政変以前は反義政派であった持豊らがいまや幕府の主流派となった。持豊らの一連の動きは「クーデター」（石田二〇〇八）とされるほどで、長く続いた勝元一強の状態が解消されたのである。もちろん、管領家勢力差の是正は義政が期待したものであった。

義政はこのような不穏な情勢のなかでも平常を保ち、例年通り十日に参内し、次いで伊勢亭に御成した（『親基』同日条）。翌十一日には幕府の評定始が行われ、新管領義廉が出仕した（『経覚』同日条）。十三日には和歌会始もあったが世上は急速に悪化し、十五日には細川方が軍勢を集めるなど京都は緊迫した情勢となった。両勢力の衝突は時間の問題となった。なお、この当時富子は再び懐妊しており、十日には細川教春《のりはる》亭を御産所とするために御成している。

上御霊社の戦い

細川勝元は、京極持清や細川成之、赤松政則らと共に義政のもとに赴き畠山義就治罰を訴え出ようとした。義政に方針転換を要求したかったのだろう。ところが、「女中《じょちゅう》」がこの情報を聞き、当日垸飯役であった山名方に情報を流したため、勝元らが御所に入る前

御霊神社

に、斯波義廉や義就の兵が御所周辺を塞ぎ、勝元らの計画は失敗したのであった（『経覚』十五日条）。この事実から、御所内ではすでに山名方の影響力が高まっていたことがわかるだろう。この「女中」は女房衆ではなく、日野富子のことかもしれない（御台所も「女中」と呼称するため）。そうであれば、勝元や畠山政長は極めて不利な状況であった。

そこで勝元・政長らは事態を挽回するために、義視を擁立しようとしたらしい。そのため、義視と伊勢亭にいた若君らが万一に備えて室町第に移った（『大乗院』十六日条）。結果的に持豊らが義政・義視兄弟、若君と室町第を押さえたことで、自勢力の正統性を確保できた。『応仁記』ではこの時、持豊らは室町第を囲み、義政に対して勝元が政長を支援しないようにと強く要請したという（御所巻）。さらに持豊は義政に勝元と政長の討伐を要望したが、義政はこれには同意しなかった。義政は義就を支援はするが勝元らを討伐する意志はなく、義就らに加担しながらも一応は中立の立場を示したのである。『応仁記』などによれば義政はこの時、もし両者の衝突に加勢したら「御敵（将軍の敵）」とすると御内書を発給したというが、実際に所々に支援を禁じる御内書を発給してる（『親基』同日条［末柄二〇一四］）。両勢力による大規模な軍事衝突も避けたかったのである。

両勢力が殿中の掌握を競うなか、義政の親衛隊である奉公衆（番衆）は義政の意向を汲んでか、義政の中立を守るため、大名たちを室町第に接近させないようにしていたようだ（『大乗院』五月二十一日条）。だがこれは失敗し、殿中は山名方が掌握してしまった。

十八日、政長は自亭を焼き払い、相国寺の北方に位置する上御霊社《かみごりょうしゃ》（御霊神社・京都市上京区）に陣を置いた（『大乗院』十七日条）。それに義就が攻め入ったことで両軍が衝突した。上御霊社の戦いである。政長の支援者である勝元は、義政の上意に従い政長に援軍を出さなかった。また、義就への支援も禁止したため、義就は不満を持ちながらも、単独で政長を倒すことを「累年の本望」として決着をつけようとしたのである（『応仁記』）。義政は両者への支援を禁止することで、両畠山氏の対立について、実力での決着をつけさせようとしたのだ（百瀬一九七六）。実力で家督を奪い返す行為は、享徳三年（一四五四）の河内畠山氏の内紛の再現でもあった。

ところがこの衝突に対して、持豊らは上意を憚ることなく堂々と義就に援軍を派遣したのである。そのため、政長は陣を保つことができずにあっけなく敗北し、社殿を放火して没落してしまったのである。政長は細川亭に逃れた。またこのとき、後花園上皇と後土御門天皇、上皇の実弟である伏見宮貞常《さだつね》親王は騒乱の影響を避けるため室町第に臨幸した（『政家』十八日条）。これは持豊が申し入れたことにより実現されたというが（『応仁記』）、持豊らは将軍家のみならず天皇一家も保護下に置くことに成功したのである。なお、合戦の次第については幕府奉行人の斎藤親基が「別記」を記していたようだが、残念ながらこれは残らない（『親基』十八日条）。

この時、敗北した政長について、義政側近の一人である清原宗賢は「御敵」と呼んでいる（「宗賢」

十九日条)。『公卿補任《くぎょうぶにん》』には上皇が室町第に行幸したのち、政長追罰の院宣を下したとある。この治罰の院宣により政長は「朝敵」となっていたのだ。義就はそれを受けて政長討伐に発向したのだといが、この院宣の発給は持豊が勝光・富子兄妹の協力のうえ発給させたとも(今谷一九九二)、政長を反逆とみなした義政が上皇に申請したものともされる(藤立二〇二二)。ただ、発給の主体が義政か持豊かを裏付けることはむずかしい。上皇による院宣発給は事態を速やかに収束させるためのものであったかもしれないが、結果的に戦乱拡大の一要因となったことは否定できない。

義政の思惑

義政は細川勝元らの反発が容易に予想されるなかで、なぜこのような人事を行ったのであろうか。もちろん、持豊らの要請や富子の支援もあったのかもしれないが、最終的な判断者が義政であることに相違ない。そこで一つ想定できるのは管領家でほぼ「一強」であった勝元を畠山義就で牽制したいという思惑であろう。畠山・斯波両氏は当時分裂していたが、改めて管領家の権力バランスを是正するため、斯波・畠山の両管領家の再興を望んだとみられる。一度は斯波義敏に期待したが、これは文正の政変により失敗した。勝元の強い影響下にある現在の管領政長では勝元の牽制役を期待できない。そこで、勝元と対抗しうる斯波義廉と義就に期待した。特に持国時代のように、細川京兆家と対抗できる力を持った河内畠山氏を義就のもとで再興させたかったのだろう。

さらに、政変前後より義視が持豊らと接近していたことを鑑みれば、将来的な布石として山名派の取り込みを図ろうとしたものとみられる。義視の正室日野良子兄姉の日野勝光と富子は義視への将軍就任を支持しており、義視が次の将軍であることはこの時点でも決定事項であった。義政が大御所として、これからも幕府に影響力を保持するため、自らも山名派に接近する必要があったのだろう。

ただ、義政は当初、義就が要請した勝元・政長討伐を大名たちに命じなかった。持豊らは室町第内に義政・義視、上皇と天皇を事実上囲い込んでおり、持豊らは有利な状況であったが、義政は持豊らの要請にもかかわらず勝元、政長らの討伐については容認しなかったのである。義政の目的はあくまでも河内畠山氏の家督問題の解消であり、家中を実力で掌握した強い当主の誕生であった。また勝元についても、その権勢を抑制しても、その排除が目的ではなかったのだ。

ところが、義政の上意を無視して持豊らが義就を支援して勝利を得てしまった。義政も想定外であっただろう。だが、義政は持豊らを「御敵」としなかった。これは事実上、義政が義就支援を追認したことにほかならない。もちろん、義政は義就の勝利を期待していた。そして、その結果は義政の望んだものとなり、それに満足したことで持豊らを不問にしてしまったのだった。ただ、これはあきらかな悪手であった。上意の権威を自ら否定したこととなっただけなく、面目を失った勝元らの憎悪が持豊らに向かうことになったのである。

義政が勝元を幕府より排除する意志がなかったのは、未だ収束がみえない関東に要因があったからである（『政家』二月十六日条）。前年に関東管領上杉房顕が陣没しており、その後任人事について畠山政長の推挙も行われていた（『蔭凉』文正元年二月十二日条）。後任は越後上杉氏出身の上杉顕定《あきさだ》となったが、この後継人事には勝元が関与していたとされる（家永二〇一七）。当時管領であった政長は関東政策に関与した経験がなかったが義就や義廉、持豊も同様である。そのため、関東が終息しない限り、勝元はなお必要な存在であった。

これらを踏まえれば、義政の当初の目的は管領家で勝元一強という歪な権勢状態の解消であり、三つの管領家それぞれのバランスが保てる状況を再構築することであったといえよう。

合戦の戦後処理

河内畠山氏の家督をめぐる争いは義政が期待した通り、畠山義就の勝利に終わった。正月二十日には戦乱が落居したとして、斯波義廉、義就をはじめとした大名たちが義政のもとに参礼した。義政にとっては河内畠山氏の家督問題はこれで決着がついたのである。ただし、この一戦で畠山政長を見捨てたかたちとなって面目を失った細川勝元や京極持清らの政長与党は、この時に出仕しなかったため、一方的な終息宣言でもあった。

終結早々の正月二十六日付けで幕府の奉行人奉書が発給されているが、これは政長に協力するものを厳科に処するようにと、興福寺の大乗院に命じたものであった（『大乗院』二月十六日条）。山名持豊、義就側による要請もあろうが、義政は義就による勝利後にさらなる戦闘の拡大を防ぐために、上意として政長に合力することを禁じたのである。不満の残る勝元は、二十七日に義政のもとに出仕して対面した（『親基』同日条）。義政がこの間も一応戦局の拡大を防ぐ行動を続けたこともあってか、一旦、内紛は義就の勝利として収拾した。そこで、義政の女子が誕生したのと同じ二月十日に、義就に対して分国の領有を認める御判御教書を発給した（『親基』同日条）。これにより、義就は義政より名実ともに河内畠山氏の当主として承認されたのである。

山名方と細川方との対立が燻るなか、自身の将軍就任後の将来に遺恨を残さないためか、義視が山名方と細川方との和睦を勧めて一旦「無為《ぶい》（無事）」となった（『政家』二月二十四日条）。義視はそれぞれの屋敷に御成して、直接和睦を調停したという（「応仁別記」）。もちろん、一連の状況は勝元とその一派にとっては不満が残るものであったことはいうまでもない。そのため、両者の緊張関係が解消されたわけではなく、三月三日には山名教之の被官が細川成之の被官を殺害する事件も起こっている。ただそれでもこの時点まで世間では「天下静謐」とみられており、世間は表面的には平穏を保っていた（『政家』三月三日条）。その二日後の五日、「文正」より「応仁」に改元した。翌日に幕府では改元吉書始が行われ、そこでは先例通り、管領の義廉が出仕している（『親基』同日条）。義政は改元にあたって勘者宣下の上卿を務めている（「宗賢」二月十八日条）。

大乱突入

京都では騒乱の予兆は続き、寛正六年（一四六五）に死去していた大内教弘の子政弘《まさひろ》の上洛が噂となっている（細川勝元書状『毛利家文書』一二〇）。しかし、そのような不穏な情勢のなか、四月十七日に、義政は義視とともに勅撰和歌集の編集が進められている和歌所を見学し、二十三日には富子と義視とともに斯波亭に御成している（『政家』同日条）。

義政は表面上なお平常の生活を過ごしていたが、事態は急速に動いていく。そこで奉公衆は再び義政の中立を図るため室町第を警固しつつ、大名の出入りを厳重に管理して義政への接近を防ごうとした（『大乗院』五月二十一日条）。だが、奉公衆のなかには山名方に接近するものもあり、奉公衆自体も中立性を維持しづらくなっていた（「行状」）。

五月二十六日、細川勝元陣営と山名持豊陣営が「宿意」により、とうとう軍事衝突した（「宗賢」『政家』同日条ほか）。上御霊社での失態により世間から面目を失い、幕府内での主導権も失いかけていた勝元は、もはや面目を取り戻すためには実力で持豊・畠山義就らを屈服させ、畠山政長を家督に復帰させるしかなかった。そこでまず勝元方の武田信賢《たけだのぶかた》（若狭守護）と細川成之（阿波・三河守護）が室町第に隣接する一色義直亭を襲撃した。義直はこれを防げず山名亭へ脱出した。このとき、勝元には信賢や畠山政長のほか、京極持清（飛騨・出雲・隠岐守護）、赤松政則（加賀半国守護）、細川成之らが参陣した。一方の山名方は管領斯波義廉（越前・尾張・遠江守護）、義就、土岐成頼（美濃守護）、義直（丹後・伊勢守護）らが属した。ここに文明九年（一四七七）まで続き、京都を荒廃させた大乱が本格的に勃発することとなった。そして細川、山名それぞれの邸宅の位置から、勝元を中心とする細川勢は「東軍」、持豊を中心とする勢を「西軍」と呼ぶこととなる。

この戦乱は「二つの大名連合の衝突」であり、山名氏が細川氏に挑戦するものであったという（呉座二〇一六）。両軍について、当時義政に近侍する武家伝奏広橋綱光は、「公儀に関係なく、まったく朝敵でもない。ただ、自他に威勢を振るうだけだ」と、将軍を擁立しない両軍それぞれを正統性のないものとみて、私闘であるとと評価したのである（「綱暦記」五月二十六日条）。

義政はこの日、隣接する一色亭での戦闘に巻き込まれないため、奉公衆に室町第の門を閉じて警固させ、両陣営に対しては使者を遣わして調停を試みた（『経覚』五月二十八日条）。義政は傍観していたわけではなく、戦乱拡大を防ぐための対応を取っていたのである（森田一九九三）。さらに義政はこの軍事衝突を前にして、同日付けの御内書では義就に対して急ぎ下国するように命じている（「畠山家文書」『政』四七二）。今回の衝突の要因は第一に義就にあり、当事者の一方を京都から離れさせることで京都での戦闘をまずは停止させたかったのであろう。おそらく他の大名にも同じような御内書を発給したであろうが、これだけで事態を収拾できる状況ではなくなっていた。なおこの時の御内書に、下国命令については「今出川（義視）の心中も同じだ」とわざわざ一文が副えられていることが注目される。これは当時、義政だけでなく義視も上意の一旦を担っていたことや、義視と西軍諸将とが親密な関係であったことを示している。

もっともこの調停はうまくいかなかったが、これは正月の合戦の際に義政の上意を無視した山名方が勝利したうえ、義政がそれを不問にしたことも影響したのであっただろう。戦乱拡大を阻止しようとする上意に従う＝敗北なのである。義政は自ら上意の権威を否定したことで、事態の収拾がむずかしくなった。それでも義政は所々の寺社に天下静謐の祈禱を命じるとともに、事態の収拾を図った。幕府軍としての正統性を象徴する武家の御旗を求める勝元に対しては、「両方のことは、存知しない」と局外中立の立場を示し、御旗の下賜を拒否した（「綱暦記」五月三十日条）。山名方は義政に反乱したわけではないためである。

勝元への御旗下賜を拒否した同日、大乱を招いたことに対しての責任を感じたのか、義政は自らの進退を後花園上皇に伺いを立てた。この申し出に驚いた上皇は勅筆による奉書（宸筆《しんぴつ》女房奉書《にょうぼうほうしょ》カ）を日野勝光に下した。内容は不明だが、義政を慰留するのと同時に事態収拾を命じる内容であっただろう。そもそも有事のなかで、責任放棄ともみえる進退伺いを上皇が認めるとは思えない。むしろ、上皇より事態の収拾のために留意されることで、自らの調停の背景に上皇の叡慮があることを示したかったのかもしれない。義政は今回はあくまでも中立にこだわったのである。

武家御旗をめぐって

事態は義政の当初の想定（河内畠山氏の家督問題の解決）を超えて拡大し、大乱に突入した。義政は山名持豊と細川勝元にしろ、大名たちの動きを読み間違えたのであった。上御霊社の戦いで、自ら上意を否定したツケも廻ってきたのだった。

勝元は武家御旗を諦めなかった。義政は勝元が「嗷々《ごうごう》（口やかましく）」申し入れたことで、「御同心」し、武家御旗を下すことにしたのである（『綱暦記』六月一日条）。さらに義政は義視を山名討伐の総大将とした。これにより、持豊ら西軍の諸将は将軍の御敵として討伐対象となったのである。だが、義政は西軍の斯波義廉の管領職を解職しなかったように、西軍諸将への実際の態度は曖昧なものであった。義政は本心では勝元に御旗を下すことに強く不満があったとみられるが、苦渋の決断をしたのは、なお関東で享徳の乱も続くなか、勝元との決裂も避けなければならなかったからであろう。

五日、義政は勝元に武家の御旗を下した。ただ、この時は勝元の代理として駿河守護の今川義忠《よしただ》が受け取っている（『綱暦記』同日条）。これを知った尋尊は、義政が中立的な立場を翻し勝元支持となったことで、「一天下大乱の基」と述べているが（『大乗院』五日条）、勝元への御旗下賜にもっとも反対したのが日野富子とその兄勝光であった。勝光が反対した理由は、「（勝元に）御旗を下すのは敵方（西軍）が明らかに義政に敵対した場合に下すべきで、現在はまだ私闘であるから下すことは相応しくない」というものであった（『経覚』六月三日条）。義政が当初下賜を拒否した理由ともつながろう。

ただ、実際には勝光・富子兄妹は持豊と連携し、それと相談したうえで御旗下賜を妨害しようとしたともいうから（『政家』六月四日条）、勝光の意見は建前で、実際は西軍のために御旗下賜を制止したかったともいえる。勝光は伊勢貞親失脚後、義政にもっとも近い側近であり、彼との連携は幕府内において自分の意思反映が見込まれるということであった。そのため御旗をめぐり、勝元が妨害者である勝光を攻めるという噂も出ている。

結局、義政は勝光の意見を聞き入れず御旗を勝元に下したが、これは勝元ではなく義視に下されたものともされる（『大乗院』六月一日条）。これは義視が討伐の総大将であることを意味する。だが、御旗そのものは御旗奉行である西軍の一色義直が保管していたため、義政は新たな御旗の制作を命じた（『大乗院』二日条）。義直が御旗を保持していたのは、西軍が義政や義視を迎え入れる計画があったのではないか、とも推測されている（大薮二〇二一）。また、勝元は御旗と同時に治罰の院宣を申請したが、正月のように上皇側はこれをすぐに承認しなかったようだ（『政家』九月十三日条）。「私闘」として不介入の方針であったのだろう。

様々な情報が錯綜するなか、勝光は勝元からの攻撃に備えて宿所に堀を掘るなどして対応した。さらに勝光については義就方に付くとの風聞もあり、勝光は室町第の義政のもとにその釈明のために訪れ、そのまま御所に留まることとなった（『目録』六月八日条）。治罰の院宣が拒絶されたのも、もしかしたら、勝光が朝廷に根回しをした結果かもしれない。その後も勝光が出奔する噂も出るなど、多くのその行動が注目されていたが（『経覚』六月十九日条）、勝光はこの後もはっきりと西軍に与同することなく、義政側近としてその側に留まり続けた。

御旗を勝元に下したことで、対立の構図は大名同士の私闘から、幕府軍（義政＋東軍）対反乱軍（西軍）となった。そして、このころに室町第は城構えされたとみられている（石田二〇〇八）。ただ、勝元に御旗が下されたものの、戦闘は停止するどころか連日激化していった。

このなかで、義政の命により、伊勢の関氏に庇護されていた伊勢貞親が義政の召還により帰洛したのである（『経覚』五月三十日条）。貞親は関・長野両氏の軍勢に守られながら上洛し、五月三十日に京都に到着した（『大乗院』同日条）、だが、貞親は義視との関係もあり京都には入れず、東山の華頂に陣を取ったままであった（同六月四日条）。義政がこのタイミングで貞親を帰洛させたのは、貞親に事態収拾の手腕を期待したとみられている（石田二〇〇八ほか）。だが、大名たち共通の敵と位置づけられた貞親が復帰して、どこまで手腕を発揮できるかは未知数であった。何より義視が貞親の帰洛に反対したのだ。義視は貞親の復帰について「腹立」ったというから（「応仁略記」）、貞親は義政への出仕は認められなかった。当然だろう。

西軍内応者の追放

六月二日、室町第より御供衆であった山名豊之《とよゆき》と同豊氏《とようじ》、一色義春《よしはる》（義直の嫡男）らが退出した。これ以前には一色義直の弟で御供衆であった一色義遠《よしとお》も室町第を退出している（「綱暦記」六月二日条）。彼らは西軍諸将の親族であるものの、義政の御供衆であることもあって大乱勃発後も殿中にしばらくは残って近侍していた。彼らは御所内で西軍のための諸工作も担っていたのだろう。御旗下賜により西軍が賊軍となったことで、縁者である彼らは殿中より追放されたのである。さらに山名方に内通したとして、二日に続いて幕府女房衆や近習が複数、殿中より追放された。六月十一日には有力な幕府奉行人飯尾為数（之種の兄）父子が山名方に通じているとして室町第の東門にて討たれている。一連の直臣排除は義政ではなく、義視が主導して行ったものであった（『大乗院』十三日条）。ただし為数の殺害は細川勝元が主張したともいうから（「宗賢」同日条）、内通者の追放は義視と勝元らがそれぞれ連携しながら行っていたのだろう。義視は東軍の総大将として自ら武威を示す機会を得て、自らの将軍就任に弾みを付けたかったのである。

義政はその間の六日、義視に「御鎧始《おんよろいはじめ》」を行わせ、山名勢への攻撃を命じているが（『大乗院』同日条）、一方で十一通の御内書を山名方の武将らに遣わして、幕府方への内応を誘っている（同十一日条）。山名持豊の孤立化を狙い、早期の収拾を図ろうとしたのだ。この時点でも義政は早期の事態収拾を諦めていなかった。そのなかで、管領であった斯波義廉は義政に対して「降参」を申し入れた。謀反人となることへの躊躇もあったのだろう。しかし、これは受け入れられなかった。なぜなら、この時の降参条件に斯波氏の被官で西軍の主力を担った朝倉孝景の首が必要とされたのである（『大乗院』六月十三日条）。ただ仮に義廉が赦免されれば、義敏が西軍に離反する可能性もあった。

同じ六月十三日には勝元と細川成之、赤松政則らが山名方を攻めたが、結果は孝景らの活躍もあり、細川方が敗北した（『政家』六月十三日条）。東軍の敗北について近衛政家は、「いよいよ天下の大儀である」と述べている。公家たちは武家御旗を得た東軍を正規軍とみていたようだ。

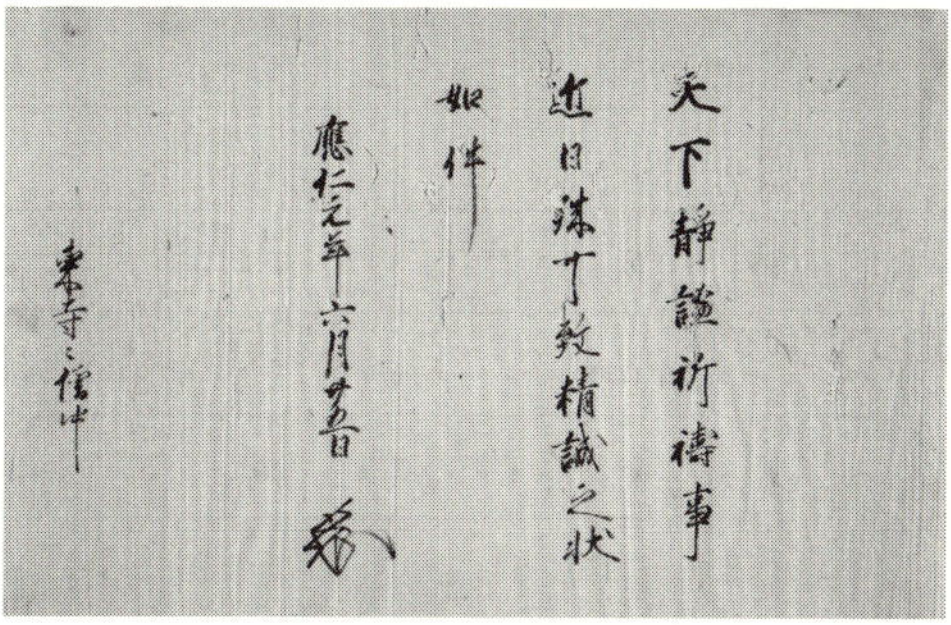

足利義政御判御教書

義政は義視と義尚とともに室町第にあったが、興福寺や東寺をはじめとした各地の寺社に対して次のような「天下静謐」祈禱を命じる御判御教書を複数発給している（「東寺百合文書」『政』四七六ほか）。

天下静謐祈禱の事、近日殊に精誠致べきの状件の如し、

応仁元年六月十四日　（花押）

東寺々僧中

口語訳：天下静謐の祈禱について、近日特に精誠いたすように。

戦闘が激化するなか、多くの朝儀や神事も停止、延期されていた。六月には祇園社の御霊会が、八月には石清水八幡宮の放生会《ほうじょうえ》が中止となった。義政はそのなかでも八月十五日には百韻連歌会《ひゃくいんれんがかい》を開催しているが（『後鑑』附録所収「愚句」）、そこでは、「今代をいのる君がまに〳〵おさまれと思ふねがひやみちひろく」と詠んでおり、世上の安寧を祈念しようとする意図があったと思われる。

同じく八月には西軍に与同したとして、六月に続いて多くの奉公衆が室町第を追放された。山名方に内応したものを勝元の申請により追放したのだが、大乱発生後も八月ころまで義政の周辺には西軍支持層がなお一定数残っていたのだった。しかし、追放劇をめぐって勝元方と追放された奉公衆が乱闘して、複数の被害者もでた（「宗賢」八月二十四日条ほか）。多くは義政の上意を奉じた正親町三条実雅らの説得もあって御所を退出したが、義政は彼らに対していずれは赦免するつもりであったようだ（『応仁記』）。ただ、勝元の要求を拒否できなかったように、この時には殿中は勝元が掌握しつつあったのである。殿中において義政の主体性は失われつつあった。

この時に追放されたなかには、伊勢貞親の弟伊勢貞藤、奉公衆では一色政熙、佐々木大原成信《ささきおおはらしげのぶ》、上《うえ》野《の》政直《まさなお》、宮教元《みやのりもと》、結城政藤、荒尾民部少輔《あらおみんぶのしょう》、三上三郎《みかみさぶろう》（政実《まさざね》か）、宮若狭守《みやわかさのかみ》、斎藤新五郎《しんごろう》、奉行衆の斎《さい》藤豊基《とうとよもと》、同朋衆の専阿弥《せんあみ》がいたという（『応仁記』）。このうち、三上三郎と宮両氏はそれぞれ因幡と備後を本領としており、その守護を務める山名氏との関係があったのかもしれない。また政熙は、義政の御部屋衆として昼夜近侍していたが、当時義視の申次を務めることもあり、義視にも近い存在であった。だが、このなかで特に重要な存在は貞藤である。彼は御供衆、申次、御判奉行などをつとめ、伊勢家中でも独自の所領と被官を持ち、貞親に次ぐ立場であった。文正の政変で貞親が失脚したものの彼は失脚せずにいたが、具体的な証拠はないが、今回西軍方に与同したとして御所を追放されたのである。復帰が噂される貞親への勝元による牽制だったのかもしれない。

上皇・天皇の避難

大乱の収拾がみえない七月、後花園上皇は両軍の調停を試みた。上皇は実弟の伏見宮貞常親王、関白の一条兼良を勅使として義政のもとに派遣したが、細川勝元がこれに反対したようだ（『政家』七月六日条）。また、将軍家に近い三宝院義賢と正親町三条実雅も調停に動いたようだ（『経覚』七月九日条）。勅使が義政のもとに派遣されたことは、当初の中立を放棄して勝元に武家御旗を下したことに対して、再び中立的な立場に戻って調停者として復帰することを期待したのであろう。だが、勝元の反対もあり、これは成功しなかった。

戦乱が収拾する気配がないなか、八月二十三日に再び上皇と後土御門天皇が戦乱を避けるため、三種の神器を携えて室町第に臨幸した（『公卿』ほか）。『応仁記』では西軍が天皇らを擁立しようとしたため、それを防ぐために勝元がこれを申し入れたという。前述のように、上皇は上御霊社の戦いの際に、政長追討の治罰の院宣を発給しており、上皇が山名方に擁立される危険性は充分にあった。上皇の臨幸をうけて義政が細川亭に移徙するとの話もあったが、結局義政は室町第を離れず（『経覚』八月二十五日条）、上皇、天皇、室町殿が室町第で同居することとなった。かつて応永八年（一四〇一）に内裏が火災で焼失した際に当時の後小松天皇が室町第にて一時避難生活を送ったこともあったが、今回もそれと同様なものという意識であったのだろう。義政はこの後度々「参内」するが、参内といっても実際は同じ室町第の敷地の別の建物に入るだけある。

大乱勃発以降、京都中の武家の邸宅はもとより、公家の邸宅や寺社が焼失しており、内裏も飛び火の危険性もあって必ずしも安全とはいえない。京都には多くの階層が複合的に居住しており、ひとたび戦乱の舞台となれば、その被害は計り知れない。だが、これは室町第も同じで、絶対安全とはいいきれない。戦火を逃れるためというよりは、勝元が天皇家を確保したいという目的が第一であろう。

この臨幸にともなって上皇は泉殿、天皇は寝殿を御座所とした（『宗賢』八月二十三日条）。また、貞常親王は「殿上西」を御座所とした（同文明四年五月三日条）。これに合わせて、寝殿が清涼殿《せいりょうでん》の代わりとされたほか（『親長』文明四年正月二十日条）、文明四年には内侍所《ないしどころ》が鳴動したとして、室町第内に内侍所が新造されている（同正月二十四日、二月五日条など）。

室町第はやはり安全ではなかった。九月十三日には西軍が室町第に押し寄せたのである。この戦闘により相国寺惣門をはじめ、多くの公家衆の邸宅が焼失してしまった。内裏や室町第は無事だったものの、畠山義就の兵が仙洞御所や内裏を占拠し、翌日には上皇・天皇もいる室町第に矢を射かけたのである（『宗賢』同十三・十四日条）。その後、十月三日には室町第に隣接する相国寺が、さらに翌日には正親町三条亭や伊勢亭も焼失している（それぞれ同日条）。

上皇はこのような事態に衝撃をうけ、実相院増運《ぞううん》（近衛房嗣の子）を戒師として九月二十日（十七、十八日とも）に出家し、太上法皇となった。この際、自ら髻《もとどり》を切ったらしい（『目録』同日条）。この出家は突然のことであったらしく、一緒に出家した烏丸資任と万里小路冬房《ふゆふさ》らを除き、多くの公家衆などは知らなかったらしい。当然、義政も知らなかった。だが、法皇は戦乱開始直後の六月に実弟の貞常親王に隠密として、日頃の本望であることにくわえて、大乱が発生したことで「人間の交りは無益千万」であるとして、世を捨てて（出家）故郷の伏見に戻る意向を伝えていたのであった。この計画は義政には極秘であった（後花園上皇宸翰「伏見宮御記録」）。

調停の失敗と治罰の院宣

戦乱が拡大するなかで義政はなお事態の収拾を諦めなかった。九月八日付で畠山義就に対して改めて御内書を発給し、「（義就の）本意に背くものだが」「天下無為」のために山名持豊を京都より下国させること、さらに畠山政長に一国を分割するよう相談するように命じている（「畠山家文書」『政』四七七）。おそらくこの条件が勝元方の妥協点であったのだろう。

だが、義就らはこの条件を無視し、この御内書に応じることはなかった。義政はこの調停に失敗したことで大乱の調停を諦めたと思しい。十月三日付で後花園法皇による治罰の院宣が出されているからである（『経覚』十月九日条）。院宣は前述のように勝元が大乱開始早々に申請していたものだが、なかなか勅許が下りず、十月五日になってやっと発給されたのであった（『政家』同日条）。以前、上御霊社の戦いでは法皇は政長追罰の院宣を下したが、今回はその反対となる。同じ室町第にいる義政がこの院宣発給に無関係であったはずはなく、期待した西軍の反応が見込めないことで、改めて討伐の方針に変化したことで法皇に院宣を要請したのであろう。次がその院宣である。

今度兵革《へいかく》の事につき、忠節致すべきの由満寺《まんじ》に相触らせしめ給うべき旨、院（後花園法皇）の御気色候ところなり、仍って執達件の如し、

十月三日　按察（甘露寺親長）

謹上　興福寺別当（孝祐）法印御房

追申　天下静謐の事、祈禱致すべきの由、同じく下知せしめ給うべきなり、

口語訳：今度の兵革（戦争）について、忠節を致すように興福寺内の全体に触れられるようにとのこと、法皇のお気持ちである。よって伝達は以上の通り。
追伸　天下静謐のことを、祈禱致すようにとのこと、同じく下知していただきたい。

法皇は在位中より、永享の乱、嘉吉の乱、享徳の乱、畠山義就征伐と度々治罰の綸旨を発給してきた。これもその流れにある。ただ、この治罰の院宣にはこれまでの綸旨と異なり、討伐対象の名前が記載されていない。これまでであれば、山名持豊、またはそれに与同するものを討伐するようにとの文言があるべきだろう。ところが単に「兵革」につき忠節を果たせという文言のみである。法皇の在位期間に発給した治罰の綸旨と比較してもこの内容は抽象的であり、これ単独では治罰の院宣となりえない。だが、同日付けの義政御内書はこの院宣を受けてはっきりと、「山名右衛門督入道持豊の事、治罰の院宣がなされたので」とある（『経覚』十月九日条、『政』四七九）。つまり、この「治罰の院宣」は義政の御内書が附属してはじめて山名討伐の意味が付されたのであった（これをみた経覚も山名討伐の院宣と認識している）。

この院宣は当時戦況が不利なことから東軍が発給を法皇に強要したものとも（伊藤一九八〇）、討伐が公武の命令であることを受給者に視覚的に明示させるためのものとも指摘される（藤立二〇二二）。ただ、この治罰の院宣発給が遅れたことを含めて、当初法皇は大乱についてはあきらかな態度をとらなかった。なぜならこのころ法皇は義就、斯波義廉らに対して勅使を派遣し、和睦調停を行おうとしていたと噂されているのである（『政家』十月二十三日条）。これを聞いた近衛政家は「不審」として疑いを持っているが、法皇のこれまでの態度からみれば、これは真実に近いだろう。明確に西軍討伐の意志を明示したくない法皇は、妥協の産物としてこのような抽象的な院宣を出したとみられる。この院宣は中立的な立場での「和平勧告」の院宣ともいうが（今谷一九九二）、むしろ法皇による中立表明とみてよいだろう。そのため、本来は単独では治罰の院宣たりえないこの院宣を治罰の院宣とするために、義政は持豊討伐を示した御内書を発給して、院宣を補完することが必要であったのだ。

いずれにせよ、院宣に附属する御内書による喧伝により、周囲は持豊を朝敵とみなした。ここに戦乱は細川勢と山名勢の私闘から、天皇家と将軍家を擁する東軍と、将軍の御敵にして朝敵山名勢との対立となったのである。もっとも、東軍側の軍事動員の正統性を付与したものの、西軍の大名たちの帰趨に影響はなかった。結局、この院宣発給は大勢を変化させる影響力はなかったのだ。

2 将軍家の分裂

義視の出奔

天皇家の臨幸と頃同じくして将軍家では大きな問題が発生した。将軍継嗣たる義視が八月二十三日に突如として京都を出奔したのである。大乱に突入して以降、義視は東軍総大将という地位にあり、西軍方に内応した奉公衆の追放などを進めていた。もともと大乱以前には義視は山名持豊や斯波義廉らと近かったが、大乱発生後義視は西軍に対して強い態度を示すことで、将来の将軍としての武威を示そうとしていたのだ。

義視は大乱勃発当初は義政・富子夫妻と同じく室町第に居住していたが、その後七月十三日に今出川亭に帰還していた。義視作成とされる「都落記《みやこおちき》」よれば、「富子の儀がむずかしくなり、義政も気詰まりになったほか、かれこれ思うこともあり」室町第を退出して今出川亭に帰還したという。大乱に終結がみえないなかで、義政らは精神的に不安定になっていたのであろうか。また、義視と富子とが不穏な関係になっていたことがうかがえる。

八月、戦乱が悪化しつつあるなか、義視は再び室町第の義政のもとに祇候しようとし、自らも小具足《こぐそく》を付けて室町第に入ろうとした。ところが、それを細川勝元に制止されたのである。「種々の雑説」により、義視は自害しようとしたが近臣に止められ、義政に弁明の書状を送ったあと、伊勢国司北畠教具《きたばたけのりとも》のもとに移ったのである。この「種々の雑説」が何であったのか、はっきりとはしない。

ただ、『応仁記』では勝元が細川亭への御成を申し入れたため、義視も御成をしようとしたら、京極被官の多賀高忠《たがたかただ》に制止されたという。義視がこの理由を尋ねたら、義視は山名方を贔屓にしているのでまずは今出川亭に留まるように言われ、そのまま出奔したという。義視は京都の北畠氏の陣営にまず移り、次いで坂本（現滋賀県大津市）に移座した。義視には一色伊予守《いよのかみ》、畠山式部少輔《しきぶのしょう》、教具の弟心性院《しんせいいん》らが供奉したという。その他の軍記物もその理由は異なっており一致しない。義視はむしろ西軍に強い態度で接しており、『応仁記』の記述は、その後西軍に与同した結果からみて記述したものであろう。一方、「都落記」は義視執筆によるとされるから（和田一九八〇）、この内容が実際に近いといえる。義視が伊勢に下向した理由は、伊勢が京都に隣接していないこと、教具は義政に近く、自らの潔白を証明するのに都合のよい存在であったことなどとされる（大薮二〇二一）。

また、義視の出奔はこの直後の山名方へ内通した奉公衆の存在が影響しているともみられている

（石田二〇〇八）。総大将として西軍方に強い態度で臨んでいた義視は、殿中の山名方の奉公衆に襲撃される危険性もあったのだろう。それもあって義視は西軍に入らなかった。ただ、軍記物である「細川勝元記」では、勝元が将来的に擁立できる存在として、あえて義政と義視を分離させようとしていたとある。つまり、西軍に心情を寄せる義政が西軍に移ったとしても、義視を擁立することができるからである。もちろん、これが事実であると裏付けるものはないが、勝元であれ高忠であれ、東軍諸将は義政夫妻と義視を同一空間にいることを避けようとしていたのは間違いない。「都落記」の記述から義視はあくまでも義政の身を案じる姿勢を崩しておらず、この時点では義政と義視の関係は悪くなかったが、戦乱のなかで義視の身体に危険が迫っていたことは間違いないだろう。

義視の帰洛

義視が出奔したことをうけて、義政は度々帰洛を促した。義視を心配したこともあろうが、義視の出奔は将軍職移譲が延期することを意味した。将軍継嗣としての義視はまだ必要とされていたのだ。またこれは、将軍家の分裂に繋がりかねないものであり、それを警戒したこともあろう。さらに義政は九月二日に左大臣を辞しているが（『公卿』）、これは当初は五月に辞する予定であったものが、「佳例」のために九月に延期されていた（「綱暦記」五月五日条）。かつて義満は二度目の左大臣辞任が九月であり、その翌年（応永元年）に義持へ将軍職を移譲していた。この先例に倣えば、左大臣辞任の翌年応仁二年（一四六八）に将軍職を義視へ移譲するという義政によるアピールでもあっただろう。義政は義視出奔後も義視への将軍職移譲を諦めてはいなかったのだ。

出奔の翌年二月より義視の帰洛の話題が進んだ（『大乗院』二月十二日条）。当初は三月に帰洛する予定であったが、これは延期している（「後知足院関白記」二月二十九日条）。『応仁記』によれば四月九日には帰洛について勅書《ちょくしょ》も発給されたという。また、「応仁別記」では「義視帰洛の評議が一決した」とある。これが事実ならば、細川勝元ら東軍の諸将も義視の帰洛を望んでいたことになる。義視は出奔後も西軍に与同せずにおり、それも帰洛の話が進んだ理由だろう。

義視の帰洛にむけて、義政は伊勢・近江・山城三ヶ国の半済《はんぜい》を義視の御料所として宛がうこととしている（『政家』五月二十日条）。そして、聖護院道興を御迎えの将軍御使として伊勢に下向させた（八月一日条ほか）。義視は伊賀、近江を経て、九月十一日に北岩倉に入り、翌日に奉公衆らの迎えのなか京都に入った。後花園法皇や義政は御機嫌であり、勝元、畠山政長、赤松政則らも同様であったという（『応仁記』）。なお、この間に西軍の斯波義廉に替わり、義視に近かった勝元が管領職に復帰しているが（『目録』七月十日条）、義視の将軍継承も見込んで新体制を整えるためであろう。

帰洛した義視は義政に対して要望書を出した。それは二、三人の「邪徒《じゃと》」の排除を願うものであった（『碧山』九月二十二日条）。このうちの一人が日野勝光であった（『政家』同二十七日条）。勝光は義視出奔の背景にいたのかもしれない。少なくとも義視は勝光を自身の妨害者と認識していた。ところが、貞親の失脚や大乱発生後も義政・富子に近侍し続ける勝光は、すでに義政の権力と不可分なものとなっていたのだろう、義政は義視の要求を受け入れなかった。この時は義視正室の日野良子が健在であったはずだが、一連のなかでその姿をみることはできない。勝光の妹である彼女は、本来であれば勝光・富子兄妹との仲裁を担うべきだろうが、富子と良子の関係はそもそも良好でなかったのかもしれない。もっとも、良子は文明二年（一四七〇）に没していることから（末柄二〇二三）、仲裁を行える健康状態でなかったのかもしれない。

義視が勝光らの排除を進言したためか室町第内は不穏な状態となった。事態の収拾のためか、勝元は義視に対して頻りに出家を進めた（『大乗院』十月一日条）。これは義視の将軍職継承を白紙に戻すことを意味する。帰洛したものの殿中に義視の居場所はなかったのだ。

伊勢貞親の復帰

義視が帰洛した直後の閏十月十六日、義政は伊勢貞親を赦免し、幕府に出仕させようとした（『政家』同二十五日条）。貞親は前年に上洛して復帰をうかがっていたが、義視の帰洛というタイミングで幕府に復帰したのである。これは義視の感情を逆なでするようなものであり、義視が「生害（自害）する」との風聞も立った。貞親復帰を聞いた尋尊は「天魔の所行」と呆れている（『大乗院』十一月九日条）。

だが、貞親は文正の政変以前、義政の軍事決裁の補助を行っており、軍事面でも重要な役割を担っていた（吉田二〇〇六）。殿中は御旗下賜以降、細川勝元がより強い影響力を持ったが、室町殿権力の動揺を立て直すために、再度貞親の能力に期待したのである（政所執事にも復帰する）。幕府内部は「悉皆元のように」貞親によって差配されることとなった（『大乗院』十一月十二日条）。これに替わって勝光は政務に関与することを辞退し、さらに有力奉行人の飯尾之種は所労と称して業務を行わなかったため、義政は貞親に諮問しながら政務を行った。政変以前の状況に戻ったともいえる。

しかし、義視の心情を無視する貞親の復帰は理解しがたいだろう。義視が不満を持ち、再び出奔する可能性が高まることはあきらかである。だが、義政は義視と関係悪化することがわかったうえで、権力の立て直しを優先して貞親の復帰を強行したのである。義視にとってさらに悪いことには、かつてその赦免を申し入れ、当時は義視に近侍していたかつての「三魔」有馬元家が義政の命をうけた赤松政則によって十一月十日に誅されたのである。これは元家が義政の赦免を受けていないのに義視に祗候していたためとも（『政家』十一月十一日条）、赤松氏の惣領職を望んだことで、政則がその殺害を義政に申し入れたためともいう（『大乗院』十七日条）。だが、すでに惣領である赤松政則が東軍におり、元家の要望は容認される余地はない。元家の処罰はある意味で当然の結果だが、義視にとっては元家は自らに従う貴重な存在であったことに違いない。元家の死により義視はますます孤立することとなったのである。

義視、再度出奔する

義政は自身で義視の復帰を強く促しながら日野勝光をなお側に置き、さらに伊勢貞親も復帰させたうえ義視に近い有馬元家を殺害させた。義政としては軍事を含めた権力の立て直しのために勝光や貞親を登用したのだが、義視にとっては自らを否定されたことにほかならない。義政の矛盾する態度は義視の理解を超えていただろう。だが義政の周辺をみると、この年の三月には富子を生母とする三人目の男子（のち義覚）が誕生しており（「御産所」）、後継者問題での不安はなくなりつつあった。さらに大乱の終息がみえないなかで、将軍職移譲はいつになるかわからない。早急な移譲が不可能な以上、義尚の成長を待っても遅くない。義視の存在意義が大幅に減じていたのである。

義政の思惑はどうであれ、義視は自身の境遇が悪化するに及んで、十一月十六日に東軍陣営を抜け出して比叡山に入った。出奔の直接の原因は富子と勝光による義視への悪意にあったとされるから、命の危険もあったのだろう（『政家』十一月二十一日条ほか）。

義政は義視の再度の出奔に激高した。義政は義視と交際する人を「不快」とし、義視の討伐を進めようとしたのである（『政家』二十一日条）。見方を変えれば、義政は義視に裏切られたと思っていたのだろう。信用すればするほどその裏切りへの怒りは大きい。これはかつての畠山義就への姿勢にもみられた。これまで支援してきた義就を、打って変わって強く討伐しようとしたのは、義就が義政に反発して裏切るような姿勢を見せたためである。極端な態度の変化は義政の個性であったといえる。ただこれまでみたように、義視の出奔は義政の行動からみれば、無理からぬものであった。将軍就任はいつになるのかもわからないなか、殿中では敵視する貞親や勝光が幅をきかせ、勝元も義視を見放すなど、殿中に居場所はなく、義視が将来に不信を覚えるのは当然だろう。

ただこのころ、殿中で権勢を持った勝光に対して不満を覚えたのは義視だけではなかった。その一人が烏丸資任の子烏丸益光《ますみつ》であった。彼は勝光の失脚を謀ろうとしたが、これを知った勝光・富子に先手をとられて御所より追放されたのである。益光はその後細川亭に庇護されていることから（『大乗院』十一月十七日条ほか）、勝元も勝光失脚計画と無関係ではなかったようだ。貞親が政務に復帰したタイミングをみれば、貞親の復帰は勝光の影響力排除のために、かつて連携することもあった勝元が支援したとみることも可能であろう。勝元が帰洛した義視に出家を進めたのは、貞親の復帰を優先していたためとみることもできる。勝元は貞親を勝光の殿中での対抗馬として、勝光の影響力排除を目論んだとみえなくもない。なお益光はその後、父資任の歎願もあってか復帰している。

その後、文明二年（一四七〇）九月には勝光の息子日野資基《すけもと》が義政の怒りを買い、失脚している。詳細は不明だが、義政は資基に生害を命じたようだ。これは勝光の歎願により減刑されているが（『親長』九月八日条）、尋常ではない事態である。殿中では勝光周辺をめぐって不穏な状況がなお継続していたことに相違ない。

ところで、義視出奔直前の応仁二年（一四六八）閏十月二日、三宝院門跡義賢が寂した（『碧山』同日条）。この年の二月、義賢に近侍する侍僧の円存《えんぞん》が西軍に内通したあげく、義賢を殺害しようとした事件もあった（「後知足院関白記」二月十日条）。義賢は難を逃れたものの、彼も大乱により影響をうけていたのである。義賢はその先代で満済のように将軍と大名との調整役を担うことはほとんどなかったが、義賢に期待されるものも大きかった。それでも彼は積極的に仲介者たらんとはしなかった。義政も特にそれを求めなかった。もし彼が積極的に満済のような調整役を務め、大名たちの調整役として信頼を高めていれば、大乱に至るまでの状況は多少違っていたかもしれない。

西軍の〝将軍〟擁立

義視の出奔により大乱の様相は大きく変化した。義視が十一月二十四日に西軍の陣営に入ったのである。西軍は義視を「今出川殿」ではなく「相公《しょうこう》（＝将軍）」と呼称したという（『碧山』応仁二年十二月七日条）。ここに将軍家が義政と義視の二系に分裂した状態となった。

〝将軍〟を自称する行為は直近では嘉吉の乱の際に赤松氏に擁立された足利義尊《よしたか》の事例もある。ただ、義尊は足利氏の流れを汲むとはいえすでに傍流であったが、今回の場合は将軍実弟であり、しかも正式に継嗣となった人物である。兄弟の対立をみれば、かつての観応の擾乱における尊氏・直義《ただよし》兄弟の対立、または義持・義嗣兄弟の対立、さらにこの後の戦国期には義晴・義維《よしつな》の対立が続く。

義政は義視が「凶徒に同意した」として治罰の院宣を求めた。その結果、義視の官位は削られ、朝敵の立場となったのである（『大乗院』十二月十九日条）。この際の治罰の院宣は、先の山名持豊に対するものと異なり、「前権大納言源朝臣（足利義視）」と明確に義視を討伐対象としている。

また、この時解官されたのは義視だけではない。同日に四辻実仲《よつつじさねなか》、清水谷実久《しみずだにさねひさ》、正親町三条公躬、葉室教忠《はむろのりただ》、阿《あ》野《の》季遠《すえとお》、同公煕《きんひろ》、橋本公国《はしもときんくに》、西川房任《にしかわふさとう》、河鰭公益《かわばたきんます》も義視に同意したとして解官された（『公卿』）。彼らは前権大納言、前権中納言、前参議といった中級貴族たちであった。特に注目されるのは公躬である。彼は義視の養父であった実雅の子であり、特に義視に近い存在であった。実雅は寛正二年（一四六一）には失脚し、同年七月に出家していた。その後所領が没収されているが（『大乗院』寛正二年十月五日条、同三年四月十六日条）、それらは日野勝光らに配分されている。出家や所領没収の理由はわからないが、義教御台所正親町三条尹子死後の幕府内での正親町三条家の低迷もあって、義政、特に勝光との間に遺恨があったことは間違いないだろう。実雅は後花園法皇（当時は上皇）による調停工作にも関与したものの、応仁元年（一四六七）九月三日に泉涌寺《せんにゅうじ》（京都市東山区）にて没している（『経覚』同日条ほか）。公躬は父実雅に対する処遇への反発もあって、当時勝光・富子と対立関係にあったとされる。そして、勝光に対抗するためにその人脈をつかって、義視方として公家衆を動員したものとみられている（水野二〇〇三）。義視は幕府内に味方はいなかった代わりに、彼ら公家衆（特に正親町三条家の周辺）とは昵懇であったようだ。

時間をおいて義政は冷静になったのだろう。義視に対して東軍への帰参を望む勅書とともに御内書を遣わしている（『蔭凉』応仁三年四月十四日条）。しかし、義視はすでに東軍に居場所がないことを理解しており、それに従うことはなかった。西軍は義視を〝将軍〟として、〝管領〟斯波義廉、〝政所執事〟伊勢貞藤、幕府奉行人も勝元らに殺害された飯尾為数の子飯尾為脩《ためなが》などが西軍に属していた。義政・東軍を中心とした幕府（〝東幕府〟）に対して〝西幕府〟とも呼ばれる（百瀬一九七六）。義視の出奔以前の八月には畠山義就は山城の「守護」を自称するなど（畠山義就奉行人連署奉書『東寺百合文書』え函四八）、政権としての体裁を整えはじめていた。

西軍は義視を〝将軍〟として仰いだことで、実際の将軍義政との主従関係を否定することとなった。大乱は勃発当初と異なる様相となったのである。義政は西軍が主従関係を否定しない限り西軍を許容できたが、義視の擁立はその一線を越えてしまったのだ。義政を擁する勝元からみれば、義政が西軍に離反する可能性がなくなったことを意味した。

〝将軍〟義視の権力

義視を首長とする〝西幕府〟が成立したが、これを東軍の〝東幕府〟と同列とするには躊躇される。なぜなら義視を首長とする体制が成立したとはいえ、奉行人の大半は東軍にあり、政所の機構や人員も義政に近侍する伊勢貞宗（復帰した貞親も）が把握するなど（ただ、貞藤には伊勢氏被官の一族が随伴）、幕府機構としての充実度でいえば、東軍が優勢であった。そのため、〝西幕府〟は本来の幕府が矮小化したものとも評価される（百瀬一九七六）。

そこで、注目されるのが〝西幕府〟での義視の権力である。まず室町殿称号に注目すれば、義視は公家や寺社方は義政を変わらず室町殿と呼称しており、義視を室町殿と呼称することはなく、彼の称号はこの後も今出川殿であった。その意味では将軍家が分裂するが、室町殿が並立する状態ではない。もちろん、室町第には義政が現在も居住していることも無関係ではないだろう。

将軍＝室町殿ではないことはすでに述べたが、極端にいえば、将軍であるよりも公武を掌握する権力者としての室町殿であることの方が重要なのだ。義視は西軍より〝将軍〟・「公方」として扱われていても、世間、特に公家社会では義政こそが唯一の室町殿であった。また、義視に従った公家衆はいたが、天皇は大乱以降、義政のいる室町第におり、室町殿義政が公武権力の掌握者という点は不変であった。文明元年七月には義視は大内政弘の任左京大夫《さきょうのだいぶ》など、任官推挙を行っているが（『大乗院』七月九日条ほか）、通常の室町殿による武家執奏による正式な任官ではなかった。正式な将軍でもなく、天皇を擁していない義視は、いわば室町殿のまねごとをするしかなかったのである。義視の権力はあくまでも限定的であり、公武権力に君臨する室町殿とはいえないものであった。

また発給文書をみれば、軍事動員に関わる御内書を発給するものの、御判御教書については一通も発給していない。例えば、文明元年末に西軍の大内氏に属す石見の益田貞兼《ますださだかね》に対して義視は闕所《けっしょ》宛行の御内書を発給しているが（『益田家文書』一〇一五）、これは本来であれば御判御教書で発給すべきものであった。そのため、これを受けた「管領」斯波義廉施行状《しぎょうじょう》（同五九六）には、本来は、「御判（御教書）の旨に任せて～」とあるべきところ、「（義視の）御内書の旨に任せて～」となっている。御内書も御判御教書も同じく将軍発給文書であるが、私的で時限的な御内書と、永続的で公的証文となる御判御教書とではその意味がまったく異なる。

義視は前述のように寛正六年（一四六五）にすでに御判始を行っており、御判御教書を発給することは不可能ではなかった。義政はこの間御判御教書を発給し続けるが、義視は御判御教書を発給しなかった。これは義教の時代、将軍職と政務について述べた既出の清原良賢の意見が参考になろう。将軍就任以前の御判御教書は将軍職そのものの権威を傷つけるものであり、その意義づけのためには正式な将軍宣下を待たなければならなかった。これが必ずしもこの時代の認識であったというわけではないだろうが、義視が御判御教書を発給するにはやはり、正式な将軍就任が求められたのである。

「南主」の擁立と自己否定

義視を迎えた西軍では新たな動きがみられた。文明二年（一四七〇）に、当時紀伊にいた旧南朝（大覚寺統）の皇胤である小倉宮皇子を〝天皇〟として迎え入れようとしたのである（『大乗院』五月十一日条）。実はこの前年、西軍は主人不在の内裏と仙洞御所を押さえ、その番衆として葉室教忠、阿野季遠ら西軍に与同して解官されていた公家衆を置いていた（『大乗院』文明元年十月八日条）。内裏を掌握したのは、新しい天皇を擁立するための布石であった。

しかし、畠山義就は、領国である河内が旧南朝方の武将であった楠《くすのき》氏の分国であるため「迷惑」しているとして、これを拒否していたという。しかし、西軍諸将のみならず義視も義就を説得したため、最終的に同意したらしい（同六月二十五日条）。そして、「南帝《なんてい》」「南主《なんしゅ》」とも呼ばれた皇子は翌三年八月二十六日に上洛し、北野社の松梅院《しょうばいいん》、次いで山名持豊の妹が入室していた安山院《あんざんいん》に移った。

ただ義就を説得したはずの義視は皇子の上洛後、皇子の擁立を躊躇したらしい。西軍の大名らが皇子に御礼するなかで、義視のみは御礼に行かなかったのである（『大乗院』九月三日、八日条）。土岐氏の重臣持是院《じぜいん》（斎藤）妙椿《みょうちん》も皇子の上洛には反対したようで（同閏八月十七日条）、皇子の擁立について西軍内でもその支持は揺らいでいた。何より皇子には正統性となる三種の神器もない。また南朝の皇子を擁立したことは、これまで北朝系の天皇家を支えることで培っていた足利将軍家の権威とアイデンティティを、義視自らの否定することとなるのである。それはこれまで将軍家と将軍家が支える北朝の秩序を守ってきた室町時代の大名たちが自らを否定する行為でもあった。これが義視が南朝皇子擁立を躊躇、ないしは再考させる要因ともなったろう。

だが、それでも戦略としては有効であった。和泉ではもともと南朝勢力に味方するものも多く、和泉の上守護細川常有と下守護細川持久《もちひさ》は対応に追われた（『大乗院』文明二年三月十六日条）。東軍の勢力を分散させる意味でも、旧南朝勢力の蜂起は有効であったのだ。西軍は東軍への戦略を優先し、義視を擁しながらも、南北朝以来の足利氏の秩序を否定していくのである。

大乱中の幕府運営

大乱によって幕府の活動が停止したかのような印象を持つ人もいるが、それまでの各種相論がなくなったわけではなく、その解決が幕府に期待されていた。つまり大乱にあっても少なからず幕府運営は継続していたのである。

文正二年（一四六七）正月の上御霊社の戦い後をみれば、幕府内では伺事など御前沙汰での訴訟審議が行われていた。さらに正月二十六日には政所内評定始《まんどころないひょうじょうはじめ》が、二月九日には地方《じかた》の番文《つがいぶみ》が施行されているように各機関の活動も平時として始められていた。三月二十四日には石清水八幡宮の臨時祭礼のための要脚について、洛中棟別銭《らくちゅうむなべちせん》の徴収も進められている（以上『親基』各同日条）。

この期間の管領職は斯波義廉にあり、彼が管領としての執務を行っていたはずである。ところがそのなかで気になるものもある。それは壬生家と大宮家の知行相論である。この知行相論では、壬生家方に勝訴の御判御教書が発給されることとなったが、管領である義廉が御判御教書の発給を「難渋」したことで発給が滞っていたというのである（「壬生晨照・大宮長興知行相論記」『壬生家文書』五）。そのため、壬生家側が管領を飛び越えて直接御判をもらえるように日野富子に依頼したことにより、管領を経ずに直接当時の御判奉行伊勢貞藤を介して義政の御判を得たという。

だが、この一件のみではなく、複数の御判御教書が「去年」より抑留されていたという。「去年」

に相違なければ、前管領畠山政長当時のこととなる。義政が義就の上洛早々、政長を切り捨てた背景の一つとして御判御教書発給停滞（政長の執務拒否）も影響していたといえる。しかし、文正元年（一四六六）以降、実際はまったく御判御教書が発給されていなかったわけではないため、一部が抑留されていたということであろう。新たに管領となった義廉でもその状況が変わらないということから別のところに問題があったのかもしれないが、それでも義政は義廉を解任せず、五月二十六日の衝突となる。管領の不在は御前沙汰の体制を大きく変えることとなる。

また義政は大乱中、奉公衆などに対して寺社本所領の代官職を与えたり、兵粮料所《ひょうろうりょうしょ》を預けていた。これはいうまでもなく、大乱のなかで軍事的奉公を継続させるために行われたものである。だが、これはあくまでも大乱中の時限的処置であり、大乱終結後にはそれぞれは寺社本所に返還され、関連する証文などは無効とされている（『蔭凉』長享二年五月十八日条）。

このなかで、当時義政の執政を支えていたのが奉行衆と女房衆であった。奉行衆は別奉行制もあって、各権門よりの訴訟を受け付けることが可能であった。または義政の使者を務めたほか、女房衆は殿中にて外部との取次を行っていた。特に義政に対して安堵の奉書などを求める際に、仲介者として女房衆に期待する事例は複数確認される（『政家』応仁二年四月十日条ほか）。女房衆との繋がりがあることが前提だが、戦乱にあっても義政に近くある女房衆に求められる役割も増加したのである。

政所・地方の変遷

大乱は幕府の官制にも影響を与えた。政所についていては、政所執事の伊勢氏のもと統括されていたとみられる。文正の政変後は、出奔した伊勢貞親に替わり、嫡男の貞宗が伊勢氏の家督とともに執事職を継承したが、応仁二年（一四六八）に貞親が復帰すると、貞親が再び執事に再任されている。ところが、政所における訴状の窓口でもあった政所代の職務にあった蜷川親元《ちかもと》は京都より離れており、実際にどのように対応していたのか具体的なことはわからない。ただ、政所代などは別人が就任して対応していたと推測されている（設楽一九九三）。もっとも、別奉行は直接相論を担当し、訴状を披露できたため、影響は限定的であったと思しい。京都を離れていた親元は文明五年（一四七三）、貞親の死後になって帰洛し、政所代に復帰している（『親元』八月七日条）。

政所では執事職の交替や、政所代蜷川氏の不在もあったが、その評議体制（政所沙汰）も大乱以前より変化した。それは内談（評議）が伊勢亭で執事臨席のもと行われていたものが、政所執事代の邸宅で執事の臨席のない形になり、審議も寄人に委任されるようになったのである（桑山一九六二ほか）。ただ、執事がなお裁許権を持ち、政所の中心であったことに変わりはない（森佳子一九八八）。さらに文明年間になると、執事代や寄人らによって構成される「意見」会議も評議の場となった。決裁も内談の場以外に直接執事に仰ぐこともあったのである。このような評議体制の変化は大乱前からみられはじめるとされ（設楽一九九二①）、執事職の交替、大乱を経るなかで、次第に変遷し、戦国期へと続いていく。

また、洛中屋地の相論や打ち渡しなどを担う地方も大乱前後に変容した。地方の長官である地方頭人は義政時代、摂津満親・之親・政親《まさちか》が世襲でつとめたが、地方の活動に変化がみられるのが之親時代である。長禄四年（一四六〇）以前には寄人は不在で評議機関としての実態はなくなり、単に屋地の引き渡しが主な活動になっていたのだが、この年に再興が話題となっていた（「長禄」九月二日条）。

ただ寄人不在期間でも、頭人が地方に関する文書を発給していることから、頭人の職務と評議機関としての地方は別個のものとなっていた（設楽一九九二②）。その後、文正二年（一四六七）に寄人の編成を示す「地方番文」が施行されており（『親基』文正二年二月九日条）、評議体制は再興されたと思われる。ただ、その後大乱が本格化したことで、実際の活動は行われなかった可能性が高い。

大乱後も之親が本来地方が評議すべき案件が発生した際に、「屋地の成敗の事は、上表したので、承知しない」と述べているように（『代番日記』文明八年四月十七日条）、地方の活動は停止していた。ただ、長享二年（一四八八）以前に之親の子政親が屋地の打ち渡しを行っており（『蔭凉』五月六日条）、この時点で摂津氏の活動が再開していることが確認できる。地方は頭人である摂津氏の動向に左右されるほど、侍所や政所と比較して官制としての自律性が低かった。また、洛中の屋地相論などの機能の一部は御前沙汰や政所に吸収されており（拙稿二〇一四）、その自立性は低下していた。

管領不在の幕府

大乱の勃発は幕府運営に影響を与えたが、第一の問題は管領が西軍に属し、将軍と分裂したことである。遵行を命じる守護宛ての御判御教書には管領による施行状が付属となるのが決まりであったが、これは不可能となってしまう。それに代わって幕府文書の中心となったのが、幕府奉行人（連署）奉書である。

さらに、御前沙汰の訴訟では管領被官の賦奉行が窓口となっていたため、新規の訴訟受理に不都合が生じていた可能性がある。管領亭に持ち込まれる訴訟は膨大な数があったが（『康富』嘉吉二年十月二十七日条など）、これが停止されてしまう。ただし前述したように、当時は権門寺院などには個別に別奉行が設定されているため、別奉行を通した提訴に支障はなかった。もっとも幕府関係者に伝手のない人々に提訴は難しかったであろう。仮に西軍の斯波義廉のもとに提訴しても、訴訟を審議する西軍与同の奉行人もわずか数名であり、東軍に残った奉行衆とはその人員は比較にならない。斯波氏の奉行が対応する可能性もあるが、経験もないうえ、膨大な訴訟の審議に対応できるわけがない。

一方、管領が事実上不在となっても、応仁元年（一四六七）、翌二年と相論の裁許状として幕府奉行人奉書が発給され続けている。それだけではなく管領不在期の応仁二年五月には奉行衆による意見状も発給されている（右筆方意見状案「室町家御内書案」）。つまり、管領不在時であっても義政主催の御前沙汰では、訴訟審議や義政の裁許が継続していたことになる。親政時代よりすでに意見を求め、管領の関与しない政務決裁がみられた。義政親裁はすでに大乱以前より行われており、管領の不在は大きな影響を与えなかったのである。これが管領不在でもまったく政務が停止しなかった理由であろう。これは親政のなかでの管領権力からの脱却の成果でもあった。

ただ、義政は管領職そのものを廃絶させる意志はなかった。大乱後、義廉に管領職を継続させていたが、これは義廉に帰参する余地を残しておいたのかもしれない。結局、義政は義廉の帰参を諦めて応仁二年七月に義視の帰京に先駆けて、細川勝元を管領に再任させたのである。一年以上管領が事実上不在という状況になっていた幕府の政務を少しでも正常化するための対処であるが、東軍を率いながらも管領でなかった勝元が殿中の掌握を進めるために要求したこともあろう。勝元の管領還補により従来の体制に一応は復帰したとみられる（百瀬一九七六）。もっとも義政側近による政務の専横は周知されていた。尋尊は、「近臣に不道の輩が多くいる」と述べているように（『大乗院』文明二年六月十八日条）、殿中では勝元のみが影響力を持ったわけではなく、特に日野勝光や伊勢貞親といった側近が影響力を持ち専横していたのだ。そのなかで義政の存在感は薄れていく。

維持される室町第

大乱は京都に住む人々にも影響を与えた。当時の公家衆の日記や『応仁記』によれば、合戦が本格化した応仁元年（一四六七）六月以降、公家・武家の邸宅が三万宇が焼失したという。九月十三日には兵火により三宝院里坊の法身院のほか、公家の邸宅三十七箇所、武家も吉良《きら》亭（一条室町）、細川持春亭など八十箇所が焼失したという。さらに九月二十日には南禅寺、十月三日には相国寺といった大寺の伽藍も焼失した。兵火により焼失した場所を記すと切りがないが、このなかで攻撃対象となりながらも室町第や内裏はまだ無事に維持されていた。また、御用絵師の小栗宗湛もこの大乱中、行き場を失い室町第の三間に居住していたという（『蔭凉』明応二年二月二十八日条）。室町第は天皇家のみならず、避難先として機能していたのだ。

十一月六日には東福寺の雲泉太極は旧知の奉公衆鞍智高夏《たかなつ》と連れだって室町第の庭園を見物している。この時、庭園内には義政が愛でた松があったという。大乱のなかでも室町第内だけが一応平穏に維持されていたのだ。しかし、御所では後花園法皇と後土御門天皇が同居しているだけでなく、戦時下のなかで軍事施設も同時にあり、御所の東南には十余丈におよぶ兵櫓があったほか、小櫓、さらには塹壕もあったという（『碧山』同日条）。

ところで戦乱のなか、義政は京都、室町第を決して離れなかったことは注目されるだろう。有事の際に室町殿が他所へ避難することはありえるだろう。前述したように、天皇が室町第に避難したほか、公家の頂点にある摂関家ですら在京せずに地方に下向することが増加していた。室町第も決して安全な場所ともいえない。実際に室町第周辺で合戦もあり（「宗賢」応仁元年九月十三日条ほか）、放火や延焼による焼亡も不思議ではない。だが、内裏すら安全でないなか、ほかに京都中で安全な場所はすでにない。大乱の当事者として京都を逃れないという意識があったのかもしれないが、天皇も室町第に避難するなか、義満以来の称号の地である室町第・京都を離れることは「都落ち」のような印象を与えることになろう。同時に対立する〝将軍〟義視が京都にいる以上、義政が京都、さらに室町第を離れることは、義視・西軍に敗北したことと同意であった。さらに義政が避難した後、義視が室町第に入れば、室町第の亭主として義視が名実ともに新たな室町殿となってしまいかねない。現在の室町殿・将軍義政の正統性を担保としているものの一つが、この室町第であったといえるのだろう。

3　変化する戦局

西軍諸将への内応工作

文明二年（一四七〇）二月、義政は大内教幸《のりゆき》を大内氏の当主として支援し、大内政弘の牽制役とした（「大友家文書」『政』五一四ほか）。そのなかの六月になると、両軍の和睦について様々な噂が行き交っていた。当時西軍は南朝皇子の擁立も図っていたが、山名方が大内政弘の赦免を条件に降参を申し入れたというのだ。ただ大内氏と対立する細川勝元はそれに反対したらしい。また、義視は自身が義政より赦免されるのであれば畠山義就を切腹させること、反対に義就は赦免されるのであれば義視を討つことを述べたという。また土岐成頼と一色義直は日頃より内々に降参することを内通し、そのほかの大名も同前だという（『大乗院』六月十八日条）。

これらの風聞がどこまで事実かわからないが、これが本当であれば西軍諸将の思惑はまったく一致していなかったことになる。西軍諸将は義視を擁立しながら、義政からの赦免を求める姿勢を示したのである。そのため、実は大乱は当初より幕を引くことが双方によって同意されており、義視の擁立も義政との交渉材料でしかなかったのではないかという指摘もある（桜井二〇〇二）。戦闘が硬直化するなか、西軍諸将も落としどころを探していたのであろう。だが、結果的にはこの時両軍の和睦が成立することはなかった。西軍はなお〝天皇〟小倉宮皇子と〝将軍〟義視の擁立を続けることとなる。

これ以前、義政は応仁二年（一四六八）ころより西軍の斯波義廉の重臣である朝倉孝景の内応工作を進めた。当初、義廉の降参に孝景の首が条件とされていたように、孝景は西軍でも主力級の武将とみなされていた。そこで義政は、孝景を討つのではなくむしろ味方にしようと方針転換したのだ。この内応工作を進めたのが伊勢貞親であった。貞親の前室は甲斐将久の娘、継室は斯波義敏の妾の姉妹ということで斯波家中とも所縁があり、適任であった。貞親は九月に「褒美」を条件に孝景に内応工作を行った。孝景は当初はこの内応を疑ったようだが、義政よりの御内書もあったことで、翌年に東軍への内応を承諾したのである（以上、「朝倉家記」）。ところで、実はこの時点で貞親はまだ幕府には正式に復帰していなかった。義視の帰洛が進められるなかで貞親が工作を担っていたことは、貞親の復帰は義視の帰洛にかかわらず、義政にとっては既定路線であったといえる。

孝景は内応を受諾したものの、実際に東軍として行動に移すのには数年かかった。そして文明三年（一四七一）になって、ようやく次のような御内書が孝景に発給された（「古証文」『政』五四三）。

越前国守護職の事、望み申すの旨に任せ訖《おわ》んぬ、委細右京大夫（細川勝元）申すべき候なり、

文明参　　　　慈照院殿様
五月廿一日　　御判
朝倉弾正左衛門尉（孝景）殿

口語訳：越前国守護職の事は、望むように任せた。詳細は細川勝元より申す。

この御内書の意味についてこれまで様々に評価されてきた。孝景が越前の守護職を得たのかどうかである。まず第一にこれは御判御教書による通常の守護補任状の形式でない。さらに孝景自身もその後は自らを守護代と認識していたという（佐藤二〇一四）。また、孝景は守護補任を望んだものの右の御内書で対応され、その後も補任されなかったことで義政に「騙された」との評価もある（大薮二〇二二）。東軍に本来の守護家斯波義敏が属しているなかで、越前守護職を孝景に与えることを明示することは避けたかったであろう。そこで義政は守護職については右の御内書で玉虫色の回答をしたと思しい。孝景も守護職について、どのようにもとれるこの御内書で妥協したのであろう。

伊勢貞親の出奔と隠居宣言

朝倉孝景の離反工作に尽力した伊勢貞親だが、実はこの時、京都より出奔していた。貞親は孝景の内応工作の条件をめぐって細川勝元と対立し、それが受け入れられないなかで出奔を選択したとみられている（家永二〇一七）。貞親の内応条件は守護職、勝元の条件が擁立権であったのだろう。最終的に曖昧な決着により面目を失って、出奔に及んだのだろう。

貞親は「近日知音」という参議兼右大弁《うだいべん》万里小路春房《はるふさ》とともに京都を出奔し（「宗賢」『親長』文明三年四月二十九日条）、若狭に行き着く。貞親が何故春房と突如出奔したのかその事情はよくわからないが、二人は五月五日に出家している（「宗賢」五月六日条）。当時の公家たちは春房の出奔のほうに関心を持ったようで、貞親の出奔事情などについて詳しく日記に記していない。

また、貞親の出奔について意外なことに、当時の記録からは義政が貞親の出奔を驚くような姿も怒る姿も、貞親を京都に戻そうとする動きもみられない。貞親の出奔に無関心な義政の姿は、弟義視との関係を悪化させてまで復帰させたころとは違ったものであった。そのため、貞親の出奔は事前に義政の了承を得たものであったとみられる。その後義政が貞親の復帰を進めなかったのは、義政の周辺には勝光や貞親の後継者貞宗もおり、貞親の不在の影響は減じていたこともあろう。

続く六月に義政はさらに西軍の諸将らへの内応工作を進めた。能登守護畠山義統に対しては「度々命じたが」と記していることから（「昔御内書符案」『政』五八三）、義統に対して東軍への内応をこれ以前より度々進めていたようだ。貞親が不在となっても、義政の内応工作には大きな影響はなかった。同時に義政はなお西軍諸将との音信が可能であったことを示している。

ところが、七月になって義政は「諸事御退窮」のため「隠居」の意向を示して、「毎事天下の御沙汰の事は披露に及ばない」と宣言したのである（『親長』七月二十一日条、『大乗院』八月七日条）。この義政による政務停止は富子との不仲が原因であったのか、富子のほうは母苗子のいる北小路亭に移り、他者の立ち入りを拒否した。一方の義政は細川亭に移徙しようとしたという。富子は当時、後土御門天皇との密通疑惑もあり（『大乗院』閏八月二十二日条）、それも影響したのかもしれないが、貞親出奔の影響も大きかったのだろう。

出奔した貞親は文明五年（一四七三）正月二十一日に若狭にて死去する（「南禅寺書留」は二十一日、

『大乗院』では二十二日)。義政の「御父」として将軍親政を支える存在であったが、政変による失脚、大乱中の復帰、再度の出奔と激動の生涯であった。しかし、すでに息子の貞宗は義政の側近としてあり、その地位も揺るぎないものとなっていた。なお、斯波義敏妾の姉妹であり、「大乱の根源」とされた貞親の継室はこの前年の八月に没している(『大乗院』八月五日条)。

衰微する朝儀

後花園法皇と後土御門天皇が戦乱を避けるために室町第に臨幸し、そこを行在所とすること数年に及んだ。このため、多くの朝儀が停止されることとなった。本来朝儀を含めた天皇家への支援は室町殿たる義政の役割であった。しかし、大乱の勃発により天皇家が室町第に臨幸したこと、財政的な問題などで天皇家を支援することはできなくなっていたのである。

特に元日の朝儀はまったく開催されなくなった。通常元日には四方拝《しほうはい》などが行われたが、応仁二年(一四六八)以降、停止した。さらに義政の参内始は例年は正月十日が定日となっていたが、元日に参内するようになり、それが常例化した。もちろん、参内といっても室町第内である。これは文明八年(一四七六)に室町第の焼失により将軍家と天皇家が別居するに及んで解消されるが、これは通常の儀礼的関係の維持が困難になったためとみられている(石原二〇一五)。

そもそも朝儀に参加する公家衆が京都にいなかった。文明二年には摂関家では現職の関白一条兼良が奈良に下向した。前関白鷹司房平・政平父子は興福寺の一乗院に、前関白二条持通・政嗣父子は賀茂の奥に、近衛房嗣・政家父子は宇治におり、九条政基のみが天皇に出仕している状態であった(『大乗院』文明二年正月一日条)。もちろん在京する公家衆もいたが、公家衆の在国は大乱後も続き、この後の朝廷運営にも影響することとなった。

また義政は大乱中、法皇・天皇のもとに頻繁に「参内」することとなる。室町第内でも義政らの居住空間と法皇・天皇との居住空間は別とされていたが、実態としては大きな区別はない。参内も義政単独の場合や、富子を伴ったものもあった。さらに廷臣や幕府女房衆を伴った酒宴も繰り返された(『親長』文明三年十一月十七日・十八日条)。将軍家と天皇家が同居したことで両者の関係はより密接になったといえる。しかし、正月の参内や頻繁に行われる酒宴などで、両者の間の儀礼的関係が希薄化したのである。これについて石原比伊呂氏はこれまでの将軍家と天皇家(北朝)の「演出された儀礼的昵懇関係」が急速に消滅し、儀礼的な緊張感がなくなっていくという(石原二〇一五・二〇二〇)。ただ、義政が酒好きで強かったこともありそうだ(松永二〇二二)。

室町時代も儀礼の内容こそ違うが古代と変わらぬ儀礼社会であった。儀礼の場の持つ目にみえる序列や秩序、それを維持・演出するための先例や個人や組織の役割などが重要であり、天皇は天皇の、室町殿は室町殿としての役割を果たしたのであった。だが、その儀礼も行われないことが増えたこと、近くなりすぎた関係性などが、特に義満以降に培われてき将軍家と天皇家の関係を揺るがすこととなった。さらに前述のように文明二年閏八月には天皇と富子との密通も疑われている。これもあって義政と天皇との関係も悪化したというが(『大乗院』二十二日条)、このような疑惑が持たれたのも、同居による行き過ぎた昵懇関係の弊害であろう。それでも当時法皇が避難生活で強いストレスを抱えていたこともあり、その発散の場としての宴会は必要であった。

後花園法皇の崩御

この時期、朝廷において気がかりな存在は南朝の皇胤であろう。小倉宮皇子が西軍に擁立されていたが、これも大名の意見が分かれる状態であった。

文明二年（一四七〇）十二月に南朝の皇胤の一人で日尊《にっそん》を名乗るものが討ち取られ、その首が六日に京都に届けられた。これをうけて義政は武家伝奏広橋綱光を介して後花園法皇に伝え、「神妙である」との返事を得ている。この首級の扱いについて公家沙汰とするかどうかを義政は確認し、十二日になって武田信賢の陣にて首実検が行われた。この時、検非違使《けびいし》が実検したことから、公家沙汰で行われたのであろう（『親長』十二月六日、『山礼記』同十二日条）。その後、旧南朝方よりの廻文が数十通も各地に出されており（『親長』同十八日条）、南朝の動きは活発となっていた。

後花園天皇火葬塚

　南朝の皇胤が再び暗躍するなか、法皇は十二月二十六日に危篤となり、義政が見舞いに訪れたものの翌二十七日に室町第にて崩御した（『親長』同日条）。法皇の死は突然であったらしく、大乗院門跡尋尊は、「陣中日来御心中の故である」（『大乗院』文明三年正月七日条）と推し量っている。さらに日尊の怨霊によるものともされた（閏八月十六日条）。また『応仁記』には法皇は「朝夕の鬨《とき》の声や矢の音に肝を潰しながら過ごしていた」ともある。内裏を離れたうえに日々続く合戦に心労が積み重なったのは事実であろう。法皇（天皇も）は多大なストレスのなかで生活していたのである。度重なる酒宴はストレスのはけ口であった。

崩御をうけて、義政は甘露寺親長ら素服《そふく》（喪服の一種）の人々を定め、葬儀のあった翌年正月三日にも義政は泉涌寺内の悲田院《ひでんいん》（京都市東山区）にむかう法皇の棺をのせた御車に公卿の一員として徒歩にて供奉した。これにはさらに高倉永継、広橋兼顕《かねあき》、烏丸季光《すえみつ》らも供奉している。この供奉については乱中であるため細川勝元が頻りに制止したにもかかわらず、義満を先例として供奉を強行したのである（『親長』同日条）。一連の義政の対応はこれまでの法皇との昵懇関係の現れとみられている（石原二〇一五）。なお法皇は当初は「後文徳院《ごもんとくいん》」を追号されたが、その追号に難があるとして、二月十九日に「後花園院」に変更された（『親長』同日条ほか）。

後土御門天皇は現状を歎いたのか、四月には落飾の意向を示した。だが義政はこれに驚き、天皇の叔父伏見宮貞常親王を派遣してこれを留めた（『親長』四月四日、六日条）。天皇の皇子（勝仁）もまだ元服前の八歳であるほか、大乱が終結しないなかでの譲位は現実的ではない。天皇もそれをわかったうえで、暗に戦乱の早期の収拾を促すために譲位を持ち出したのかもしれない。だが、天皇はその後も度々譲位の意向を示すようになり、義政を困惑させることとなる。

朝廷への人事介入

義政は宴会など後土御門天皇との交流を続けるものの、人事などにおける武家執奏などによってその影響力を保持した。

文明四年（一四七二）には官務職をめぐって大宮長興と壬生雅久《まさひさ》が相論していたが、義政は雅久の官務補任を執奏した。雅久の父晴冨《はるとみ》、祖父晨照《あさてる》と二代続けて壬生家が官務となっており、これに対して雅久の上首である長興が官務の還補を求めていたが、義政は雅久を支持したという（『親長』八月十五日条など）。だが天皇は、三代続けての官務補任は先例がないとして、一旦、長興を官務とし、翌年に義尚の元服の際に佳例として雅久を官務に補任すれば道理に背かないだろうと述べ、義政に伝えられたものの、義政はそれでもなお雅久の補任を推したのであった（『親長』八月二十四日）。結局、天皇は義政の執奏を受け入れ雅久の官務補任を勅許することとなったが、長興には「堪忍」して奉公するようにと女房奉書が発給されたという（同九月十一日条）。

この一件をみると、なお室町殿の武家執奏が天皇の勅許に優先していたことがわかる。幕府が動揺するなかでも、公武関係においてはなお室町殿の影響力は保持されていたのだ。

くわえて、これ以前の七月十日には源氏ゆかりの摂津の多田院《ただいん》（兵庫県川西市）にて鳴動があり、祭神である源満仲《みなもとのみつなか》への贈位が朝廷で諮られた。その宣下の方法については武家伝奏を通して義政の判断に委ねられたが、その時に義政は泉殿にいたため返事がなかったという（『親長』八月三日条）。そこで満仲贈位の位階について、天皇は従二位を叡慮しながらも、廷臣には二位か三位かどちらが適切かを勅問した。しかし、義政は従二位贈位が決定したものと理解して、先んじて御礼を申し入れたため、八月十七日に従二位が贈位されることとなった。これは単に両者の意思疎通の齟齬ともみえるが、穿った見方をすれば、義政が上位の従二位にするために先手を打ったものともいえる。義政は天皇と私的な昵懇な関係を築きながらも、自らの意思を天皇に押し通すことに躊躇はなかった。あくまでも私的なものと、公的なものは使い分けしていたのである。

細川勝元と山名持豊の死

両軍の和睦交渉が進展するのは文明四年（一四七二）ころである。正月早々には両軍の和睦について、山名持豊が降伏するとの風聞がでている（『親長』正月十五日条）。さらに同月には持豊が死去したとの風聞や、大内政弘が降伏したという風聞まで流れている（『大乗院』正月二十五日条）。これらは虚報であったが、両軍が和睦にむけて談合をしていたのは事実である。持豊が和睦について西軍の諸将に諮っているが、特に政弘と畠山義就が賛成したという。

ただ、両陣営内では意見は一致しなかった。東軍では赤松政則が旧領のあつかいをめぐって山名方との和睦に強く反対した（『大乗院』二月二十六日条）。政則は室町第を一旦退出したあと兵を率いて殿中に祗候するなど、脅迫めいた行動をとっている（『経覚』正月二十五日条）。また、西軍の義視もこの和睦を支持しなかったようだ。同じ時期、西軍に属した毛利豊元に対してこれを賞し、政弘に属して戦うようにとの御内書を発給しており（『毛利家文書』一四四）、両軍が和睦するには、お互いの面目が維持されるような妥協や、条件が必要であった。

両陣営内での意見が一致しないなか、突如勝元が髻を切るという行為にでた。勝元のみではなく、その養子勝之《かつゆき》（実父は細川教春）も出家遁世したのである（『大乗院』三月十六日条）。しかし、勝元は実際に出家遁世したわけではなく、頭に布を巻き付けたまま諸事を差配し続けた。養子の勝之だけが遁世という形で家督継承をはずれることとなったのである。これにより、細川京兆家の家督は持豊養女を母とする聡明丸（のち政元《まさもと》）が継承することが確定となった。

一方、持豊は腹を切った。これは途中で内衆らによって制止させられたことなどもあって、一命は取り留めたが（『大乗院』五月十四日条）、これらの行動は対立関係の手打ちのための演出であったとみられている（桜井二〇〇一）。そもそも勝元と持豊との関係は本来は良好であり、両畠山氏の問題さえ解決、または棚上げすれば、和睦に障害がなかったともみられている。特に戦況が不利となりつつあるなか、義就との関係よりも勝元との和睦が優先されたともみられている（呉座二〇一六）。

年が明けた文明五年三月十八日、雷雨のなか西軍総大将の持豊が七十歳で没した（『親長』ほか同日条）。さらに五月四日より俄に病を得ていた勝元が同十一日に没した（『親長』ほか同日条）。戦乱の中心人物であった勝元の死は「稀有の神慮」（『目録』五月十三日条）ともされた一方、甘露寺親長は「天下の重事」として、その死の重要性を考慮している。しかし、「天下乱逆」の元凶（『親長』三月十八日条）とされた両軍の総大将の死は、戦乱の終結に近づくものであった。

勝元の跡を継いだのは、持豊の養女を母とする聡明丸であった。聡明丸は細川氏と山名氏の両者の血を引くものとして関係改善を期待させる存在であり、細川一門出身であった養子勝之より期待できる存在であった。聡明丸は八月二十八日に水干大口《すいかんおおぐち》の出で立ちで、義政のもとに初めて出仕した（『親長』同日条）。まだ若い聡明丸の後見には典厩家の細川政国《まさくに》が就いた。政国の養父持賢もまだ若かった時の勝元を後見しており、政国は京兆家の後見という典厩家の役目を引き継いだのである。

だが持豊や勝元の死後も、西軍では未だ一色義直や畠山義就、それに大内政弘が義政への帰参を拒否し、未だ〝将軍〟足利義視を擁立していた。政弘はその館に義視を迎え入れており、和睦に応じない姿勢を示した（『目録』文明五年八月二十六日条）。終結まではまだ道半ばであった。

第五章　大御所義政と大乱の終結

1　将軍職の移譲

義尚の元服と将軍就任

大乱の中心人物であった山名持豊、細川勝元らが相次いで死去した文明五年（一四七三）は、義政にとって大きな転換点となった年である。それは九歳になった嫡男義尚への将軍職移譲であった。本来は義視に将軍職が移譲されるはずであったが、義視が出奔して西軍に擁立され、さらに治罰の院宣をうけたことで将軍職移譲は解消されていた。文明二年に義政は各所に願文を出しているが、義尚への継承が決定的になったためか、天下静謐と並んで義尚の「消災延命」も祈願している（「八坂神社文書」『政』五一六ほか）。そこで義政は文明五年の二月ころより本格的に義尚の元服の準備を進めた。元服自体は前年より決められていたが（「宗賢」文明四年四月二十三日条）、この年に本格的に推進されたのである。

義尚の元服の日程は当初四月二十二日とされていたが十一月に延期され、次いで十月二日の時点で

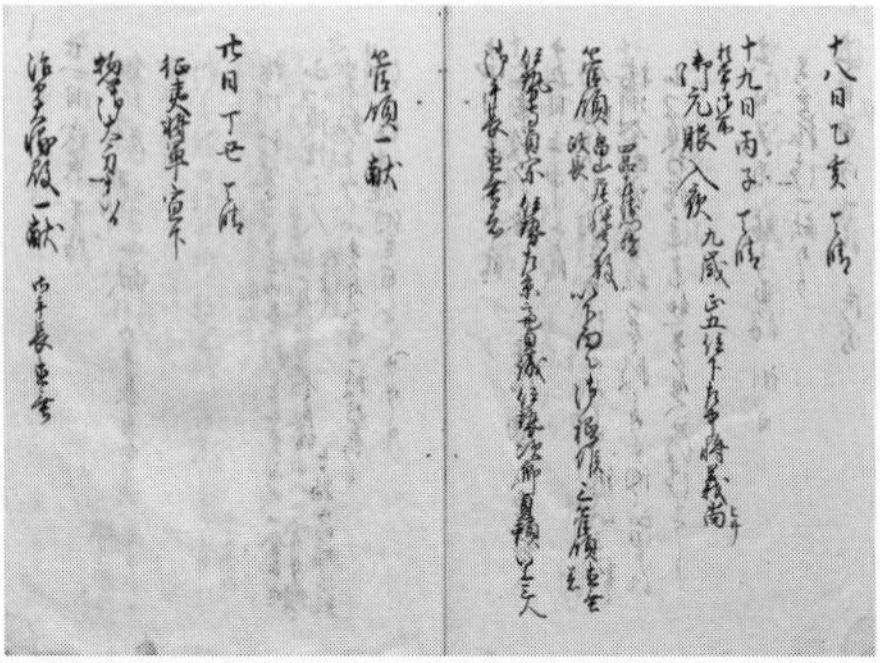
『日々記（親元日記）』文明５年12月19・20日条

十二月十四日、さらに同十九日と三度も延期された。三度目の延期は要脚の準備が整わないためであったという（『親長』十二月十四日条ほか）。当初、四月に元服が予定されていたのは、義満の元服が四月十五日、義政が四月十六日であった先例のためであろう。元服に先立って四月八日には御乗馬始が室町第内で行われている。なお、お召しの黒馬は細川京兆家の家督を継承したばかりの細川政元が進献したものであった（『常徳院殿御乗馬始記』）。

また、元服に出仕する公家衆には「御訪《おとぶらい》（助成金）」として千疋（約百万円）が下されている。これは「乱中の窮困により各々が御訪を申請した」ためという（『親長』十一月七日条ほか）。しかし、要脚の支払いが不十分であったことで元服は十二月十九日に延期となってしまった。大乱が終結しないなか、幕府の経済難も進んでいた。

その後、四度目の延期はなく、十二月十九日に義尚は無事元服した。さらに義政の移譲により同日に将軍宣下が行われ、第九代将軍に就任した。同日に禁色宣下のほか、左近衛中将、正五位下に叙任されるが、これらと同時に「義尚」の実名が付けられた。これは東坊城益長がこの年の春に勘進したものであった。

義尚の元服準備が進められるなかの六月、義教の三十三年忌法要が普広院で行われているが（『親元』二十四日条ほか)、義教の法要は義視を擁する西軍の陣営でも独自に行っている(『東寺』同日条)。特にこれは義視が義教の正統な後継者であることをアピールして、義尚への将軍職移譲を進める義政らを牽制し、さらに対抗意識を表したものであろう。

義尚元服の先例

義尚の将軍宣下に先だって行われた元服は、義政自身の元服が義満を先例としたのに対して、義持を先例とするものであった。年齢をみても義持が将軍に就任した年齢は九歳であり、義尚と同じであった。

かつての義持の元服は義満主導により公家の儀により行われた。加冠役は義満、理髪役は裏松重光、諸役も公家衆が務めていた(『兼宣』応永元年十二月十九日条)。それにあわせて今回の元服では加冠役は義政、理髪役は町広光《まちひろみつ》、奉行は家司広橋兼顕(のち父綱光と交代)と、諸役は公家衆が務めた。そのため、これに先だって二条持通が元服作法を指南している(『親元』十二月七日条)。

儀式は当時室町第の寝殿が皇居であったため、小御所において行われた(『柳原家記録　通秀公記』)。義尚は将軍宣下の際に左近衛権中将、正五位下に叙任されたが、これも義持の初任に合わせたものであった(義持を先例とした義勝も同じ)。その後、従四位下、正四位下、参議任官まで義持と同じ年齢で昇進している。さらに文明七年に義尚は美作権守《みまさかごんのかみ》を兼官するが、これも義持の先例によるものとされている(『長興』正月二十五日条)。

ここで思い出してもらいたいのが、義政自身の元服は義満を先例としていたことである。義満は義持の元服を公家の儀で行い、自身で加冠した。今回も義尚の元服もまったくそれと同じものである。義政はここでも自身の姿を義満と重ねていた。しかし、前述のように義尚の元服が当初は四月に予定されていたことから、義政は当初は四月に元服した義満を先例とするつもりだったようだ。だが、十月時点で今回の元服を義持の先例とすることに変更したのであろう。その意味で、義尚元服の先例選択は流動的であったといえる。

またこの元服にともなって、細川勝元死後空白であった管領職に畠山政長が復帰した（『親元』十二月十九日条ほか）。ところが、政長は一連の儀式終了後に管領を辞任しており、文明九年（一四七七）に再任するまで再び管領は無人となる。つまりこの時代、幕府に管領がいなくとも、政務は滞りなく進行できるようになっていたのである。管領は勝元の死後、大きく変質することとなったのだ。

大御所と御方御所

将軍職移譲により義政はいわゆる「大御所」となったが、なお「室町殿」「公方様」「武家」と呼称されるように、室町殿として将軍家を代表する存在に変更はなかった。義尚は将軍就任後も「御方」「御方御所」と呼称されるが、「御方」は家長がまだ存在する家の跡継ぎの男子というような意味である（年齢は関係ない）。かつて義満存生中でまだ実権のなかった時期の将軍義持や、義持存生中の第五代将軍義量も「御方御所」と呼ばれていた。

今回、御判始、評定始、沙汰始などが政務開始に必要となる一連の儀式は行われなかったため、義政は形式的には隠居するものの、義尚が十五歳になるまでは御判御教書の発給を代行し、日野勝光が義尚の指南役とされた（『大乗院』文明六年正月十日条）。

そもそも、中世の「家」は「大局的な立場にある家長＋形式上当主の息子」が理想とされ、今回義政もそれを目指したとみられている（石原二〇二二）。特に院政（上皇［治天《ちてん》の君《きみ》］と天皇）を思い出してもらいたい。将軍家では応永年間の義満・義持父子、義持・義量父子にこの理想形が実現されていたが、義教や義勝・義政兄弟の場合は家督継承時点で父は死去しており、この理想形は当初より不可能であった。今回、義政は義尚に将軍職を無事移譲できたことで、理想を実現できたのである。

十二月二十五日には義尚の参内始が行われたが、これに義政は同道した。後土御門天皇への義尚の披露はもちろん、義尚を後見するためだろう。ここで義政が殿上を下るときに義尚が蹲踞《そんきょ》したというから、大御所・室町殿義政と将軍義尚との上下関係も改めて明示された（『親長』同日条）。

このように義政は実子義尚に将軍職を移譲することとなったが、この次に実子に将軍職を移譲することができたのは、第十二代将軍足利義晴のみであり、それは六十年近く先の天文十五年（一五四六）のことであった。この意味では実子に継承できた義政は恵まれていたのだろう。

ところで、これまで義政が官位昇進について先例としてきた義満は、その子義持に将軍職を移譲したのちに太政大臣となっている。これに倣えば前左大臣・准三后であった義政もこの後、太政大臣に任官してもおかしくない。だが、義政はその後も太政大臣に任官しなかった。義政は義満を模範としつつも義満に並ぶことはしなかったのである。もっとも、父義教は左大臣で太政大臣に任官しなかったから、敬愛する父義教を超えることに遠慮したのかもしれない。

「新将軍代」日野勝光

幼年の義尚の将軍就任に際して、これまでも度々登場した伯父の日野勝光が「天下諸成敗については新将軍代」を務めることとなった（『大乗院』文明六年八月十五日条）。ただ、この「新将軍代」というのは公的な幕府の職掌名なのか、記主が「新将軍義尚の代官」という意味で使っただけなのかは不明である。

ここで改めて勝光についてみていこう。彼は永享元年（一四二九）に誕生し、祖父である裏松義資

日野勝光

の後継者となった。弁官《べんかん》、蔵人などを歴任し、宝徳二年（一四五〇）に参議、翌三年に権中納言、康正元年（一四五五）に権大納言に昇進していた。いわゆる「名家」と呼ばれる朝廷の実務文官系の貴族である。その後、万里小路時房の後任として南都伝奏も務めている。勝光の大納言昇進直後、妹富子が義政の御台所となるころの邸宅は北小路室町にあり、室町第に近接していた。

義教の時代に一旦没落した裏松家は重子の支援のもと、勝光の代に再興していったが（さらに日野家嫡流の家督も継承）、勝光の経歴のなかで特異なのが、文正二年（一四六七）二月に内大臣に昇進したことであろう（三月十一日に拝賀）。本来日野家は大臣に昇進することはない。同じ日野流の広橋兼宣《かねのぶ》が応永三十二年（一四二五）に准大臣《じゅんだいじん》に、烏丸豊光が没後に内大臣を贈られた事例はあるが、生前に内大臣となったのは初例であった。これは正月の後花園上皇と後土御門天皇の室町第臨幸に尽力したことへの恩賞とされたが（『経覚』二月十四日条）、義政も関係したことは疑いないだろう。勝光は若い時より義政の側近公家衆の一員としてあったが、乳父烏丸資任の影響力が減じるに反比例して、富子の兄として重用された。特に幕府内でその存在が大きくなるのは伊勢貞親の失脚のころである。そして、大乱がはじまると義政の側にあって諸事を差配していた。このような活動や、血縁関係（義尚の伯父）、さらに管領不在のなかで新将軍義尚の代官となったことは当然であろう。

今回、管領政治の再興はなかった。当時、管領となるべき存在としては畠山政長と斯波義敏、細川政元がいたが、政元は当時元服前の幼年で、畠山、斯波両氏は大乱の最中で管領になる余裕はなかった。そのため、かつての管領政治のように管領が幼少の将軍義尚を支えて幕政を主導することはなかったのである。代わって幕政を主導したのが勝光と伊勢貞宗であった。大御所たる義政も健在であったこともあり、かつての管領政治が再現されることはなかった。勝光の指南と政務代行は管領制の転換点の一つといってよいだろう。

「新将軍代」としての勝光は、幕府奉行人などを統括、使役して、諸事にあたった（『大乗院』文明六年八月十五日条）。ただ、彼は御礼の「現銭折紙がなければ一切沙汰をしない」と宣言していたようだ（同五月二十二日条）。「現銭折紙」とは、通常、御礼をする際に手元に現金がない場合、先に折紙（＝目録）を相手側に渡し、後に換金するのだが、勝光はより確実に現金を得るためか、現金と折紙を同時に求めたのだった。訴訟などを取り次いだことに対して御礼を贈るのは当時は当然であり、単純に賄賂というわけではないが、わざわざ記録されていることから、当時でも異例のことであったのだろう。『大乗院《だいじょういん》日記《にっき》目録《もくろく》』には勝光を評して、「近来有徳無双の人であり、大福長者のようだ。世間では押しの大臣（＝強引な大臣）と呼ばれている」と述べている（文明六年二月六日条）。勝光は新将軍の伯父にして代理人という立場で諸家に対して権勢を誇っていたのである。

勝光と伊勢貞宗の職掌

義尚の代官といっても、日野勝光はこれまで蔵人、弁官として朝廷実務の経験はあっても幕府運営（訴訟関係）の経験もなく、幕府実務に精通していたわけでもない。そこで不慣れな勝光を補佐したのが伊勢貞宗であった（拙稿二〇一四）。貞宗は義尚乳父であるのと同時に、政所執事として動産訴訟の審議、御料所の管理など、幕府の実務に精通する存在であった。では実際に勝光と貞宗の関係、権限や役割はどのようなものであったのだろうか。

貞宗の被官らによる輪番の日記『代番《だいばん》（結番《けちばん》）日記《にっき》』文明八年（一四七六）の記事に複数回勝光が登場するが、その多くは勝光より貞宗に対しての諮問である。そのなかで注目されるものをあげると、①証文のあつかいについて判断できず貞宗にその是非を求めたこと（三月十日条）、②御料所について、貞宗の返答により義政に披露すること（四月二日条）、③義政が差し止めた奉書発給についてどのようにすべきか（四月五日条）、④日吉馬上役《ひよしばじょうやく》について、土倉方のことなので政所へ申請すべきと伝えたこと（四月七日条）、⑤古案奉書のあつかいについて、義政より「宿老」に尋ねるように命じられたこと（四月十九日条）、がある。なお、これらについて幕府奉行人が勝光の使者として伊勢亭に赴いており、勝光が奉行衆を使役していたことがうかがえる。

②の事例から、勝光は審議結果を義政に披露していたことがわかる。これは、義政の親裁が当時行われており、最終的な決裁者としてあったためである。④では、担当外ということで馬上役について貞宗の政所に付しているように、その担当範囲が政所には及ばないことがわかる（馬上役は政所ではないと貞宗は返答するが）。つまり、勝光の担当範囲は義政の親裁を仰ぐ御前沙汰にあり、政所にはその権限が及ばないことがわかろう。勝光と貞宗でそれぞれ役割の分担がなされていたのである。筆者はかつてこのような勝光の活動から相論を「管轄していた」としたが、貞宗も担当していることから「関知」のほうが適切という指摘もある（大薮二〇二一）。さらに朝廷より武家伝奏を介して勝光に相

論が付されることもあり（『言国』文明六年八月九日・十日条）、勝光は幕府への訴訟窓口として認識されていたのである。

文明六年以降、勝光は御前沙汰を担う奉行衆を自亭に集めて使役しつつ、個人では判別できない証文の扱いについては、貞宗に諮問し補佐してもらうことで業務を遂行した。これらは最終的には義政の決裁を仰いでいたのである。なおこの当時はすでに大乱以前のように評定衆は加わっていない。相論での受付や奉行衆の使役などから、勝光の当時の活動の実態は義政の代理であり、「新将軍代」というより管領に準じるものと評価されている（鳥居一九八七）。ただし、勝光自身は義政の奉書や御内書の副状、管領奉書や施行状などの幕府公文書は発給しなかった。その意味では勝光の権限・役割はまったく管領と同等ではなかったことは注意すべき点である。

義政は政務を事実上勝光と貞宗に委任したことで、「連々御大酒」という状態であったようで、代わりに富子が「天下公事修」をしている状態であったという（『大乗院』文明六年閏五月十五日条）。勝光も実際は義政ではなく、富子に裁許を求めていたのかもしれない。

勝光の活動は文明八年六月の死まで続いた。同年五月十六日に異例の左大臣に義政の執奏によって任官したが、このときにはすでに腫物によって重い病状になっていた。約一ヶ月後の六月十五日に四十八歳にて没したのである。勝光については、「室町殿の御世務のことを御代官として成敗し、権威は無類、和漢の重宝は山岳のごとく集め置いている」と評価されており（『長興』同日条）、義政の義兄として権勢をほしいままにしていたのであった。だが、本来義尚の政務開始までその代官として支えるはずだった勝光の死は、その後の幕府体制にも影響を及ぼすこととなる。

目前にせまる大乱終結

時を戻して文明五年（一四七三）、細川勝元の死により東軍を統括する存在がいなくなった。このことにより、義政は東軍諸将に士気の低下を懸念して無二の忠節を求めた（『吉川家文書』五三ほか）。ただ義尚への将軍職移譲も終えた翌年、南都の大乗院尋尊が、「天下の政治は女中（富子）の御計らい」と記したように、義政ではなく、富子が主導的に大乱の終結を図るようになっていた。しかし、大内政弘ら西軍の大名は、「義政と義視とが和与しなければ和睦に応じない」という姿勢であったため、必ずしもうまく進展しなかった。あくまでも彼らの要求は義政・義視兄弟の和解であり、将軍継嗣としての義視の地位を再確認しようとしたのである。またこれは、将軍義政を否定しないものであった。これに対して義政は酒宴に明け暮れ、尋尊に失望されている（『大乗院』閏五月十五日条）。

勝元、山名持豊という惣領を失った細川・山名両氏は文明六年四月三日に和睦が成立した（『東寺』同日条ほか）。そして、山名政豊《まさとよ》の男子（常豊《つねとよ》か）が義政のもとに参礼したことで山名氏は赦免された（『目録』四月十五日条）。その後、山名氏は西軍諸将に和睦を通達したが、残りの西軍諸将は、すでに義尚が将軍となっているなかでも再び義視が義政と和与しなければ和睦しないと要求し（『大乗院』閏五月十五日条ほか）、事実上和睦を拒否した。そのため、和睦したのは山名氏のみに留まった。政豊は赦免後、山城の守護に補任された（「仁和寺文書」『奉書』九六四）。

また、山名氏の和睦後には山名勢と畠山義就勢が交戦するなど（『東寺』四月二十三日条）、東西軍の陣営は大きく変化した。そのなかで和睦の調停に動いていたのが勝光であった。勝光は義就の進退について二千百貫文（約二億円）という膨大な金額を提示して、大叔父である東北院僧正俊円とともに赦免の斡旋をしようとしたのである（『大乗院』文明六年閏五月五日条）。勝光はその後も大内氏との申次を行うなど（同九月二十日条）、西軍の大名との繋がりを維持していた。当時の勝光の立場ならば、義政と西軍方との仲介役として充分その任に堪えうるだろう。もっとも、勝光はつねに最終的な決裁を義政に仰いでいたことなどから、独断で仲介しようとしたとは考えづらい。むしろ、義政の内意を得たうえで富子とも相談のうえで仲介の斡旋を目指したとみられる（金銭は別として）。しかし、この斡旋は成就しなかった。金額や義視の処遇がネックとなったのだろう。

翌七年正月にはやはり義持の先例により義尚に美作権守兼官の除目があったが、この費用は幕府の命により東軍の大名・守護らが負担している（『長興』正月二十五日条）。また同年七月の義勝三十三回忌や翌月の重子の十三回忌の仏事銭もやはり大名・守護が国役として負担している（同七月二十一日条、八月八日条）。当時の幕府の財政は東軍の大名らが支えていたのである。

義視との関係改善

和睦を仲介した日野勝光が死去した直後の文明八年（一四七六）九月、義政は終結に向けて動いた。大内政弘に宛てて「世上無為（大乱の終結）」について尽力するように御内書を発給して和平を促したのである（御内書案『蜷川』八五号）。政弘はこれに対して応じる姿勢をみせたようである（「黒岡帯刀氏所蔵文書」『政』六九二）。

義政からの終結工作に対して、義視を含めた西軍でも談合したのであろう。すでに将軍就任の可能性のなくなった義視は義政に対して「別心」がないと音信したようだ。それをうけた十二月、義政は次のような御内書を義視に送った（御内書案『蜷川』八九号）。

心別無きにつき委細承り候、尤も以て神妙に候、然るうえは、世上無為の儀、早々落居の段、本意たるべく候、よって先年身上雑説次第承らず候間、糺明に及ばず候、向後においては、諸篇具に承り成敗すべく候、已後等閑の儀無く候、その意を得べく候、謹言、

(文明八年)十二月二十日　　御判

(足利義視)今出川殿

口語訳：別心がないということ委細承知した。もっとも神妙である。そのうえは、世上無為のことを、早々に落ちつくことは本意である。そのため、先年の（義視に関する）身の上の噂については承知しないので、糺明はしない。今後は様々なことについて承知して成敗する。以後は等閑にすることはしない。そのことを承知してほしい。謹言。

義政は義視からの音信に対して、これまでの行為を不問とし、諸事についても今後は義視のいうことを承知したうえで成敗する、と返答したのである。これまで西軍との和睦の条件となっていた義政と義視の和解は、大乱終結が間近に迫ったことを意味する。さらに翌文明九年七月には、義視の娘（祝渓聖寿）が義政の猶子となり、大慈院（南御所）に入室することになった（『親長』七月十八日条）。それだけではなく、義視の娘を義尚の御台所とすることが政弘より提案されている（『大乗院』七月二十三日条）。これらは義政と義視の融和を示そうとしたものといえる。

西軍大名らの御礼

文明九年（一四七七）、大乱終結への道は急速に進んだ。特に大内政弘が和平の要であるため、義政は政弘討伐を中止させた。そして中国・九州の諸将らには、

政弘と相談して「京都の時宜を伺うよう」に命じている（「大友家文書録」『政』六九四）。

そして、五月七日には西軍の将であった一色義直の子一色義春が義政のもとに出仕した（『親長』同日条）。これに際して義春には丹後一国が安堵されたが、隣国の若狭武田氏や細川政国らは、引き渡しを拒否したようだ（『大乗院』閏五月十五日）。彼らは少なくない犠牲を払って手に入れた権益を手放したくなかったのだ。さらに義春の帰参は別の問題を引き起こした。一色氏は大乱以前には伊勢守護であったが、義政はこれ以前に東軍方であった伊勢国司北畠政郷《まささと》に伊勢北方の支配を命じていた。帰参直後、義春にも同じく伊勢北方の支配を命じたのである。義春の代官が入部したことで、一色方と北畠方とが戦闘状態となった（同五月二十六日条）。この時、政郷は勝利したが、義政に反発して「西軍」へ帰属してしまう（同七月八日条）。もともと一色氏は伊勢守護であったから、義春への安堵は当然ではあるが、義直が西軍に属したため、それに対抗するために北畠家がその権益を得ていたのである（文明十一年に守護職は正式に北畠家より一色氏に補任される）。

西軍の大名・守護を赦免すると、それに伴って東軍方への恩賞や大乱以降の既得権益が侵害されることとなった。最終的な東西両軍和睦にはこの点の調整が必要だった。最悪の場合、義政の成敗に不満を持った東軍の大名家が離反する可能性もあったからである。義政がこれらを特に意識していた形跡はないが、全体的にみれば大きな問題は起きなかったようだ。

西軍諸将が義政への帰属を進めるなか、九月二十二日に大乱の根本ともいうべき畠山義就が河内に没落した（『長興』同日条）。河内畠山氏の家督問題が何一つ解決されないなか、彼は義政への御礼（帰参）を拒否したのである。そのため義政は義就を許さず、なお討伐命令を下している（「春日神社文書」

『政』七〇〇ほか)。

一方で政弘は、十月三日付で義政より周防・長門・筑前・豊前四ヶ国の守護職安堵の御判御教書を得た(「黒岡帯刀氏所蔵文書」『政』七〇二)。さらに、義政は政弘の従四位下、左京大夫叙任を執奏し、勅許を得た。政弘は文明元年七月九日に、すでに義視より左京大夫の推挙を得ていたが、これは天皇の勅許を得た正式なものではなかった。義視の推挙は名目的なものであり、正式な叙任はあくまでも室町殿の執奏が必要なのである。西軍の〝将軍〟義視の限界がみえるだろう。ただ、天皇は幕府が「毎時御無沙汰」であることを理由に一度その執奏を却下した。武家伝奏広橋兼顕が再度申し入れたことで政弘の叙任は勅許された(「兼顕」九月二十五日条)。

守護職安堵と左京大夫任官に対して政弘は義政に多額の御礼を行い、事実上西軍の陣営より離脱したのである。ただし、政弘本人が義政のもとに出向いたのではなく、伊勢貞宗を介して御礼を行っている(『長興』十一月六日条)。帰国後、改めて政弘は義政、富子らに御礼をしたが、この後も義政に直接対面することはなく、帰国して以降、二度と上洛することはなかった。

大乱、終結す

十一月十一日、大内政弘の西軍離脱に続いて能登守護畠山義統も京都を離れ本国能登に下国した。すでに義政との関係改善を進めていた義視も土岐成頼とともにその領国美濃に下向して京都を離れた。このように西軍の大名らはまとめて京都より離陣し、応仁元年(一四六七)より続き、京都に甚大な被害を与えた大乱は終結したのである(「兼顕」同日条ほか)。

大乱の終結(政弘ら西軍大名の赦免)については、富子が強く影響していたという。このころ富子は膨大な財産を持ち、その財産をもとに「大名・小名」に貸し付け利銭を稼いでいることが知られ

（『大乗院』七月二十九日）、実際に畠山義統には千貫文（約一億円）を貸し付けている。これらの貸し付けは西軍諸将の帰国費用に充てられたとみられている（田端二〇二二）。富子の財政支援により西軍の大名らも帰国する目途がついたのである。

西軍諸将の帰国にあたって西軍方の陣所が焼かれたが、この類火により仙洞御所が焼失してしまった（『長興』十一月十二日条）。ただ、内裏は無事だった。これは富子が政弘と事前に話をしておいたためとされる（「兼顕」十一月十二日条）。富子と政弘はこれ以前より通じており、実際の終結は両者が中心となっていたのだ（実際、帰国後の政弘は富子に「下国の時宜」について、別に御礼をしている〈『親元』文明十年七月二十五日条〉）。

翌十二日には義政は武家伝奏を派遣して後土御門天皇に大乱終結を報告した。そのうえで、留守中の内裏の警固の再開も申し入れ、内裏には検知のために勧修寺教秀《のりひで》らが派遣された（同十二日・十三日条）。そして二十日には公武が義政のもとに終結の祝いのために参賀した。義政はこれに先だって、東軍の諸将らに足軽《あしがる》運用を停止させているが（『山礼記』九月二十四日条）、戦闘の主力でありながらも各地に甚大な被害を与えた足軽は、平時体制に移行するなかで不必要なものであった。

さらに大乱終結にあたり、数年にわたり不在であった管領に畠山政長が再任された。細川勝元の後継者政元はまだ幼年であり、分裂した斯波氏も勢力を著しく低下していた。該当者は政長しかいなかった。管領職の再興は戦時体制から平時体制への移行を意味するものとされる（浜口二〇一八）。

もっとも、大乱の終結により京都、ひいては幕府が大乱以前の状態に回復したということではない。大乱終結後の様子について大乗院の尋尊は、多くの国は義政の下知に従わず、守護なども義政の下知に応じる体裁をとりつつも、実際はそれを無視するという状況となったと述べている（『大乗院』文明九年十二月十日条）。西軍の諸将は京都を下国したものの、一部は正式に赦免されたわけでもなく、義政の下知に応じる必要はなかった。室町殿の下知に応じることができる国も限定されるようになったのである。大乱自体は終結したが、もはや大乱前の秩序は簡単に修復できるものではなかったのだ。

義視の赦免

西軍諸将は京都を離れたが、問題はなお残されていた。義視である。大乱の終結後、義視は西軍の土岐成頼の領国美濃に嫡男義材や正親町三条公躬など一部の近臣とともに下国していた。実は義視はまだ義政より赦免されていたわけではなかった。さらに下向先である成頼も「御敵」のままであった。そのため、義政は翌十年（一四七八）二月に美濃の隣国信濃の小笠原家長《いえなが》に対して、成頼退治を命じている（『小笠原文書』『政』七一二）。

だが、六月になって成頼の重臣持是院妙椿の仲介により、義政と義視の和睦が進められた（『大乗院』六月二十六日条）。これをうけて義政は、義視と成頼、能登の畠山義統らを「御免」する御内書を発給した。ここに、両者の和睦が進むこととなる（同七月十七日条）。

この赦免の御内書をうけて、八月には義視に供奉していた伊勢貞職《さだもと》（伊勢貞藤の子）や成頼の使者斎藤康明《やすあき》、次いで能登より義統の使者が上洛して義政からの赦免について御礼を言上した（『大乗院』八月十五日、同二十四日条ほか）。義視の使者には、伊勢氏被官蜷川一族である蜷川親茂《ちかしげ》と祥雲院《しょううんいん》（蜷川親広《ちかひろ》舎弟）なども同道していた。貞藤父子のみならず、親茂などの伊勢氏被官出身の一部も義視に属して美濃で供奉していたようだ（『親元』八月二十一日条）。おそらく彼らはもともと貞藤に仕えていたのだろうが、彼ら伊勢家中の繋がりが義政と義視の和睦に一役買ったことであろう。なお貞藤・貞職はのちに帰京し、貞職は義政の御供衆になっている。

そして、同二十三日に応仁二年（一四六八）以来決裂していた義政と義視兄弟は、ここに正式に和解することとなった。ただし、義視はまだ美濃に在国しており（『長興』八月二十三日条）、実際に帰洛するのはまだ先のこととなる。義政は二十八日に義視、成頼、妙椿らに御内書を発給し、貞職はこの御内書や返礼の品を持って美濃に下向した（『親元』同日条）。また、能登の畠山義統は下国後、同族である管領畠山政長が仲介して赦免の御礼を行っている（同九月朔日条）。

これで西軍の大名・守護たちは畠山義就を除いて、すべて義政の「御免」を受けることとなった。これらの赦免はあくまでも将軍の義尚ではなく、室町殿義政が行ったものであった。また、葉室教忠など、義視に従った公家衆もこのころより段階的に復帰しはじめる（『公卿』）。

2　富子の政務代行と天皇の譲位問題

小川第の造営と室町第の焼失

義政はまだ大乱が続くなかの文明四年（一四七二）ころより、御所を新造しはじめた（『親長』八月十六日条）。これが当時「小川《こかわ》（河）殿《どの》」「小川御所」と呼ばれた小川第である。小川第は現在の宝鏡寺（京都市上京区）周辺に位置し、かつて細川京兆家の遊覧所であった。義政はそれを乱中より度々遊覧し、所望していた（『宣胤』文明十二年正月十日条）。義政は文明三年八月に富子との不和により細川勝元の新亭に移っているが（『宗賢』三日条）、同地であろう。なお、かつて義満の弟満詮の邸宅も「小川殿」（満詮の称号も「小川殿」）と呼ばれたが、この地は武者

小川第跡地周辺

小路にあるため（「吉田家日次記」応永十年十二月七日条）、立地は異なる。

新御所造営の背景には後土御門天皇も同居する室町第の手狭感もあろう。さらに義政が室町第内の七間御厩庭で犬追物を行った際に、天皇が同居するので「相応しくない」とされており（『長興』文明七年七月七日条）、武家文化との違いもあって何かと気遣いも必要であった。ただ何より、翌五年に義尚への将軍職移譲を計画するなかで、山荘計画は頓挫していた。いずれ室町第を義尚に移譲するかわりに、大御所となる自身の新たな御所が必要となったこともあるだろう。文明五年ころより度々新造御所に御成しはじめ、同年七月二十二日には御門の立柱上棟も行われている（『親元』同日条）。そして、同六年三月三日に移徙したのである（『言国』同日条）。

小川第に比重が移るなかの文明八年十一月十三日、室町第が焼失した。近所の土倉酒屋が焼失したことで、その火の粉が室町小路に面した四足門にそそぎ類焼したのである。畠山政長の軍勢が敵勢に備えるために、室町第東面に堀を構えていた時分であった。将軍御所の焼亡は尊氏時代に三度、三条坊門万里小路第以来であり、さらに類焼は今回がはじめてであったという（『長興』同日条）。

この焼失について記した史料に「幕府《ばくふ》室町亭《むろまちてい》火災記《かさいき》」（『蜷川』八八）がある。それによれば出火元は室町裏築地の土倉馬場与四郎《ばばよしろう》亭であり、その後、侍所所司代浦上則宗《のりむね》により検断が行われた。幕府の奉行人と細川政元の被官が現地を検封している。馬場の財物は普広院に寄進され、洛中の酒屋・土倉は火元であるが、過怠銭（罰金）三万疋（約三千万円）で還住が認められた。

義尚や富子は、この時義政が居住していた小川第に移った（『長興』同日条）。しかし、小川第は本来遊覧所という性格上、室町第に比べて狭小であり、義尚は近隣する北小路室町の伊勢亭へ暫時移住した（同十一月二十二日条）。これにより義政父子は別居することとなった（仮御所も「室町殿」と呼ばれる）。なお伊勢亭は室町第東に隣接する本来の北小路今出川の邸宅は大乱当初に焼失したため、北小路室町に移っていたようだ。室町第に仮寓していた天皇も同じく小川第に行幸したが、やはり手狭ということもあり、隣接する富子の母苗子の御座所であった北小路亭に移り、行在所としている（同十三日条）。

翌九年二月二十一日に小川第の常御所の立柱上棟が行われた（『長興』同日条）。この常御所は富子の在所「西御所」である。義政の居住する常御所は「東御所」と呼ばれた。その様相などについては、相阿弥《そうあみ》による「御飾記《おかざりき》」や「君台観左右帳記《くんだいかんそうちょうき》」などに記載される。このほかに、小川第には正門たる東門、中門、持仏堂、北向などがあったが、寝殿は造営されなかったようだ（『長興』文明十二年十二月二十日条）。小川第の一部はかつての高倉亭の一部が使用されている可能性も指摘される（宮上一九九五）。また、庭園の造営にはやはり河原者が登用された。義政の河原者は「御河原者」とされ、特別な河原者であった。彼らは新御所の樹木選定などにあたったのである（『山礼記』文明十二年二月十五日条ほか）。

このほか、義政が小川第を去り義尚が伊勢亭より移徙したのちの、文明十七年三月十二日には家督を象徴する重代の「御小袖」を安置する「御小袖間」も造立された（『政家』同日条）。これは別棟の小殿にあるものと推測されている（川上貢一九五八）。ただ、これ以前に同じく家督の象徴である「二銘」の太刀などは義尚のもとにあったようで（『宣胤』文明十二年十二月十四日条）、将軍家の家督を象徴する重代については、義尚への移譲が進められていたようだ。

義政の「室町」意識

小川第の造営が進むなかで、これまでの室町第が放棄されたわけではない。同十一年（一四七九）二月十三日には室町第の再建が開始された（『長興』同日条）。その際の造作奉行は結城政藤、下条政信《しもじょうまさのぶ》、杉原長恒《すぎはらながつね》らで、惣奉行は布施英基《ひでもと》と松田貞康《さだやす》であった。造立にあたって畠山政長が造営惣奉行となり、諸国に段銭が徴収された。大乱中に裏築地に立てられた民屋が壊され、立地を旧地に復するよう意識したものであった（『晴富』三月十五日条）。しかし、室町第の再建は容易でなかった。翌十二年四月一日に造営途中に再び焼失してしまったのである（『宣胤』同日条）。その後も再建が開始されたものの、造営の話題は一旦途切れてしまう。

それからしばらくたった文明十八年になって、義尚によって御所を高倉に造営することが決定し（『十輪』十一月一日条）、翌年正月四日に造営事始があった（『蔭凉』同日条）。当時の造営奉行結城政広《まさひろ》（政胤）は義尚の側近であった（同正月十日条）。

この地に義尚が御所を造営しようとしたのは、当時、室町第跡地が荒廃しており、夜盗がたむろするだけでなく、殺人や死体置き場、土一揆の陣所や博打が行われるなどして、不浄の地のようになっていたためである。穢れた土地に御所を造営することを義尚は嫌悪したのであろう。ところが、この計画に義政は難色を示した。義政は「当家は代々室町と号している。そのため花御所が将軍家の御所の地としてもっとも適当である（花の御所、御所の地としてしかるべし）」と述べたという（『蔭凉』長享二年二月十一日条）。つまり、義政は将軍家の御所の立地は室町第の旧地こそが正統であると認識していたのだ。義政にとって、称号の地である室町第は特別な場所で、いずれ再建されるべきものであった。だがその後、後述する近江親征もあったためか、高倉御所造営や室町第の再建が進められた形跡はない。義尚はしばらくそのまま伊勢亭を将軍御所（室町第）とすることとなる。

富子の政務代行

文明八年（一四七六）、「新将軍代」日野勝光の死によって政務代行者が不在となった。当時はまだ管領も補任されていないなか、新たに幕府政務を主導する人物が必要となった。それが、義政の御台所である富子である。

大乱の終結交渉が続く文明九年、義政は「公武上下昼夜大酒、」（『大乗院』文明九年七月二十九日条）という状態であったようだ。大乱終結が目前となった安堵感もあろうが、このころには「御台一天の御計」という状態であったという。富子は、室町殿御台所、かつ将軍の生母として、かつての義政の生母裏松重子同様に将軍権力を代行したのであった。富子執務の背景の第一は、勝光死後、公武における主導性を義政が再開しないことにあった。義視との和解交渉など大乱の終結にむけて何もしなかったわけではないが、義尚もまだ政務が行えないうえ、管領政治の復活もないなか、将軍家を代表して政務を代行できるのは御台所にして将軍生母である富子しかいなかった。もっとも、義政は文明六年時点ですでに政務に対して意欲が低下しており、これ以前より富子が代行していたようだ。

当時の富子の執政については、当時の武家伝奏広橋兼顕（綱光の子）の日記「兼顕卿記」（暦記含む）

に詳しい。同記を中心に、いくつかその事例をみてみよう。

文明十年七月に山城国内の寺社本所領に対して年貢の五分の一を幕府の御公用として徴収することになった（『大乗院』七月十一日条）。その免除について各方面よりの歎願を受け付けた兼顕が免除申請を申し入れたのは義政ではなく富子であった。富子は返答を保留したものの、各所よりの歎願が続いたことにより、最終的には徴収は停止されることとなった（「兼顕」八月十八日条）。つまり、この徴収を進めたのは義政ではなく富子であったこととなる。富子は義政に替わって幕府財政の再建に乗りだそうとしていたのであった。ただし、これは当初管領で山城守護の畠山政長も関わっており、富子が管領政長と談合のうえで、進めようとしたことがうかがえる。

これだけではない。兼顕は南都の東北院俊円《しゅんえん》が申請する仏地院領安堵の御判や、浄土寺門跡政禅《せいぜん》の継目安堵の御内書、各種の審議や奉行人奉書発給について、やはり義政ではなく富子に申し入れている（七月二十六日条）。富子はそれぞれの案件について承諾したが、継目安堵の御内書については義政による自筆であるべきだが、「自筆は現在は難しい」として奉行衆が右筆する旨を兼顕に伝えている（同二十九日条）。

さらに富子は兼顕の南都伝奏人事や、西軍を支持した前東大寺別当公恵《こうえ》の赦免についても関与した。公恵赦免では、その有無を富子が義政に確認しているが（八月十五日）、この時は義政が「緩怠比類無し」として赦免を認めなかったため、成就しなかった。富子はここでは仲介者として義政へ披露することはできるが、伝奏の人事や赦免の有無の権限はなお義政のもとにあったのである。

また、大名関係でも富子は様々な調整を行った。例えば、三河国をめぐる不満により幕府に出仕しなかった細川成之に対して、富子は義政の上意を伝えるため直接成之亭に赴き、説得にあたっている（『親元』文明十年二月二十七日条）。この結果、成之は翌日の細川亭御成より出仕を再開している。さらに家督をめぐって分裂していた京極氏についても、もと西軍方であった京極高清《たかきよ》の赦免について、富子の指示により伊勢貞宗が御内書の調進を行っている（同十月二十二日条ほか）。富子は義政と大名との調整役としても機能していたのである。

このような諸問題において、多くの場合、義政や富子への申し入れ（またはその下達）は女房衆が申次とつとめた。特に富子には民部卿局らが側近としており、彼女が外部との申次や富子の奉書発給など大きな役割を担っており、富子の権力を支えていた（田端一九九八）。

以上の一部の事例からも、富子が人事関与や、政務を差配していたことがわかろう。だからといって彼女が、勝光のように義政に代わって安堵状などの公文書を発給することはなかった点は注目される。御内書や奉行人奉書などの発給を指示することはできるが、それを代行する文書を発給する権限はなかった（義政はこの文明九年以降も御内書、御判御教書を発給）。また、富子が判断を伺うのが義政であったことからわかるように、あくまでも最終的な責任者は義政であった（鳥居一九八七）。富子の権限は義政の代行であって義尚の代行ではなかったが、勝光の延長とみることができる。

義尚の御台所候補

義尚の将軍就任早々、義尚の御台所の選定も進められていた。文明六年（一四七四）に関白二条政嗣の息女（生母は御供衆細川教春）が富子の猶子となったが、これは義尚の御台所にする準備であったという（『大乗院』文明六年五月四日条）。その後も度々富子は摂関家の子女を猶子としている（同文明十四年十二月三日条ほか）。

この当時、日野勝光は健在であり、二条家の息女が勝光の猶子となっても不思議ではないだろう。ただこれは二条家（摂関家）と日野家（名家）との家格の問題もあり、むずかしかったかもしれない。富子であれば室町殿の御台所という立場であり、その猶子であれば摂関家の息女でも問題はなかったのだろう。実際に当時、この猶子関係について特に疑問は持たれていない。

注目されるのは富子が日野家の血を引かない御台所の誕生を容認しようとしたことである。富子の猶子とはいえ二条家の息女が御台所となった場合、これまでの外戚の立場が日野家から二条家に移る可能性もあった。二条家は義満を扶持した二条良基《よしもと》以来、将軍家と密接な関係を築いてきた公家衆であり、家格を含めて将軍家の御台所となるのに何も不足はない。もちろん、富子の猶子ということで形式上は日野家より輩出したこととなるだろうが、仮に両者に男子が誕生し、その男子が将軍家を継承した場合、外戚が実家の二条家に移ることになりかねない。それでも富子が進めたのは、二条家という公家社会の貴種より御台所を迎え、義尚の権威向上を図ろうとしたと理解できよう。義尚のためであれば、富子にとっては外戚日野家の地位は二の次であったのだろう。その後、その男子が日野家より御台所を迎えれば日野家の外戚の地位は維持されるだろうが。

一連の猶子問題については義政の姿はみえないため、基本的には御台所候補の選定は御台所にあったこともわかる。義政自身がどのようにこの件を考えていたかはわからないが、この計画は幻に終わった。政嗣息女は夭折したのだろう。結局、文明十二年四月十四日に富子の姪にあたる兄日野勝光の娘（祥雲院《しょううんいん》）が義尚の御台所となった（『大乗院』四月十五日条）。もし二条家の姫との婚姻が成立していたならば、戦国期に第十二代将軍義晴の御台所を輩出した近衛家に先んじて、公武の頂点である将軍家と摂関家とが結ばれていただろう。

天皇の譲位問題

文明十年（一四七八）三月、後土御門天皇は譲位を望んだ。これ以前、後花園法皇の崩御後に天皇は譲位の意向を示していたことがあるが、今回は皇女真乗院《しんじょういん》の宮《みや》の入寺に関する費用難を原因として、譲位を決断しようとしたのだ。

当時、富子が朝廷への経済支援を行っていたが（『実隆』『親長』文明八年三月八日条ほか）、この件はその富子が天皇に入寺に関する金銭の支援を求めたことにはじまった。天皇は禁裏御料所よりの公用が不足していることを理由に援助を躊躇し、幕府より禁裏御料所を回復するように依頼したのだが、当時富子は「人々（大名・守護ら）は（幕府の）命令に従わない」として、これを拒絶したのである。これをきっかけに天皇は譲位の意向を示し、それを甘露寺親長ら廷臣に諮ったが、概ね彼らは譲位に否定的な意見であった（『親長』三月十六日条）。

六月には武家伝奏の広橋兼顕と勧修寺教秀が富子へ譲位についての勅書を披露している。兼顕と教秀は当初、天皇の勅書を伝えるかどうか迷ったようだが、これは義政と富子が当時不和にあるなかで、このような問題を申し入れることで義政らの不興を買うことを恐れたのであった（「兼顕」六月二日条）。富子は披露をうけて、「これは重事なので、直接義政へ申し入れるように」と述べている（同六月七日条）。次いで義政に披露したところ、義政は天皇の譲位について思案のうえ、兼顕に対して伊勢貞宗と談合するように指示をした。さらに貞宗と兼顕の所存に任せて返事を作成するように指示したのである（同六月十一日条）。結局、この時義政は天皇の譲位を承諾しなかったが、代わりに禁裏御料所の回復に尽力することを申し出て、天皇を宥めようとしたようだ（「兼暦記」八月四日条）。

義政らが当時天皇の譲位に否定的であったのは、何より経済難のためであろう。幕府の所領回復の命令をなかなか実行しない大名・守護が多いなかでは多額の費用が必要となる皇位をめぐる一連の儀式（新帝の践祚、即位式、大嘗会）は大きな負担であった。さらに焼失した仙洞御所の造営も不可欠であった。大乱は終結したものの内裏への還幸もままならないなかで、譲位は現実的ではない。皇儲《こうちょ》（皇位継承者、この時代に「皇太子」はいない）の皇子勝仁（のち後柏原天皇）は当時十五歳であり皇位継承は不可能ではないが、親王宣下も元服も未だ行っていない状況である。そのため、廷臣の親長はこれをきっかけに、「武家と不快となると大儀は成就できず、天下に嘲哢される」として、将軍家とのトラブルを避けるように天皇に再考を促したのである。

この後も実際に禁裏御料所の回復が進まなかったため、天皇の譲位意向は解消せず、十月にも「遁《とん》世《せい》（＝出家）」を望んだ。だが、これも周囲によって止められている。特に「武家御不快」が理由であったというから（『長興』十月十六日条）、義政は天皇の言動に対して不満をもったようだ。だが、天皇が遁世する件については、特に義政の「御仰天」もなかったというから（「兼顕」十月十五日条）、義政は度々譲位意向を示す天皇に対して呆れ果てて、無関心となっていったのだろう。これに対して武家伝奏らは富子を頼り、事態の解決を図っている。文明十二年には禁裏御料所代官職をめぐる義政と天皇との不和の際にも、天皇は面目を失うことになれば隠居すると、義政に強引に迫っている（『大乗院』五月十七日条）。

天皇の内裏還幸

義政による将軍御所造営が進む一方で、後土御門天皇は北小路亭をなお行在所としていた。大乱も終わり、「天下が静謐したので、節会などがもっともなように行われるべきだが、北小路亭は皇居としては手狭であった」ため、儀式も先例に沿うことが出来ずにいた（『親長』文明十年正月一日条）。この同十年には内裏御修理を名分に京都七口（東三条《ひがしさんじょう》、伏見、鳥《と》羽《ば》、七条丹波《しちじょうたんば》、長坂《ながさか》、鞍馬《くらま》、大原《おおはら》）に新関が設置されているが（『大乗院』正月十一日条）、七口の関をめぐっては山城の国人らの反発を招いたため、同十二年九月には関の撤廃を求める土一揆が蜂起している（『大乗院』九月十六日条）。「莫大の公用が納められたが、内裏の修理については有名無実」とされており、実際には内裏修理のためではなく、富子のものとなっていたようだ。

しかし、北小路亭も文明十一年（一四七九）七月一日夜に焼失してしまった（『政家』同日条ほか）。そのため天皇は安禅寺《あんぜんじ》に避難し、次いで富子の申し出により聖寿寺《せいじゅじ》を経て、十一日に日野亭に行在所を移した（『お湯』七日条ほか）。この時も天皇の譲位が話題となっているが、富子がこれを期に皇位を改めると考えているとの噂が流れている（『十輪』七月五日条）。この間、義政と天皇との間は「不快」であったというが（『政家』七日条）、譲位問題だけではなく、いつまでも内裏に還幸できない天皇とその在所をめぐる意見の相違もあったのだろう。

そして、九月になって翌十月の内裏への還幸が決まる（『政家』九月二十七日）。これはしつこく譲位を示唆する天皇に対して、義政が少しでもそれを宥める意味もあろう。ちょうどこのころ、故大内教弘の従三位贈位について、一条兼良が義政に諮らず、朝廷独自で進めようとしたが、天皇はこれに対して「武家執奏によるべきだ」として勅許しなかったことがあった（『晴富』九月二十九日条）。通常、武家の任官に関する執奏は室町殿の専権事項であるが、この権限に天皇が直接介入する事態を避けたいということと、内裏遷幸が進もうとしているなかで義政の不快を招くようなことをしたくなかったことも背景にあろう（教弘の贈位はのちに武家執奏により勅許される）。

内裏還幸は一時延期されたが、十二月七日夜になってやっと還幸することができた（『お湯』同日条ほか）。応仁元年（一四六七）の室町第臨幸より実に十数年ぶりの還幸であった。義政は九日になって還幸の御礼として天皇に太刀と馬を献じた。天皇よりは同じく太刀と馬が下賜された。

翌十二年正月朔日には内裏にて四方拝も行われた。しかし、節会については義政が申し入れたものの、装束がなかったために行われなかったという（『長興』同日条）。本来であれば義政（幕府）が用意（金銭負担）すべきだが、それもままならなかったのだろう。

皇儲勝仁親王の元服と義政

文明十二年（一四八〇）末には親王宣下を終えた勝仁親王の元服が小川第にて行われた。この際、加冠役を務めたのが義政であった（『長興』十二月二十日条）。

室町殿が皇儲の加冠役を務めるのは、応永十八年（一四一一）に義持が加冠役を務めた躬仁《みひと》親王（のち称光天皇）の元服以来であった（『兼宣』十一月十八日条）。かつて義満は後小松天皇の理髪役、義教が後花園天皇の理髪役を務めているが、ともに即位後の元服であり、さらに加冠役ではない。皇儲への加冠は皇太子の教育係である「東宮傅《とうぐうのふ》」に準じたものとされる（石原二〇〇七）。さらに将軍家の御所で皇儲が元服したことは初例であった。そもそも、この元服は譲位を求める天皇に対して、まず現状では譲位が「大儀」であること、また、天皇即位後の元服となっても「大儀」であるとして、譲位する前に皇儲の勝仁親王（当時は王）の元服を優先するよう義政が申し入れたため行われたものであった（『親長』十二月二十日条）。

特にこの元服で義政を加冠役とするのは天皇の意向であった（『政家』十一月二十八日条）。今回、室町殿義政が加冠役を務めたことで、室町殿が次代天皇の後見役を務めることが改めて求められたといえる。また、義持が加冠役を務めた称光天皇は元服の翌年に後小松天皇より譲位されたことから、今回の元服は天皇による譲位にむけた布石でもあったことは相違ない。ただ義政の当初の意識としては、譲位を引き延ばすための方便のつもりであったのだろう。

　実際、天皇主導の元服は通常の皇儲の元服より省略されたうえ、その費用は「公家御要脚」より賄われ、幕府としては費用負担しなかった。終了後に富子が八千疋を進上して、これに代えているが、四方拝ともども、幕府による経済支援はみえなくなっていったといえる。義政はその後も譲位を望む天皇を支持せず、明応九年（一五〇〇）の崩御まで天皇は在位したままであった。これにより、文明二年の後花園法皇の崩御から、天正《てんしょう》十四年（一五八六）に当時の正親町天皇《おおぎまちてんのう》が後陽成天皇《ごようぜいてんのう》に譲位するまでの約百十年間、天皇は譲位できず上皇不在の時代が続くこととなる。

　義政は後花園天皇とは昵懇関係を築いたが、後土御門天皇に対しては度々意識の齟齬がみられ、それほどの関係を築かなかったのだろう。なお、室町殿がこれ以降、皇儲ないしは天皇の元服において加冠役や理髪役を務めることはなかったため、室町殿として天皇家の元服諸役をつとめたのは義政が最後となった。

大乱中、大乱後の文芸活動

　大乱中も義政は連歌会や詠歌をやめなかった。大乱発生直後の八月には百韻連歌会を行っているが、その後も頻繁に開催しており、停止されることはなかった。そのなかで、義政の詠歌と後花園法皇が互いに添削を行うなど（『後鑑』所収「愚句」『親長』文明二年十一月二十五日）、これまでの文芸における公武協調は継続されていた。

将軍職を移譲した文明六年（一四七四）以降、義政は度々三条西実隆《さんじょうにしさねたか》に対して、歌集の書写を命じている。その一部をみると、同年八月には「林葉集《りんようしゅう》」・「俊恵集《しゅんえしゅう》」を（『実隆』一日条）、十一月には「続後拾遺集《しょくごしゅういしゅう》」を（同三日条）、翌七年五月には、「殷福門院大輔集《いんふくもんいんたいふしゅう》」・「道因法師集《どういんほうししゅう》」・「寂然法師集《じゃくねんほうししゅう》」を（同二十二日条）、同年十一月には「伊勢大輔集《いせのたいふしゅう》」・「出羽弁集《でわのべんしゅう》」・「康資王母《やすすけおうはは》（四条宮筑前《しじょうのみやちくぜん》）集《しゅう》」・「四条宮主殿集《しじょうのみやとのもしゅう》」などの歌集の書写を命じた（同二十日条）。さらに翌年五月には「北院御室《きたいんおむろ》集《しゅう》」・「澄覚法親王集《ちょうかくほっしんのうしゅう》」・「貞甚法師集《じょうじんほうししゅう》」・「拾藻鈔《しゅうもしょう》」の書写を命じている（同十九日条）。ただ、この一部は文明八年の室町第の焼失にともなって焼失したため、再度の書写を命じている（同文明九年二月二日条）。また、書写を求めたのは実隆に限らず、松木宗綱《まつのきむねつな》には「源氏物語歌合《げんじものがたりうたあわせ》」や「狭衣《さごろも》歌合《うたあわせ》」・「君臣歌合《くんしんうたあわせ》」・「承保三年九月殿上歌合《しょうほうさんねんくがつてんじょううたあわせ》」などの書写を命じている（「兼顕」文明九年六月三日条ほか）。義政が書写を命じたのはこれらに限定されないが、「歌人将軍」らしく、歌集の収集に積極的であったといえるだろう。

大乱後をみると、義政は文明十三年正月に公武が参加する外様月次和歌会《とざまつきなみわかかい》の復興を進言している（『親長』七日条）。この和歌会は大乱以前に後花園天皇により公武統一を象徴するために開催されたものであった。これは一度は復興されたが、翌年には廷臣らによる内々の和歌御会が復興し、外様の和歌会は停止した。直接的には御詠の添削者であった飛鳥井雅康の突然の出奔により、御詠の質が保てなくなったことで、天皇が歌会にて御詠を下さなくなったことが要因であった（川上一二〇二〇）。これがそのまま復活しなかったのは後土御門天皇が公武統一の和歌会の継続に消極的であったためとみられている（小森二〇一〇）。その後も義政は将軍家主導で行われてきた「初度」晴和歌御会の開催を天皇に請願したが、これも禁裏御料所未進などを理由として中止された。天皇は公家単独での和歌会を優先したのである。将軍家の禁裏文芸への影響力低下の要因は、禁裏御料所やこれ以前の譲位問題をめぐる、義政と天皇との個人的な乖離関係も影響しているだろう。この時代、公武協調の和歌会は終焉することとなったのである。

大乱中の対外貿易

大乱が目前に迫る文明八年（一四七六）、第三回目の遣明船が派遣された。計画は前年に決定し、国書が作成された。正使は竺芳妙茂《じくほうみょうも》で、明への輸出品としては、馬、硫黄や瑪瑙、刀剣や鎧などの武具、屏風や扇などであった。対して義政は明には銅銭と書籍を求めたが、そこでは、前回の遣明船の成果は途中盗難にあったこともあって少なく、使者が無事に生還しただけに終わったとして、今回改めて勘合を求めたのであった。特に銅銭は戦乱による銅銭不足により、永楽の先例により銅銭を求めることと、書籍は兵火により焼失したとして、「仏祖統記《ぶっそとうき》」以下、十二種の書籍を特に求めたのであった（「善隣国宝記」）。実はこれ以前の文明六年には李氏朝《りしちょう》鮮《せん》の王成宗《せいそう》に対して、勘合符が盗賊に奪われたとの理由で、勘合符が下されるよう仲介を依頼していた（「善隣国宝記」『政』六七七）。ただ、これが成功したのかは定かではない。

さて、遣明船が出発したのは、翌八年四月十一日である（『大乗院』四月二十八日条）。ただし、以前と異なり、今回は博多ではなく堺より出港している。前回同様に遣明船は三隻であった（「成宗大王実録」）。なおこの時の道中日記として用林梵材《ようりんぼんざい》による「三国甕天録《さんごくおうてんろく》」が残る。

今回の派遣では、目的の銭は五万文、書籍の収穫を得た。さらに義政には銀二百両、錦ほかの織物、富子には銀百両ほか、織物などが明の成化帝《せいかてい》より下賜された（「続善隣国宝記」）。成化帝の返書やそれらの成果を携えて正使らが帰朝したのは、大乱が終結した後の文明十年十月二十九日である（『蔭凉』文明十八年五月二十九日条）。

ところで、日明貿易と並ぶ貿易対象に朝鮮があった。当時、朝鮮は李氏の王朝下であったが、その通交は義満時代の明徳三年（一三九二）に開始した。そして義満以降、日本は朝鮮との貿易を行ったが、日明貿易との大きな相違点は、朝貢貿易である明と異なり、同じ明から冊封された「王」同士ということで、勘合貿易が行われなかったことにある。さらに貿易の主体が将軍（日本国王）に限定されず、細川、畠山氏をはじめ、特に大内や少弐、大友、島津などの西国守護や商人などが、朝鮮王に申請して勘合符を得ることで独自に貿易することが可能であった。幕府では対馬の宗氏を介在として貿易を行ったが、特に朝鮮には大蔵経《だいぞうきょう》（高麗版大蔵経）を求めたことが知られる。

義政時代をみれば、康正元年（一四五五）に日本と朝鮮との通交を担った宗成職《そうしげもと》を対馬より京都に召して明や朝鮮の様子を聞いたようだが（「宗氏世系私記」）、親政を始動するなかで対外情報を得ようとしたのだろう。その翌年三月以前に義政は国書を送り通交している（「善隣国宝記」『政』六二）。その後、頻繁に大蔵経を求める大名・守護、寺社などの要望により幕府の使者を派遣したり（『蔭凉』長禄二年六月二十一日条ほか）、貿易のために勘合符を下賜したりした（同長禄三年八月二十日条ほか）。そのため、将軍の使いである日本国王使は、実際には将軍のメッセンジャーたりえない存在と評価されている（橋本二〇一四）。

大乱が始まると、幕府と朝鮮との貿易は一時的に停止するが、そのなかでも文明二年に第九代王の成宗《せいそう》の即位（成化五年〈一四六九〉即位）を賀す国書を発給し、早速通交している（「善隣国宝記」『政』

五二五）。ただ、成宗即位の前年には睿宗《えいそう》の即位もあったが短命（成化四年〔一四六八〕、翌年崩御）に終わったこともあってか通交していない。もちろん、大乱による情報不足もあろう。

ところが、その翌年に朝鮮は日本との貿易を制限した（「成宗大王実録」）。それは細川氏や伊勢氏などの使者を偽装する日本人による違法商売が原因であった。当時、日本国王使や王城大臣（幕府有力大名）使を偽称する偽使が横行していたのだ（橋本一九九七）。そこで義政は文明四年になって、このような行為を謝罪するとともに、実際の発案が誰であったのかは不明だが、確かな交易のために日明の勘合貿易に倣って、符験制の制定を打診したのである（「善隣国宝記」『政』六四八）。文明六年に朝鮮より返書があり、義政の要望を受け入れて象牙による符十枚が渡された（「続善隣国宝記」）。これにより、日本国王と朝鮮国王との貿易では割符である牙符（象牙符）が使用されることとなったが、牙符は大名たちには下賜されることはなく、幕府が独占して使用したのである。

3　都鄙合体と義政の出奔

大乱後の大名・守護

大乱が終結した後も大名・守護らの在京は継続していた。そして、義政も彼らの在京・在国をなお管理していた（上田二〇一三）。だが、義政と大名との関係は改善されたわけではなかった。文明十年（一四七八）七月には「聞いていない」「病気」などを理由に義政の御成に供奉しないこともみられた（『親元』七月十五日条）。義政が大名・守護らの態度に強く不満を持ったことは容易に想像できる。ただ、翌十一年正月一日、管領畠山政長ら大名たちが義政のもとに出仕したが、これは「一乱以後初度の出立ち」であったという（『長興』同日条）。

ところがこの年の八月、義政は赤松政則の出仕を停止させ、八朔の御礼進物の受け取りを拒否した。これは政則が、播磨・備前・美作三ヶ国の寺社本所領の返還を難渋したことが原因であった。義政は大乱中に兵粮料所としたり、大名・守護らが戦乱のなかで荘園などを押領していたこともあって、大乱も落ち着き始めた三月になって、徳政の意味も込めて寺社本所領還付を開始していたのである（「東福寺文書」『政』七一四ほか）。これを聞いた壬生晴富は、「諸家も従っていないのに、赤松だけがこのような処罰を受けるのはなぜだろう」と懐疑的に述べている（『晴富』八月一日条）。

政則のほうにも理由はあろう。播磨以下三ヶ国は赤松惣領家の本領であるが、嘉吉の乱以降、つい先頃までは山名一族が守護として実行支配しており、政則の支配もまだ完全な状態に戻っていなかった。実際に十月には領内が「物忩《ぶっそう》」ということで義政に暇乞《いとまご》いもせずに播磨に下向している（『晴富』十月二十二日条）。赤松氏は旧領内での山名氏の影響力を排除するだけではなく、山名氏の本領である因幡や伯耆へも反山名勢力を支援したのである。その後、文明十三年には山城の守護職を畠山政長より政則に改替しようとしたが、これも国内の乱を理由に辞退している（『親元』十月八日条）。政則にとって、在京による幕府への奉仕より旧領の支配権回復が優先されたのだ。

そのなかで義政は、寺社本所領還付を出仕の条件とし、それを行わない大名・守護らに厳格に対応しようとした。文明十二年には、義政は出仕した人々との対面を認めなかったうえ、一切の話しを聞かなかったという。その理由は「大名・守護たちが大乱以来、一向に上意に応じないで、寺社本所領を押妨し、幕府がそれを御成敗したものの承引せず、勝手に振る舞っているので、御腹立ちしているため」という（『長興』三月二十一日条）。このような義政の不満は、言い換えれば義政は親政開始より進めた寺社本所の保護という政策において、大乱後も妥協しない意思を持っていたためといえる。義政は大乱で動揺した旧来秩序の回復を目指したのである。

だが、山名氏が領国内での混乱鎮圧のために因幡に下国しようとした際に、富子が引き留めを図っているが、在京の代償として但馬国内の寺社本所領をすべて山名氏に与えようとしている（『大乗院』文明十一年九月二十三日条）。これは義政が進める寺社本所領還付と矛盾する行為であるが、寺社本所領還付よりも大名の在京が優先されたとみられる。その後も山名氏と赤松氏との抗争は続いたため、四職家である両家の在京活動はより停滞することとなった。

ただ、文明十二年三月に朝廷で行われた県召《あがためしの》除目《じもく》は、幕府が一国二千疋（約二百万円）の国役を徴収して実行させたものであった。この時の除目によって義尚が権大納言に昇進することもあり、義政が沙汰したのである（『長興』三月二十六日・二十九日）。すでに大名・守護らは義政の命を真剣に聞くことはなかったが、だからといってむやみに国役を拒否したわけでもなかったのだ。

都鄙御合体

京都での大乱は終結したものの、関東ではなお享徳の乱は終結していなかった。実はこれ以前より古河公方足利成氏は幕府との和睦を進めていた。西軍の斯波義廉、畠山義就、山名持豊は応仁二年（一四六八）四月ころに成氏からの和睦申請について「申沙汰（取り計らい）」すると返信しており（足利成氏書状写「正木文書」『戦古』一五二）、両者間で和睦交渉が進められていたことがわかる。そして、閏十月には京都より和睦について「御教書」も到来している（「那須文書」『戦古』一五七）。ただ、この交渉には義政が関与していないことはもとより、義視も西軍に与同する以前である。成氏は義政ではなく義視と交渉していたとされるが（家永二〇一一）、現状では容易に判断できないとも指摘される（杉山二〇一八）。ただ、義政との和睦ではないため、もし、成立したとしても義政や上杉方との敵対関係が解消されるわけではない。

京都での戦乱が続くなか、再び義政が関東に目をむけたのは文明三年（一四七一）であった。成氏方の有力与党であった下野の小山持政《おやまもちまさ》や常陸の小田光重《おだみつしげ》が上杉方に帰参したのである（「昔御内書符案」『政』五四二）。ちょうど朝倉孝景や畠山義統らの内応工作を行っている最中であり、上杉方の諸将に対して御内書を複数発給して、軍事指示や改めての忠節を求めたのである。また、その後も文明五年には義政は足利政知に対して伊勢神宮内宮《ないくう》造営費用の関東分国の未進分納入を命じるなど（「内宮引付」『政』六六三）、鎌倉公方としての役割を期待していた。

和睦交渉は京都での大乱も一段落したことで進展した。関東では文明十年に成氏と上杉方との和睦が成立した。その後、成氏は関東管領上杉顕定の実父で越後守護上杉房定《ふささだ》を通じて幕府へ和睦を申請した。和睦交渉における幕府側の窓口となったのは細川政元であった（「足利成氏書状案」『蜷川』一〇四、一〇七）。政元の父勝元はかつて成氏に対して強硬な態度で接していたが、成氏はこれまで対関東政策を担ってきた京兆家の政元を和睦推進の窓口として期待したのである。また、顕定との和睦により、成氏はそれまで使用してきた「享徳」年号の使用を止めた。これは幕府との和睦を強く意識してのことだろう。だが、この時の交渉はあまり進展しなかった。

幕府と成氏との和睦がさらに進展したのが文明十二年であった。成氏は旗下にあった長尾景春《ながおかげはる》を通して堀越公方家の重臣上杉政憲に交渉の取次を期待した。これをうけて政憲は幕府への取次役として政元に対して和睦を取り計らうよう求めている（「上杉政憲書状案」『蜷川』一〇四）。政憲の兄は義政の御部屋衆で義尚の申次をつとめた一色政熙であり（「長禄二年以来申次記」ほか）、義政周辺と繋がりがあった。この繋がりも期待されたのであろう。一方の関東方では房定を中心に堀越公方家の重臣らも加えながら和睦交渉が進められた。ただ、この当時政元は十五歳であったため、典厩家の細川政国が後見役として実交渉を担ったとみられている（杉山二〇一八）。

これらの交渉は義政の側近筆頭たる伊勢貞宗にも伝えられたが、最終的な合意はさらに遅れ文明十四年であった。義政は十一月二十七日付で成氏に対して、次の赦免の御内書を送った（「喜連川文書」『政』七七二）。なお、本来左兵衛督であった成氏の官途が、この宛所では「左兵衛佐」となっているのは、政知が鎌倉公方として左兵衛督となっていたためである。

和睦の事、連々懇望の旨、上杉民部大輔《みんぶのたいふ》房定注進致すの間、子細あるべからず候、次いで政知事、不足なきの様申し合せ候の由、同じく房定申し候、然るべく候、よって状件のごとし、

十一月二十七日　（花押）

（足利成氏）
左兵衛佐殿

口語訳：和睦の事を連々と懇望するとのことを上杉房定が注進したので、これに子細はない。次に政知のことは不足がないように相談するようにとのことを、同じく房定が申している。もっともである。よって以上の通り。

これにより享徳三年（一四五四）より約二十八年間続いた享徳の乱が終結したのだ（都鄙御合体《とひごがったい》）。

政知の処遇

義政は足利成氏との和睦により享徳の乱の終息を果たすことができたが、右の御内書にも記されているように、この和睦で問題となったのは堀越公方足利政知の処遇である。政知にとってこの和睦には何ら利点はない。成氏を赦免するということは、成氏を唯一の鎌倉公方として公認することであり、正統な鎌倉公方として派遣されたはずの政知の立場を否定するものであった。だが、政知の重臣であるはずの上杉政憲も和睦交渉に関わったように、政知の地位はすでに風前の灯であった。関東の戦乱の終結は政知の犠牲のうえに成立したといえるだろう。

伊勢貞宗や細川政元、管領の畠山政長らより仲介者の上杉房定に対しても政知の処遇についてその旨が伝えられた（「喜連川文書」・「上杉家譜」）。成氏は政知のために鎌倉公方の御料所を分けることを提案したようだ。さらに政知の御料所として伊豆一国を進上することも話し合われた。しかし、伊豆国はもともと関東管領山内上杉氏が守護を務める領国であり、顕定との調整も必要となったが、顕定の実父房定が取りまとめた結果（「諸状案文」）、政知は鎌倉公方ではなく、将軍連枝の一人として伊豆国の国主（「豆州主君」）となったのである。

ところで、義政と成氏が和睦したとはいっても、鎌倉公方、それを補佐する関東管領という従来の鎌倉府体制が復活したわけではない。成氏は鎌倉に復帰しなかったし、義政や幕府の統制下に入ったわけでもない。結局、二十年以上に及ぶ乱の終結は義政・幕府にとっては具体的には成果のないもので、失敗といえるものであった。義政はこの和睦以降、関東に関与することがほとんどなくなるが、関東に関心がなくなったのであろう。

この和睦は別の影響もあった。京都と関東の関係が一応平静になったこともあってか、文明十五年（一四八三）には奥羽の伊達《だて》成宗《しげむね》が数百匹の馬を引き連れ上洛してきたのである（『親長』十日条ほか）。成宗の父伊達持宗《もちむね》も寛正三年（一四六二）に上洛しており、父子二代にわたって上洛したのだった。これ以前の文明十年には南陸奥会津（福島県会津若松市）の蘆名盛政《あしなもりまさ》より進物があったものの、当人の上洛はなかった（『親元』文明十年七月十六日条）。成宗は上洛するとまず取次であった細川政国を訪問し、次いで東山の義政、さらに義尚、貞宗、日野富子、政元らのもとに出仕して御礼し、太刀、馬、砂金など、大量の贈りものを進呈している。成宗が引き連れてきた馬は各所に配分されたようだ（『実隆』文明十五年十一月二日条）。「重編応仁記《ちょうへんおうにんき》」では、「近年は、近国の諸侯も上洛しなくなっているのに、わざわざ将軍家のために上洛したことは奇特であると評判になっている」と記している。遠国から大勢による上洛があったことは義政や京都の人々にとって、列島の東西が平静となったことを意識させるに十分であっただろう。

「御方御所」義尚

都鄙合体において幕府を代表したのは将軍である義尚ではなく、室町殿義政であった。文明九年（一四七七）正月六日に、義尚は従三位に昇叙されたが、その位記は伊勢亭に仮寓していた義尚のもとではなく小川第にいた義政のもとに届けられている。義尚は位記を受け取りに伊勢亭より小川第へ赴いたのである（『長興』同日条）。この叙位は事実上義政らが執り行ったもので、義尚がいまだ政治権力としても自立しておらず、義政らの庇護下にまだあったといえるだろう。

また、文明十一年八月には義尚祗候の夏阿弥《かあみ》が義政祗候の番匠《ばんしょう》棟梁《とうりょう》を殴打する事件があった。義政は加害者である夏阿弥に生害を命じ、所司代浦上則宗を派遣して捕縛しようとしたが、すでに夏阿弥は義尚の支援により若狭に逐電したあとであったという(『晴富』十二日条)。基本的には義尚付であろうとも、直臣の進退について義政が掌握していたことがわかる。

そして、天皇の還幸に先立つ同年十一月二十二日、十五歳の義尚は北小路室町の伊勢亭を「室町御所」として、管領畠山政長の出仕のうえで、御判始、御評定始、御沙汰始を行った(『長興』同日条)。義尚の御判は元服のときと同じく義持を先例として、当初より武家様花押ではなく公家様花押とされた(義尚は当時参議兼左近衛中将)。おそらく、これは元服と同様に義政が推進したことだろう。

ここでも義政が義尚の先例として義持をもってきたことに注目されよう。この義尚の御判始の吉書も義政同様に石清水八幡宮に出されているが、この時の義尚花押は義政花押とほぼ同型であり、義政が代筆したものとも指摘されている(重永一九七五)。これを否定する意見もあるが(上島二〇〇四)、義尚に自律性がまだなかったことに相違ない。さらに義尚の御判始については、大乗院の尋尊は「天下静謐としては心許ない」と述べるなど(『大乗院』十一月二日条)、義尚の御判始は治世の開始ではなく、単に儀礼的なものに留まるものであった(井上二〇〇一)。

ところでこの御判始に先だって、政長は管領職の辞意を示した。これは義政のときと同様に、親政開始を意味するものであろう。そこで、細川政元に対して管領就任について内々に図られたが、これも辞退された(『大乗院』十一月二日条)。管領不在の御判始は先例がないため、結局政長が管領職を継続することとなった。将軍家、ひいては幕府のハレの儀式である御判始に対しての大名の消極性が垣間見られる。すでに政治的重要性が減じた管領職は、儀礼の場でもその存在意義が揺らいでいた。それだけではなく、儀式自体も費用不足のために、遅延したという（同十一月二十五日条）。そもそも、幕府の各儀礼に対して大名の参加が減少したことが指摘される。その結果、儀式の実行が困難になり、将軍家と大名との儀礼的秩序が動揺していたのだ（石原二〇一五）。

さて、御判始が無事終了したとはいえ、幕府の権力が義尚に移譲されたわけではなかった。義政はなお「室町殿」であり、義尚は「御方御所」であった。同じ境遇をみれば、第五代将軍の義量が思い出される。義持の嫡男であった義量は応永三十年（一四二三）に将軍職を継承したが、義持がなお室町殿として幕政を主導していた。義量は義持と同じ三条坊門第の敷地内で別居していたが、なおも「御方」としてあり、政治権力として自立してはいなかった。

この時期の義政をみると、彼は連日女房衆とともに連歌会を開いていた。これを聞いた尋尊は異例ともいうべき女房衆との連歌会に驚くとともに、政務については、「毎事お耳に入れない状況で、天下の作法は久しくないだろう」と述べている（『大乗院』文明十二年三月二十四日条）。政務を放棄して連歌会に明け暮れる義政について世間が批判的に見ている状態で、新将軍義尚への期待が高まっていたことは想像にかたくない。

義尚の不満

このような中途半端な立場もあってか、文明十二年（一四八〇）五月二日に事件が起こる。義尚は三月に権大納言に昇進したばかりであったが、「御遁世」のため、自ら髻を切って出奔しようとしたのだ。当時まだ、烏帽子《えぼし》が必須であった時代において、烏帽子を装着するために必要な髻を切る行為は世俗社会よりの離脱（出家）を意味した（他者より髻を切られることは大変な恥辱であった）。驚いた伊勢貞宗らは出家を引き留めたが、現職の将軍たる義尚がこのような暴挙にでたのは、義政に対しての「御述懐（不満）」のためであった（『長興』同日条）。あまりに短慮であるが、反抗期にあたる義尚には、父への不満が蓄積されていたのだろう。一方の義政も実父義教の記憶がないこともあって、「父」としてあるべき姿を示す方法がわからなかったのかもしれない。

実はこれ以前の四月七日に義尚の軽挙不手際があった。それは、前年に発生した丹波の国人一宮《いちのみや》氏をめぐる細川京兆家内部のトラブルにおいて、細川政元の被官安富元家《やすとみもといえ》と庄元資《しょうもとすけ》とが戦功をあげたのだが、義尚は元資に対してのみ感状を与え、元家には与えなかったのである。そのため、元家は「面目を失った」として抗議した。主人である政元は元資への感状を義尚に返上したことで一旦収拾したものの（『長興』同日条）、京兆家内の混乱を招くような軽挙に対して、義政が義尚に諫言したのではないだろうか。義尚はそれに反発して今回の暴挙に出た可能性もあろう。

その後、義尚は自らの軽挙を反省し、その謝罪のためもあろう、御内書を義政に送った。これに対して義政も自筆の御内書を義尚に送って和解したのであった（『長興』五月二十五日条）。

だが、親子関係はまったく改善されたわけではなかった。ちょうどこの時期、義尚は前述のように従妹にあたる日野勝光の娘を正室としたが、正室との関係もうまくいかなかった。そこで文明十三年二月には、義政「秘蔵」の妾であった徳大寺《とくだいじ》公有《きんあり》の娘（上臈局・ちゃちゃ局）を義尚が召そうとしたのであった。そのため、「御父子中悪事」になったこともあった（『大乗院』文明十三年二月十一日条）。このほか、義尚は妾の万里小路冬房娘を寵愛したが、彼女はもともと後土御門天皇の女房（権大納言《ごんのだいなごんの》典侍《すけ》）で、義尚の妾となった人物であった。義尚が彼女らにのめり込むなかで、義尚の御台所は文明十四年中に御所を退出してしまうのである（『大乗院』十一月十八日条ほか）。彼女はのちに御所に戻るが、義尚とその御台所との不和の原因は、彼女が「悪女」のためとされたが、実際は婚姻を進めた富子への反発が背景にあったのかもしれない。その後も御台所と義尚との関係は改善されず、結局、文明十八年七月二十七日に出家してしまった（『大乗院』九月三日条）。それに代わって義尚の寵愛は山名氏出身の御八智御方《おはちのおかた》（瑞泉院《ずいせんいん》）に向かった。彼女は義尚の女子二人を産み（一人は夭折）、そのうちの一人（松山聖槃《しょうざんせいはん》）は三時知恩寺《さんじちおんじ》に入室している（『実隆』長享二年十二月五日条）、

女性関係で義政と揉めるなかで、義尚は政務への意欲を高めていった。七月には当代随一の学者として知られる一条兼良に政務を尋ね、有名な「樵談治要《しょうだんちよう》」を得ている。これは全八ヶ条からなるが、将軍としての心構えや、守護、訴訟の担当奉行人、側近の人選、女性の政治関与、神仏を敬うことなどを説いたものである。また、女性でも道理を理解していれば政務を行うことに問題ないと述べているのは、富子を意識しているのだろう。為政者としてあるべき姿を述べた「樵談治要」は、あるべき姿にない義政を暗に批判しているものとも受け取れる。

だが、実際は義尚への権力移行はなお途上であった。義政は富子との不和のなか政務を放棄したが、それに代わって富子が再び執政していたのである（『宣胤』文明十三年正月十日条）。翌十四年五月十二日の御沙汰始では富子が政務を後見したり（『十輪』同六月十五日条）、富子が下知をすることもあり（久我通博書状、同文明十四年紙背文書）、その後も義尚の権力は義政よりも富子の影響下にあった。ちょうど反抗期の年代である義尚は強い不満もあったのだろう。のちに和解するものの、富子と義尚との関係も悪化していく（同文明十四年閏七月十五日条）。

側近登用と入名字

文明十五年（一四八三）に義尚は日頃より寵愛する猿楽師である観世座の彦次《ひこじ》郎《ろう》に足利一門の名字という「広沢《ひろさわ》」と、偏諱「尚」を与えて、「広沢尚正《ひさまさ》」（のち尚俊《ひさとし》）と名乗らせた（『実隆』十二月一日条）。これは大名らの不満を買うもので、細川政元らは尚正を排除しようとした（『大乗院』文明十六年三月八日条）。そのうえ、義尚は幕府女房衆であった正親町三条公躬娘（正親町三条家はこれ以前に幕府より赦免）を尚正の室としようとしたが、あまりの身分差もあってか、義政は「相応しくない」と反対したのだった（同五月二十六日条）。

そもそも、義政は足利一門以外の将軍直臣を将軍近侍の御部屋衆に登用する際に、足利一門の名字（畠山・細川・一色など）を与える「入名字」を行っていた。これは本来足利一門ではない家柄出身のものを、幕府の諸職が家柄によって固定化されるなかで、近臣として登用する方法として、足利一門（畠山・細川・一色）の名目上の養子として名字を分与したのである（設楽一九八九①）。御部屋衆の一色政熙（犬懸上杉氏）、細川政誠（佐々木大原氏、もと喝食の寿文房《じゆもんぼう》）、細川下野《しもつけ》弥六《やろく》などがそれに該当する。ほかにも庄《しょう》四郎《しろう》五郎《ごろう》が「一色」名字を得ているが、この際に「名字拝領安堵の御判」が発給されている（『蔭凉』長禄二年十二月二十日条）。身分家格を問わない人材登用については当時被差別民であった一部の河原者の重用からも窺える。義政はその能力により評価する、または信任できる人物であれば、その出自にあまりこだわらなかったといえる。なお、「入名字」はのちの羽柴秀吉《はしばひでよし》が「羽柴」名字を、徳川《とくがわ》氏が「松平」名字を与えたことの先駆ともいうべきものである（もっとも、他姓のものに一門の名字を与えることは他の戦国大名などにもみられる）。

義政が進めた「入名字」は家柄に関係のない側近登用方法であるのと同時に、本来の家格のものから反発を受けかねないものであった。実際、政熙と政誠の両名は、義政死後に、「名字を剝がされ、元の名字に戻った」という（『蔭凉』延徳二年四月五日条）。義政による入名字はその死後には無効とされたのであった。ただ、実際は両名ともに一色、細川名字を続けて使っており、各将軍の代毎に更新されていったとみられている（設楽一九八九①）。なお、政熙や政誠の子孫は、ともに側近として将軍家に近侍した。政誠の系譜を次ぐ細川高久《たかひさ》は第十二代将軍義晴時代の内談衆のメンバーであり、第十三代将軍義輝・第十五代将軍義昭の側近として知られる一色藤長《ふじなが》（政熙曾孫）や細川藤孝《ふじたか》（高久の子細川晴広《はるひろ》の養子。長岡幽斎《ながおかゆうさい》）もその継承者である。義政の人材登用はその後の戦国期の将軍権力にも人的に影響を与えることとなったのである。

　義政は直臣出身という一定の基準の範囲内で入名字を行ったが、義尚はこれを無視して直臣でもない猿楽師を登用したのである。第十代将軍の義稙期以降も入名字は行われているが、これらは義尚による登用の延長にあるといえる（義稙側近の畠山順光《のぶみつ》も猿楽師の息子）。

　義政死後にあたる『鹿苑日録《ろくおんにちろく》』明応八年（一四九九）十一月二十八日条のなかに興味深い記事がある。その記述には、「義政は同朋・猿楽のものを多く愛用した。しかし、（彼らは）その分を超えなかった。しかし、義尚や義材のもとでは（彼らは）その分を超えているものが多い」とみえる。つまり、義政に重用された同朋衆や猿楽師らは、立場に奢らずその分をわきまえていたとみられていたのである。いい方を変えれば、義政はそのような人物だからこそ重用したともいえる。義政は若年期の「三魔」を経て、自身に近侍するものの登用の基準を、身の程をわきまえて政治に介入しないものを登用基準としたといえるだろう。一方で、義尚による過分な側近登用は、義尚の将軍としての器量を疑わせるものとなった。

義政の京都出奔

文明八年（一四七六）の室町第の焼失以来、小川第に義政と富子夫妻が同居するようになったが、文明十三年正月には不和により、義政が小川第を退出する寸前までいった。義政は周囲の説得により退出することはしなかったものの、「隠居分」として公家衆らの参賀を停止し、諸事を放棄したのである。不和の理由はわからないが、「当時の政道は富子が一切沙汰している」と公家衆の中御門宣胤《なかのみかどのぶたね》がその日記に述べていることから、政務をめぐる齟齬が原因であったのだろう。このために宣胤は諸社の祭礼も朝儀も行えないと歎いている（『宣胤』正月十日条）。

義政と富子の不和は将軍家に留まらず、周囲に影響を及ぼすものだったのだ。政務を放棄している間、義政は義尚の笙始の儀式について主体的に準備を進めているが、これは自身の隠居の正当化のために義尚の「将軍化」を推し進めようとしたものともみられている（石原二〇一〇）。

三月には義尚が「一向に世務を御存知する」として、義尚への政務移譲を宣言している（『実隆』二十一日条）。そして、十月二十日に義政は俄に小川第を出奔し、長谷岩倉《ながたにいわくら》の聖護院（京都市左京区）に入った。これに翌日、「諸大名以下上下仰天」したのである（『長興』同日条）。義政は、早速出仕した伊勢貞宗を除いて、誰とも対面しなかった。これに驚いた後土御門天皇は勅使を派遣して義政に帰京を求めたが、その理由の一つが「大小雑務の御沙汰がない」として、政務の停滞を憂慮したためであった。官人大宮長興は今回の出奔の理由について、寺社本所領が回復されないことによる大名・守護への不満、義尚の進退についての不満などをあげている（同十二月十三日条）。

管領畠山政長が説得したことで、義政は少しだけ政務を行ったようだ。義政の決裁を示す御判が必要な案件ではその認可が必要であり、義政の政務放棄は幕府の意志決定に影響した。かつて管領政治の時代、義政と対立した管領が辞意を示して政務が停止したこともあったが、今やその状況は反対となっていた。つまり、義政がいなければ政務が進まなかったのである。同時にこれはなお義尚が幕府の首長でないことも意味した。義政はそのまま同地で年を越し、造営をはじめた東山山荘（後述）の完成までしばらく、当地に新亭を造営して居所とした。このころは義政は「長谷殿」・「長谷（岩倉）准后」などとも呼称されている。

義政の不満の一因であった義尚は翌年正月十五日になって長谷に赴いた（『長興』同日条）。次いで二月十七日には富子が長谷の義政のもとを訪問したが（同記同日条）、義政は富子と対面しなかったというから、両者の不和は深刻であった（『大乗院』二月二十八日条）。この翌日には義政と富子との男子が三宝院の京都における里坊法身院にて得度した。名字については義政が折紙の「覚」の字に加点して「義覚」と決められたというものの、当院に御成した富子に対して長谷にいた義政は得度の場に御成することはなかった（「三宝院義覚御得度記」）。息子のハレの場であっても、富子と同一の空間にいることも嫌だったのだろう。

長谷での生活

長谷では義政は連歌会や猿楽、蹴鞠も開かれたほか、田植えも見物し、悠々自適に生活をしている（『政家』文明十四年五月二十三日条）。ただ、政務よりまったく離れていたわけでもなかった。番衆が置かれたほか、中次や女房衆も近侍した。九月には義政の妹である入江殿《いりえどの》（三時知恩寺《さんじちおんじ》）了山聖智《りょうざんせいち》などが義政を直接訪ねて寺領について訴え出たが、これに対して義政は側近女房衆の新兵衛督局《しんびょうえのかみのつぼね》を介して貞宗に審議を命じている。義政は必要があれば、限定的だが各所よりの歎願に対応していた。さらに前述の足利成氏との和睦も長谷で対応したのである。

一方、義政のいなくなった小川第には義尚が仮御所であった伊勢亭より移徙してきた（『政家』文明十四年四月三十日条）。これは義政が移ったことで富子のみとなった御所の空間に余裕ができたこともあろう。ところが翌年早々に、今度は義尚と富子との関係が「不快」となったことで、義尚は再び伊勢亭に戻ってしまったため（同六月二十一日条）、義政、富子、義尚の三者が別居することとなった。これにより富子は「御威勢をなく」したというが（『大乗院』八月十五日条）、これは富子のこれまでの執政はあくまでも義政の代行や義尚の後見という面を前提としており、義政・義尚と分離したことで政治的な影響力（介入）を失ったということであろう。さらに義尚はこの年の元日には義政と不和になったようで、二月には和解するものの、将軍家内の不和は繰り返された（同二月一日条）。

第六章　東山山荘と義尚の親征

1　東山殿の時代

東山山荘の造営

文明十二年（一四八〇）、義政は大乱により中断されていた山荘造営に進み出した。大乱以前は東山の恵雲院を候補地としていたが、今回は嵯峨や岩倉の地が候補となっていた（『大乗院』十月二十日条ほか）。この年に造営が本格的に進められるようになったのは、大乱の終結も当然だが、前年の後土御門天皇の内裏還幸が無事終了したこともあっただろう。

義政は長谷へ移ったのちの文明十四年二月二十五日、西賀茂《にしかも》の「聖《せい》〔正〕伝寺《でんじ》」（京都市北区）に移った。これは東山の浄土寺の地に山荘を造営する準備であった（『長興』同日条）。浄土寺はかつて義視が門跡をつとめていた寺院であり、平安時代には創建された古刹である。また、この地はかつての恵良《えりょう》和尚ゆかりの地で「随分の古地」であるという（『大乗院』文明十五年七月一日条）。そこで、文明十四年より本格化する東山山荘の造営の進行具合について、『長興宿禰記』などからみてみよう。

七月二十四日には、山荘御門の立柱上棟が行われた。義政はこの直前の七月十三日には「天下治世の事は、義尚の計らいとする」と、再び政務移譲宣言をしている（『大乗院』二十五日条）。造営奉行には結城尚隆《ひさたか》（尚豊《ひさとよ》）や公人奉行飯尾元連《もとつら》、政所執事代布施英基ら数名が任命されたが、その中心は政所執事の伊勢貞宗であった。それだけではなく、造営には侍所も使役された。

また、造営は将軍家と特に在国する大名・守護との主従関係を可視化させる意味もあった。長享二年二月には仙洞御所跡の松が朝倉貞景《さだかげ》の代理の朝倉景久《かげひさ》が率いる三千人によって山荘まで曳かれたが（『蔭凉』同二十一日条）、このような大人数での作業はまさに一大デモンストレーションとしても注目されただろう。このほか、造営にあたって赤松、土岐、山名、六角、朝倉各氏などの大名・守護たちに段銭や資材など賦課されたように（『蜷川』一二七号ほか）、山荘造営は単に義政個人の趣味ではなく、幕府の一大事業として行われたのである（家塚二〇〇七）。

もちろん、武家だけではなく、公家や寺社に対しても普請のために度々人夫が徴発された。長享二年には東寺や三条西家、西園寺《さいおんじ》家・山科《やましな》家などの公家衆に人夫が命じられた。この際、三条西家らは普請奉行の松田数秀《かずひで》などに年内免除を申し入れたものの、これは認められなかった（『実隆』九月二十七日条、十二月五日条ほか）。この時、多くの大名や直臣らは義尚による六角征伐に出陣しており（後述）、山荘造営のためには、公家・寺社の動員は不可欠であった。

さらに山荘造営にあたっては、近江・美濃・美作などの幕府御料所の一部を山荘料所とすることで費用の捻出をはかった（『蔭凉』長享二年二月二十三日条、『蜷川』一三二）。山荘料所は山荘完成後に義政の御料所に編成される予定であったのだろうか。ただ、材木の京進も遅延することもあり（『蜷川』一三一ほか)、順調に造営が進んだわけでもなかった。

徐々に山荘が造営されていくなか、文明十五年正月に義政は「慈照院自歌合《じしょういんじかあわせ》(慈照院殿御自歌合)」を編纂しているが、これは長年の詠歌の成果であり、東山への引退を記念したものであるとされる(川上二〇一九)。そして、同年六月二十七日になって義政は山荘に移徙した(『お湯』同日条ほか)。山荘に移徙したその日、管領畠山政長をはじめ、畠山一門とその被官、細川政之《まさゆき》、山名政豊、赤松政則、大内政弘、六角高頼、武田国信父子といった大名や朝倉氏景《うじかげ》、伊勢貞宗父子らが御礼の進物を進上している(『親元』同日条)。これは室町第移徙の御礼を先例としたものであった。

東山殿義政

文明十五年(一四八三)六月の東山山荘移徙にともなって、義政の称号をこれまでの「室町殿」から「東山殿」に、将軍義尚の称号を「室町殿」とすることが、武家伝奏勧修寺教秀を介して朝廷より伝えられた(『親元』二十日条)。かつて義満が北山山荘に移徙したのち、「室町殿」から「北山殿」へ、義持が「室町殿」と呼称が変化した先例によるものである(『大乗院』七月三日条)。これにより東山殿は室町殿の父権者の称号となった。

もっとも、新たな室町殿義尚が、それ以前の室町殿義政とすぐに同一権力となったというわけではない。公家衆の参礼の順は義政、義尚、富子というものであり(『十輪』文明十七年正月十日条など)、いまだに将軍家を代表するのは義政であった。また、これまで義政を指していた「公方」「武家」呼称についても、この時に義尚へ一律に変化したわけではなかった(石原二〇二二)。

東山殿義政は山荘移徙後も、なお寺社本所領の安堵、軍勢催促、守護職補任、禅林寺院の人事権、官途推挙を行っているように、室町殿権力の延長にあった。この時期の義政権力については、鳥居和之氏がまとめているが、それに基づくと、①訴訟裁許、②安堵・宛行、③守護職補任、④軍事指揮権、⑤執奏、⑥公帖、⑦対外関係があった。鳥居氏によれば、①では禅院を除く雑訴沙汰と政所沙汰の裁許権が文明十五年に、②は文明十八年に、③⑥は長享元年の義尚の近江親征以降に義尚へ委譲されたという。⑦については義政がなお外交権を保持し、⑤は区分は不明とされる（鳥居一九八七）。野田泰三氏はこれに対して、①②⑥については、なお義政が権力を保持していたことを指摘している（野田一九九五）。⑤については、義尚は文明十六年に執奏始を行っているが（『十輪』文明十七年八月十八日条ほか）、その後も義政は度々執奏をしており（『長興』長享元年八月十三日条ほか）、執奏権は両者が保持した。また、文明十八年の東福寺をめぐる一条家と九条家との相論では後土御門天皇が判断を保留したことで、義尚が九条家の理運と判断したものの、最終的には義政が裁許して一条家の理運となっているなど（『蔭涼』六月十九日条ほか）、朝廷・公家関係ではなお東山殿義政の裁許が優先された。ただ、これらの権力もいずれは室町殿義尚に移譲する予定であっただろう。

　そもそも義政は単身で東山山荘に移徙したわけではない。義政のもとには側近の伊勢貞宗をはじめ、「東山殿様《ひがしやまどのさま》祗候人数《しこうのにんずう》」として御供衆大館政重《まさしげ》、畠山政近《まさちか》、伊勢貞誠（三名は申次もつとめる）、御部屋衆の細川政誠、一色政熙・政具《まさとも》父子、申次として伊勢貞弘《さだひろ》、同貞遠《さだとお》がいた。さらに走衆は後藤親綱《ごとうちかつな》、藤民部《とうみんぶ》政盛《まさもり》、御末衆として進士石見入道《いわみのにゅうどう》などがいた（「永享以来御番帳」「長享元年九月十二日常徳院殿様江州御動座当時在陣衆着到」）。義政は幕政全般においては貞宗に、禅院・仏事関係では蔭凉職の亀泉集証に諮問していたという。特に彼らは山荘にいる義政の「ブレーン」であった（野田一九九五）。

　このほかに堀川局（もと新兵衛督局）、冷泉局《れいぜいのつぼね》、春日局、阿茶局《あちゃのつぼね》（三条実量娘）など側近の女房衆、同朋衆などが近侍したのである。女房衆は義政と外部、特に蔭凉職の亀泉からの要請を披露したほか、上意下達も行っている。そのうえ堀川局は奉書をもって寺奉行などに下達するのみならず、奉書発給に一定の裁量権も持っていた（鈴木二〇〇〇・『蔭凉』文明十九年六月十八日条）。

幕府運営の実務を担う奉行衆をみれば、奉行衆筆頭である公人奉行飯尾元連や造営奉行で政所執事代の布施英基、松田数秀（のち政所執事代）も義政に近侍し、造営をはじめ義政の政務を支えた。また、当時の訴訟の裁許では、一旦義尚が裁許しても、続けて義政の承認を得なければ奉行人奉書が発給できないこともあった（設楽一九八九②）。義政は奉行衆を掌握することでなお権力を維持していたのであった。彼らによる奉行人奉書は「東山殿奉書」とも呼ばれ（『政覚』十六年八月二十八日条ほか）、通常の幕府（室町殿義尚）による奉書とは別個のものと理解されていたようだ。東山殿と室町殿で幕府権力が二元化していたことがわかるだろう。

義政と山荘

義政が度々隠居を宣言しながらも完全に権力を放棄しなかった理由の一つは、東山山荘の造営であった。山荘に移徙したもののまだ未完であり、完成のためには普請料徴収のための権力が必須であった。普請料に関しては諸国の守護のほか山城の寺社にも賦課された。この造営に際して、前述のように義政は侍所を使役している。義政の命をうけて所司代の浦上則宗は義政の奉書の旨を奉じるかたちで普請料徴収にあたっているが、そこでは遅怠した場合は「譴責（責め立て）をくわえて催促する」旨が記載されており（『廿一口方評定引付』文明十五年七月二十七日条）、軍事的な威圧を示して徴収を進めようとしたことがわかる。それだけ普請料の徴収が芳しくなかったのであろう。

また、義政の側近であった伊勢貞宗は山荘に近い北白川《きたしらかわ》（京都市左京区）に新たに邸宅を造営していた（『親元』文明十五年六月二十七日条など）。旧浄土寺の地には政所執事代でもある布施英基の宿所（幕府政所方訴論対決役者日記『蜷川』一四六）のほか、伊勢氏一門や造営奉行結城政藤の邸宅があった可能性が指摘される（宮上一九九五）。そのため、山荘の周辺は「東山殿様祗候人数」を中心とした直臣の武家町が形成されていたのである（野田一九九五）。

幕府の京都支配の要ともいうべき政所を総括する政所執事の貞宗が、生活拠点を北白川に移したことで、その被官である蜷川氏らもその周辺に移り（ただし、元々の北小路の伊勢亭も維持）、政所沙汰も同地で行われることとなった。

東山山荘・東求堂

このようなことから東山や北白川は、政治的に重要な地区であった（川口二〇二〇）。

さらに山荘の建築物をみると、当初は諸行事・諸儀式などを行うもっとも重要なハレの場たる寝殿が欠落していることから、山荘は義政の隠遁の場とみられていた。だが、野田氏により、常御所や会所で義政の執務が行われていたことがあきらかにされている。寝殿の造営は長享二年（一四八八）末より計画されているが、これは義尚の任大臣大饗のためともいわれる。御末は申次などの側近の詰所で、外部者と申次との談合などが行われていたという。また番衆や申次などの詰め所である番所もあり、これらも義政の執務の一旦を担った空間であるとみられている（野田一九九五）。つまり、山荘はまったく世俗から隔離された空間ではなかったのだ。それでも会所などが優先的に造営されなかったのは、隠棲することを強く意識していたためともされる（飛田二〇〇六）。

山荘造営は義政の政治的隠遁のためといいながらも、実際は幕府権力を動員したものであった。義政の権力維持と山荘造営は不可避なものであったのだ。山荘の完成＝義政の隠居なのだろう。

山荘の空間

義政の造営した東山山荘はどのようなものであったのだろうか。これまでの多くの研究者により、山荘の構造などついては明らかにされ、その復元も行われている（芳賀一九四五・川上貢一九五八ほか）。寝殿がなかったことはすでに述べたが、『蔭涼軒日録』を中心とした当時の日記などから、御門（惣門・中門）・常御所・会所・御末・番所・台所・泉殿・持仏堂・観音殿（銀閣）・釣殿《つりどの》・鎮守八幡宮《ちんじゅはちまんぐう》・西指庵《せいしあん》、超然亭《ちょうねんてい》などが造営されたことが知られる。このうち、現存する当時の建築物として著名なのは、観音殿（銀閣）や東求堂《とうぐどう》であろう。なお超然亭は現在慈照寺裏手の山頂にあり、現在は慈照寺の境内外であるという（飛田二〇〇六）。もちろん、現在と当時とでは庭園も変化しており、東求堂の配置もまったく当時と同じではないが、義政当時を偲ぶには十分であろう。

長享元年（一四八七）十一月に新たに会所が完成し義政は移徙したが、そこで次の詩を詠んだ「我いほは月待山の麓にて傾く空の影をしぞおもふ」（『蔭涼』十二月二十八日条）。「月待山」は山荘の裏手に位置する山である。義政は、六歌仙《ろっかせん》の喜撰《きせん》による有名な「我が庵は都の辰巳しかぞ住む世を宇治山と人はいふなり」を本歌取りしたのだろうか。

東山山荘・観音殿

また山荘は義政の敬愛する夢窓疎石中興の西芳寺を模倣していた（『蔭凉』長享元年八月二日条）。将軍家は夢窓派の俗弟子という点や、そもそも義政が範とした義満による北山山荘も西芳寺を模倣したものであったことから、西芳寺を模範としたのだろう。なお、義政は大乱以前より西芳寺に度々御成しているが、自らの山荘造営の下見も兼ねてであろう。

作庭にはこれまでの烏丸第や室町第と同じく河原者が動員された。河原者の中心を担ったのが、二代目善阿弥であったとみられている。また、室町第や小川第などからは庭石が移された（『大乗院』文明十九年六月二十八日条）。さらに仙洞御所旧地より松を引かれている（『実隆』長享二年二月二十三日条）。ただ山荘の作庭に関しては興福寺の庭園も参考とされたようだ（家塚二〇〇七）。

建造物では東求堂や一般的には銀閣として知られる観音殿は現存するが、現存しない建物の一部を「君台観左右帳記」や宮上茂隆氏（宮上一九九五）などの復元をもとにみてみよう。

まず主たる居住空間である常御所には義政の御寝所、昼の御座所、主室である八景の間、次間である耕作の間、西六間、落間、三間、御湯殿の上、四畳敷、北四間焼火の間があった。このうち、八景の間には瀟湘八景図《しょうしょうはっけいず》が描かれていた。また、八景の間、耕作の間、西六間の南側座敷では仏事も行われたという。会所は常御殿と同規模で、主室の九間、次室の西六間のほか、客室である狩の間、墻尽《かきつくし》の間、義政の御座の間である石山の間、御納戸、同朋の控えの間である御茶湯の間があった。入り口は西南であったという。

次に西指庵は西芳寺の指東庵《しとうあん》を模倣して造営され、納戸、南の間、西の四畳、北二畳の四室よりなる。前述の宮上氏は、ここは剃髪した義政の禅僧としての庵室と指摘する。さらに西山美香氏は同庵について、「禅の隠」の思想に基づいたものとしている（西山二〇〇〇）。また、この庵が特異なのは、義政が生前、「自分の死後、影像を西指庵書院に懸け、骨をその下に安置するように」と言っていたことである（『蔭涼』延徳二年二月十九日条）。それほど重要な場所であったのだろう。

観音殿については、鹿苑寺に御成した際に、参考のために自ら金閣を検分している（『蔭涼』文明十九年六月五日条）。なお、現存する観音殿は本来の観音殿として相応しい構造でないことから、かつての高倉亭にあった攬秀亭《らんしゅうてい》を移築したものであるとの指摘もある（宮上一九九五）。

唐物飾りなどの調度品については義政が詳細に指示しているほか、東求堂「同仁斎」の命名についても、非常にこだわっている（『蔭涼』文明十八年三月十二日条ほか）。これらの座敷飾りなどは相阿弥による小川第と東山山荘の座敷飾りを記した「御飾記」「君台観左右帳記」などからうかがえる。

さらに山荘の絵画を担ったのは御用絵師の狩野正信《かのうまさのぶ》である。正信が手がけたのは先の瀟湘八景図、十僧図《じっそうず》、涅槃図《ねはんず》などであり、これらは義政が図案などを指示しているように（『蔭涼』文明十七年十月二十九日条ほか）、山荘は義政の美意識をもとにその理想を具現化させた空間であった。

「東山文化」と「東山御物」

義政は東山山荘に移徙した後、東山殿と呼称されるようになったが、義政の時代を戦前の歴史学・美術学界においては「東山時代」と呼んでいた。この「東山」はいうまでもなく、義政の東山殿称号からきている。そして、「東山時代」の文化を称して一般的には「東山文化」と呼ぶことが多い（東山時代の文化＝東山文化）。だが、義政時代に限定せず、足利将軍の時代を「室町時代」と呼称することが次第に一般化すると、「東山時代」という呼称はほとんど使われなくなる。それでも教科書を含めて現在まで「東山文化」という呼称は残っている。なおこれらの変遷などの整理は、末柄豊氏の「室町文化とその担い手たち」（末柄二〇〇三）に詳しい。

義政＝「東山文化」として、これまでも多く注目されてきた。従来、十五世紀の文化は義満時代の文化を「北山文化」、義政時代の文化を「東山文化」と、分類することが多かったが、実際、義持、義教期にも文化活動が継続しており、「北山文化」、「東山文化」の呼称は室町時代の文化が義満期と義政期の間、断絶していたかのような誤解を招く可能性もある。そのため、現在では十五世紀、特に義満から義政期にかけての文化を「室町文化」と総称して呼称するようになっている。

室町文化の時代は、義政をはじめとした室町殿が政治のみならず、文化面でもその中心として君臨した時代である。特に和歌、連歌、猿楽、作庭、絵画、茶道、華道、香道などが興隆した。また、この室町文化は会所という一種の文化サロンを中心とした「寄合の文化」として興隆したが（村井一九六七・榎原二〇〇四）、この文化を支えたのが、能阿弥をはじめとした「会所の同朋衆」、猿楽師、連歌師、河原者などの芸能者であった。義政が彼らを優遇したことはすでに述べたところである。

ところで「東山文化」が後世に特別視されることとなったのは、茶道の世界における侘茶の創始者とされる村田珠光《むらたじゅこう》の存在と、茶器の名品を含む「東山御物《ごもつ》」の影響があったとみられている（川嶋二〇〇七）。殿中で義政（または義尚）が奉公衆などに茶を振る舞っていたことは、当時殿中に祗候していた大館尚氏《ひさうじ》（常興）の日記（『大館常興日記』天文十年二月二十六日条）などでも確認できるが、当時、義政らが現在のような茶会を開いたわけではない。

また会所を彩った「東山御物」とは、狭義では義政が、広義では義満以降の室町殿が収拾した茶器や和漢の絵画などの美術工芸品の一大コレクションを指す。「東山御物」については、義政に仕えた同朋衆能阿弥による将軍家の唐絵目録である「御物御絵目録」や、さらに能阿弥・相阿弥による唐絵や茶器などを上中下の等級をつけた鑑定や、会所など邸内の飾りなどを記載した「君台観左右帳記」などからもうかがえる。また、これらに先立つものとしては能阿弥奥書による永享九年（一四三七）の後花園天皇行幸を記録した「室町殿行幸御飾記」があろう。これには会所などの座敷飾りと、そこに飾られた絵画や茶器などの美術工芸品が記載される。これも東山御物であろう。

東山御物の多くは義政時代から戦国時代にかけて四散していくが、義政時代より売却などによって減少する一方であった。唐物の所持そのものが室町殿の武家社会における優位性や他の武家との差別化を象徴するものであった。唐物の所有が室町殿の権威を意味するなかで、唐物の減少は「文化的指導力の低下」とも評価されている（桜井二〇〇一）。

そのなかで、義政は当時唐物と比較して低くみられた和物の価値向上を図った。例えば義政は能阿弥の絵画を評価するとともに、希少性を付加することでその価値を上げようとしたが、日本人の技能を評価するような措置は、「先駆的」と評価されている（末柄二〇〇三）。

第四次遣明船

東山山荘造営が進む文明十五年（一四八三）、義政時代最後となる第四回目の遣明船が派遣された。正使は鹿苑寺の住持子璞周瑋《しはくしゅうい》である。

今回の派遣目的は山荘造営費のためのものであり、「東山山荘造営料船」（橋本二〇〇二）とされる。ただし、遣明船の計画は文明十二年に遡り、当初は同十三年に派遣する予定であった。この時はすでに大乱は終結し、大内政弘も義政に帰属していたため、政弘に対して遣明船の派遣参加が命じられた（『大乗院』文明十二年十二月二十一日条）。政弘はそれに対して請文を提出したものの（『親元』文明十三年八月二十九日条）、大内氏の派遣は中止され、取龍首座《しゅりゅうしゅそ》に一号船と三号船の勘合が与えられることとなったのである（『親長』文明十四年九月十五日条）。なお取龍は公家衆の甘露寺親長の弟であり、親長はこれを機会に借銭をしてまで明での交易の物資を求めている（『親長』文明十五年三月六日条）。また取龍は天皇よりも注文を受けており、帰朝の際は六万疋（約六千万円）を進上するとの請文を提出している（同五月三日条）。彼はその出自もあって、朝廷関係者よりも期待される存在であった。

ところで、やはり日本からの輸出品の種類は変わらず、硫黄や瑪瑙、刀剣などの武具類であった。一番の目的は銅銭であった。何と今回義政は、「官庫空虚」として前回成化帝より下賜された五万貫文の倍、十万貫文の銅銭を要求したのである（「補菴京華別集《ほあんけいかべっしゅう》」）。目的はいうまでもなく、このころ造営していた東山山荘の費用獲得のためであろう。

だが、成化帝からの返書には、銅銭下賜についての言及はないどころか、過分な輸出品に制限も設けられたのである。今回、銅銭が実際に下賜されたのかどうかわからない。ただ、義政・富子への下賜の品についても前回と同様であった（「続善隣国宝記」）。

遣明使はこの年の五月二十四日に帰朝した。ただしこの時、正使である周瑋は寧波《にんぽー》にて遷化しており（『蔭凉』文明十七年十二月二十四日条）、正使を除いた帰朝であった（同記同日条）。だが、これ以前に取龍が会衆《えしゅう》とトラブルを起こし、帰洛を延期させていたようだ（末柄二〇〇九）。この使節が堺に着岸したのは七月四日であった（同七月六日条）。

義政はこの遣明船の成果に不満を覚えたのであろう。遣明使の帰国の翌十八年には次回の遣明船派遣を計画している。派遣の名目は相国寺のためであったため、第一回目の遣明船の先例を蔭凉職の亀泉集証に尋ねている（『蔭凉』十二月二十八日条ほか）。義政は正使の人選などを進めたが（同長享二年正月二十九日条ほか）、結局義政の生前に遣明船が派遣されることはなかった。次回の遣明船の派遣が進められるのは、義政の死後であった。

義政は最後まで対外通交において「日本国王」であり続け、国書の発給などを独占し、対外貿易の主体者としてあり続けた。その意味では、義政はなお幕府の主権者であり続けた。

在京大名・守護

義政が東山山荘に移ったあと、東山殿義政と彼ら在京大名・守護の関係はどのようになっていたのであろうか。先の山荘移徙の御礼には太刀や馬などが大名から進上されたが、畠山義統、細川政之（成之子）、山名政豊、京極政経《まさつね》、赤松政則、大内政弘や武田国信などは在国したままであった。何より管領畠山政長も畠山義就討伐のために河内に在陣を続けており、在京する機会は減少していた。若狭武田氏の場合は、父国信と子信親《のぶちか》で在国と在京の役割を分担し、家としては在京を続けていた（笹木二〇二〇）。

大名・守護らは領国支配が動揺していることもあり、在京を続ける余裕もなくなっていた。文明十八年（一四八六）には義政がかつて一色義直に宛て行った若狭国小浜荘《おばまのしょう》（福井県小浜市）を、禁裏御料所に復して若狭守護の武田国信に還付したことに不満を持った義直が「面目を失った」として下国することもあった。このため、細川京兆家のほかに「京都に大名なし」という状態になったという。義直はこれ以前に大乱中に押領した鹿王院《ろくおういん》領の還付を拒否しており、その罰として義政が還付を行ったのかもしれない（『蔭凉』七月五日条）。大名たちの在国に対して義政は、「ふさわしくない」と沙汰をしたという（『晴富』八月二十七日条）。大乱前も幕府の決定に不満を示すために領国に下向することはあったが、この時期には幕府への不満に関係なく、ほとんどの大名・守護が京都にいない状態になっていたのである。特に管領や侍所を務める大名家の京都不在の影響は大きい。文明十六年には京都市中で盗人が多発していたが、この現状について公家衆の甘露寺親長は「管領が在国し、侍所、所司代、さらに開闔もいないためであり、犯罪の糾明もされていないので、所々でこのような事になっている。言語道断、末世の至りだ」と述べている（『親長』同六月二日条）。

山城守護職人事

このなかで注目されるのが山城の守護職人事である。室町時代、山城守護は管領、または侍所と兼任して就任することが多かった。大乱前には山名是豊《これとよ》（持豊子）が就任していたが、文明六年には東軍と和睦した山名政豊が、次いで文明十年（一四七八）には管領畠山政長が兼任した。だが、度々在陣する政長では「事が成せない」という理由で、文明十五年（一四八三）正月に若狭守護の武田国信に守護就任が打診された（『大乗院』正月二十四日条）。これまで山城の守護には、一部例外を除いて三管領四職家が就任しており、武田氏が就任した先例はない。異例の人事は、当時若狭武田氏が期待されていた証とされる（笹木二〇二〇）。

ただ国信は打診を固辞したため、次に義政は赤松氏の重臣で侍所所司代をつとめる浦上則宗に対して守護職就任を打診した。これもまったく異例の人事案である。本来ならば、その主人である赤松政則に打診があるべきだろう。これは義政が所司代として則宗を強く評価してきたことによろうが、義政にとって山荘の造営をスムーズに進めるために期待した面もあろう。だが則宗は、「少人数であるため、むずかしい」としてこの打診を辞退した。これは自身単独では守護としての活動はできないということであろうが、則宗が守護に就任すれば事実上の直臣登用となり、主人の政則との関係も変動せざるをえない。従来の秩序を翻すような人事案について、則宗が辞退したのは当然の判断だろう。異例の人事案は、すでに大名・守護の在京が限定され、これまでの幕府体制や家格秩序が限界に近づきつつあることを示すものである。義政自ら従来の秩序の変動を認めたことになるが、一面では現実的な対応をしようとしたといえる。その意味で時勢の変化を受け入れる現実主義者だったのだろう。

ところで、義政が則宗を守護としようとしたことは、大名としての政則を否定しているようにみえる。ただ少なくとも、義政は政則の赤松氏当主としての地位は否定しなかった。この翌十六年二月、則宗ら赤松氏重臣が政則に替わって赤松一族の有馬慶寿丸《けいじゅまる》を新当主に擁立しようと幕府に申請した際、義政は政則を支持して慶寿丸の継承を容認しなかったのである。この時、慶寿丸の家督を承認する御判御教書が発給されていたが、義政はこれを「謀書」と否定している（『大乗院』三月一日条・八日条）。この「謀書」は富子や義尚が当初承認していたため作成されたものとみられている（鳥居一九八七）。義政は富子らの支持を否定して、あくまでも政則の地位を支持したのである。

その後、義政は文明十六年に山城国を御料国化して、伊勢氏（貞宗か）を「国奉行《くにぶぎょう》」とした（『大乗院』九月十七日条）。次いで文明十八年五月六日付で異例ながら、伊勢貞宗の嫡子伊勢貞陸《さだみち》を山城の守護としたのである（足利義政御判御教書案『蜷川』三七）。これは第一に山荘造営費用捻出のための処置であった。政所伊勢氏の嫡子貞陸が守護となったことは、それを象徴するものであろう。

頻発する土一揆と侍所

大乱後、特に京都を騒がせたのは、毎年のように頻発する土一揆であった。これに対応したのは、侍所や在京する一部の大名・守護らであった。

だが、侍所の赤松政則が領国の混乱により文明十五年（一四八三）九月に帰国すると（『親元』八日条）、京都は「近年殊盗人過法」という状態になったという（『親長』文明十六年六月二日条）。そこで翌年十一月に発生した土一揆では、在京していた細川政元や若狭武田氏の軍勢が対応した（『政家』十一月六日条）。この時政元に出陣を命じたのは室町殿義尚ではなく、東山殿義政であった（『蔭凉』同五日条）。翌年八月の土一揆でもやはり、義政が鎮圧を命じている（同八月七日条）。当時、侍所は赤松氏より京極氏に交替したため、侍所を率いたのは所司代多賀高忠であったが、義政が所司代を使役することに変わりがなかったようだ。東寺は鎮圧の御礼を義政に行っており（『廿一口方評定引付』八月二十七日条）、当時、義政が有事の際の大名動員権をなお握っていたことは相違ない。ただ当時、義政を警固すべき人数もなかったようで（『蔭凉』八月五日条）、京都における人材の不足がうかがえる。

文明十八年八月には所司代の高忠が近江にて敗死したため（「江北記」）、所司代が不在となった。そのこれもあろう。同月に京都で発生した土一揆鎮圧は政元が行っている（『長興』二十五日条ほか）。またこの際、義政ではなく義尚が政元に鎮圧を命じており、軍事指揮権に変化がみられる。もちろん義政も関係ないわけではなく、東寺は蜂起の注進を義政・義尚らに行っている（『廿一口方評定引付』二十四日条）。軍事動員の権力が義政より義尚に徐々に移譲されていた現れとみることができよう。

文明十八年以降、侍所所司や所司代の補任も廃絶すると、大規模な治安維持を担う大名は細川京兆家にほとんど限定されるようになっていった。所司・所司代が不在（廃絶）となった侍所は寄人（奉行人）の筆頭である開闔を中心に、その被官や雑色などの下部が、将軍使役のもとで洛中での中小規模の検断活動をすることとなる（拙稿二〇一四）。

続く義就討伐

話は少し遡るが、文明九年（一四七七）の大乱終結、さらに文明十四年の足利成氏赦免後、義政（幕府）に敵対する存在は畠山義就のみとなった。義政にとって義就は、最後に残った未解決事案であった。

義政は義就討伐のための御内書を度々発給して、鎮圧を図った（『大乗院』文明十年十月二十四日条ほか）。当時畠山政長は管領となっていたものの、義就との交戦のために度々離京しており、在京していないことも多かった。政長は山城の守護となったことで幕府の財政回復のみならず、自身の戦費調達の意味もあって、特に望んで国内に寺社本所領より公用の五分の一を徴収しようとしたものの（「兼顕」文明十年七月二十四日条）、これは各所より反対があり撤回していた。そこで、義政は政長支援のため、改めて諸勢に政長への合力を命じたのである。

一方で義就は、将軍家には別の態度を示すこともあった。文明十年には義就が掌握する大慈院（南御所）領の河内十七ヶ所《じゅうしちかしょ》（大阪府寝屋川市ほか）について、自らが管理したい旨を申し入れたのである。当時の大慈院は義政の娘光山聖俊にあたるが、彼女はそれを許可した（『晴富』十二月十九日条）。これは義就が紛争地内である現地を管理することで、その年貢を大慈院に対して確かに納入することを約束するものであった。大慈院は年貢の確保のためにこれを受け入れたのであるが、義就は大慈院の光山を通して義政との関係改善を視野に入れていたことに相違ないだろう。

だが事態は改善されなかった。文明十四年には政長と細川政元の連合軍が河内に出陣したが、この時、義政は義就の赦免を進めようとしていたとの風聞があった。これに不信を持った政長に対して、義政は御使伊勢貞弘をわざわざ陣中まで遣わして、「義就を決して許容しない」と八幡菩薩に誓詞した御内書を渡しているのである（『長興』閏七月十四日条）。実はこの一ヶ月前には連合軍を構成した政元が義就方の越智家栄《おちいえひで》の仲介により和睦していた。義就は摂津の闕郡《けつぐん》を政元に返還し、政元は占領していた河内十七ヶ所を義就に返還して京都に帰還したのである（『大乗院』七月十六日条ほか）。政長としては政元が戦線から離れたうえ、もし義政までも義就を赦免した場合、上御霊社の戦いの発生前の状況が再現されかねない状況であった。政長にとっては再び義政より見捨てられる状態となるため、義政に保証を求めたのだろう。義政も今回は政長を見捨てることはなかった。

政元と一旦和睦した義就は、義尚が鷹を求めていることを聞き入れ、それを政元を通して献上している（『大乗院』文明十四年十二月二十二日条）。政長と抗争を続けるなかで、義就はしたたかに細川京兆家や将軍家との関係改善を視野に入れていたのである。

幻の親征計画

義政は幕府に接近しようとしている畠山義就の赦免については慎重であった。そのため、細川政元の勝手な和睦と帰京については「不快」であったようで、政元との対面を拒否した（『大乗院』八月十一、二十九日条ほか）。さらに、隣国和泉上守護の細川元有《もとあり》らに河内への出陣を命じたほか（「細川家文書」『政』七八三）、義就に敗北を続ける政長のために、義就討伐の治罰の綸旨を申請しているのである（『政家』文明十五年八月二十五日条）。

それでも事態が好転しなかったことで、義政は義就討伐のため、はじめての親征を決断したのである。義政だけではなく義尚も同じく出陣することが決まり、義政は東寺、義尚は八幡《やはた》まで大名らを従えて出陣することとなった（『大乗院』九月十六日条）。義政は親征にあたって政元に直接命を下したが、当時幕府で中心的な存在であった政元の同意が必要であったからだろう（同二十三日条）。

当時すでに義政は東山山荘に移徙していたが、義政は決して隠居の身ではなかったことが改めてわかるだろう。義就は治罰の綸旨によりすでに朝敵となっており、親征する対象として不足はないが、これまでも足利成氏や山名持豊などが朝敵指定のあるなかでも義政自身が親征しようとすることはなかった。大乱中も自身が出陣することはなかったなかで、義満以来絶えて久しい親征は義政にとって大きな決断であったことに相違ない。義政にとって造営途中の山荘を除いて、義就問題の解決をこれまでの政治活動の終焉としようとしたのではないだろうか。ただ、義政のみならず義尚の親征も同時に行う予定であったことから、かなり大規模な親征が意図されていたと思しい。前述の山城国の御料国化も山荘造営のみならず、この義政の親征とも連動したものとみられている（大藪二〇二一）。

しかし、費用や実際の軍事動員の問題もあってか、義政らの親征は実行に移されることはなかった。仮に親征が失敗に終われば、大乱後の将軍権威にさらに大きな傷を残すことは間違いない。ただ、幻に終わった今回の親征計画は、義尚に大きな刺激を与えることになるだろう。

山城国一揆

義政による親征計画が消滅したものの、両畠山氏の対立状況が解決されたわけではない。特にその影響をうけたのが山城南部である。国内は幕府御料所は当然、禁裏御料所や寺社本所領が点在しており、それぞれが権益を有していたが、そのなかで細川京兆家や畠山氏がそれぞれの国人らと主従関係を結ぶなど、これ以前より抗争の場となっていた。それに両畠山氏の対立が重なり、山城南部が戦場となっていたのである。

そのようななか、文明十七年（一四八五）十二月、山城南部の上三郡（久世《くぜ》郡、綴喜《つづき》郡、相楽《さがら》郡）の国人《こくじん》ら三十八名（また三十六人）が一揆して、両畠山勢の退去を図り、山城国内への立ち入りを禁止するとともに（『大乗院』十二月十七日条ほか）、「国中御掟」を定めて（同十八年二月十三日条）、その域内で約八年にわたり自治を行ったのである。いわゆる山城国一揆である。

当時、山城の御料国化が進められているなかであるが、この一揆は外部よりの支配を排除するというわけではなく、あくまでも両畠山氏の排除であって、荘園領主（本所領）に対しては旧来の支配に属することを宣言していた。このため本所たる荘園領主層からはこのことを肯定的に評価するものも少なくなかった（『実隆』十二月十日条ほか）。これは義政・幕府にとっても寺社本所領の回復、さらに山城南部の安定にともなう寺社本所領へ賦課と徴集によい影響を与えるものと映ったであろう。

山城の御料国化といっても、幕府の実収入は国内の御料所や守護請地からの収入が中心であったとみられている。これらが安定的に確保できるのであれば、この一揆は否定できない。実際、一揆は決して反幕府でも反荘園領主でもなかったため、義政・幕府はこの一揆を黙認し、特別な対応はとらなかった。その後、翌年の三月に伊勢貞陸が山城の守護に補任されるが、一揆は継続される。

畠山義就の赦免と義尚の右大将拝賀

文明十八年（一四八六）三月、義政と義尚はともに畠山義就を赦免し、畠山政長との和睦を推進しようとした。しかし、当の政長は知らなかったらしく、政元と共同して義政の命には応じないこととしたという。同日には正式に義就は幕府より赦免されたが（『長興』三月十三日条）、かつての思い出もあり、政長が不満であったことは相違ないだろう。

なぜ義就は急に赦免されたのだろうか。その理由はこの年の七月に行われる予定の義尚の右大将拝賀にあった。義尚は義就とそれと同盟する大名らを、先例に任せて拝賀に参加させようと、義政に義就の赦免を申し入れたのであった（『政家』三月十二日条ほか）。公武を動員した義政の右大将拝賀は親政の確立を周囲に宣言するものであったが、義尚も親政の開始を宣言する場としてこの拝賀を重要視した。公武を率いる室町殿を演出するためにも大名たちが一致して参加する必要があったのだ。特に義就はかつての義政の右大将拝賀にも「大名一騎打」として参列していたため、再び拝賀に参列することが期待されたのである。

実際に和睦交渉を進めたのは伊勢貞陸と正親町三条公治《きんはる》（もと公躬）であった。義尚は彼らを使役して和睦を進め、天下太平のなかで自身のハレの場である拝賀を挙行したかったのかもしれない。早速、赦免された義就には遣明使節の河上警固役が命じられている（『蔭凉』七月十三日条）。しかし、義就方に有利なだけの一方的な和睦命令に政長や細川政元が従うはずがなかった。そのため、政元手勢により報復として、今回和睦仲介を行った公治の屋敷が焼き払われている（『長興』四月三日条）。

そもそも当時二十一歳であった義尚の右大将任官は、義政、さらに義満や義持の先例に基づいたものであった。これ以前の文明十五年十二月に義尚は源氏長者と淳和・奨学院別当に補任されているが、これは義政より移譲されたものであった。特に源氏第一位の公卿がなるべき源氏長者に当時第二位の義尚が就任したことについて、義政が自らの先例を優先させたとみられている（末柄二〇一〇）。

義政は成長する義尚に対して、自らの先例に倣って官位などを昇進させることで、「「室町殿故実」の継承者」を望んでいたという（石原二〇一七）。石原氏のいう「室町殿故実」は公武儀礼において、将軍家父祖の先例を遵守し、その継承者として自己演出していた行動様式とする。これにより足利将軍家が武家の首班たりえたという。すでに室町殿称号を継承した義尚には父祖以来の室町殿を名実ともに継承することが求められていたのである。

義尚の任右大将拝賀は、二階堂政行を惣奉行として同年七月二十九日に行われた。義政の拝賀同様、義満以来の先例が求められている（『政家』正月十七日条ほか）。拝賀の準備自体は義尚が中心となってされたようだが、義尚の自立（親離れ）への第一歩であった。義政は拝賀が「無為風雨の難なく」行われるように諸寺社の御師《おし》に祈禱を命じているが（「石清水八幡宮菊大路文書」『政』八一一ほか）、ハレの舞台に臨む義尚に対しての親心というべきものだろう。

“最後の管領” 畠山政長

畠山政長は義政による畠山義就赦免の抗議のためだろう、拝賀の直前に管領を辞した。細川政元がその後任として管領に補任され拝賀に供奉することとなり（『蔭凉』七月二十五日条ほか）、同時に右京大夫に任官している。政元は辞任した政長に替わり、その子の畠山尚順《ひさのぶ》を拝賀に供奉させるように義尚に申し入れた。尚順は七月十九日に政元亭にて元服を行っており、政元が後見役としてもあった。だが、義尚は義就を刺激したくなかったのか、それを拒否したのである。そこで政元は、尚順の供奉が許可されなければ自分も供奉しないと述べ（『政家』七月二十四日条）、供奉参加の許可を迫った。尚順の供奉は、退任した政長に替わるものであり、赦免された義就の出仕が想定されるなかで尚順の供奉が許可されなければ、政長系の否定にも繋がりかねない。そこで、政元は強い形で抗議したのだ。そのため尚順の供奉は認められたが、政元の抗議は義政に不満があれば上表するという、かつての管領の抗議態度の再現であった。幕府儀礼（この場合は拝賀だが）は管領の存在を前提としており、なお管領は必要とされていたのだった。

拝賀の日取りは費用不足などもあり、当初の七月二十三日、同二十六日と二度延期し、二十九日に実施された（『政家』二十三・二十五日条）。義満と義政の拝賀の日取りはともに七月二十五日であったが、今回候補より二十五日が外されたのは、この年は凶日であったためであろうか。

二十九日の拝賀では義政は一条室町の桟敷にて行列を見物した（『長興』同日条ほか）。当日の天候は快晴で、義政が心配した風雨もなく無事終了したが、尚順の供奉があったためか、義就らの出仕・供奉はなかった。結局、政元と政長との緊張を高めただけで、義就を赦免した意味はなかったのだ。

ところで拝賀の際は政元が管領を務めたが、終了後すぐに辞職した。これは、管領に補任された時点ですでに決まっていたことであった（『長興』七月二十五日条）。これ以降、管領職は幕府儀礼の際のみに補任されるものとなり、幕府の意志決定からはずれることとなった。さらにこの後は儀礼時の補任すら不安定となっていく（管領奉書［室町幕府御教書］も終焉）。そのため、政長は平時の管領としては〝最後の管領〟といえるだろう。

2　義尚の近江親征と死

奉公衆と奉行衆の衝突

義尚の右大将拝賀を遡る一年前の文明十七年（一四八五）四月、幕府内で奉公衆（番衆）と奉行衆が対立、衝突した事件が発生した。事件は当時、相国寺に横川景三《おうせんけいぞう》が入院したことについて、檀越であった義政が聴聞に行った際、義政に供奉していた奉公衆と奉行衆がその座次（参賀の順番）をめぐって相論となったことからはじまった（『政家』四月二十二日条ほか）。

義政の時代、幕府の実務運営を担う奉行衆の役割は大きくなっていたが、本来の幕府の身分序列では奉行衆は奉公衆の下位であった。奉行衆はその序列に対して奉公衆より優位であることを主張したのであった（『大乗院』五月七日条）。これは幕府の身分秩序を覆すような行為であり、一度でも認めてしまえば今後、先例となる。奉公衆としては自分たちの序列低下を意味する奉行衆の要望を決して容認することはできない。一方、幕府の実務を担っていた奉行衆としては、自分たちの儀礼面での不遇に従来不満をいだいていたのであろう。これは個々の問題ではなく、「衆」同士の対立であった。

奉行衆は抗議のために一同で出家した。この意味については「抵抗」（河合一九七二）と「帰順」（蔭木一九八七）と評価がわかれるが、幕府の実務を支え、各種裁判を抱える彼ら奉行衆の出家は幕府の政務停止を意味する。実際にこの当時、義尚に付随する御方衆《おかたしゅう》であった安東政藤《あんどうまさふじ》の注進状案には「奉行衆が未だ出頭しないので、（審議の）時間だけが過ぎている」と相論の審議が停滞したことが記されている（安東政藤注進状案『蜷川』二一七）。特に所領をめぐる相論の延長は死活問題ともなりかねない。本来であれば奉公衆と奉行衆の対立は急ぎ終息させなければならない問題である。
だが両者の対立は深刻化し、武力抗争に及ばんとしていた。特に奉公衆から標的とされたのが東山山荘造営を中心を担った公人奉行の飯尾元連と政所執事代布施英基であった。彼は前述のように義政の側近奉行ともいうべき存在であり、当時の東山殿権力を担う存在であった。さらに英基は多くの別奉行を務めて多々訴訟を抱えており、先の政藤の相論でもこの英基が担当奉行としてあった。

この騒動に対して仲介を試みたのが細川政元であった。政元は穏便に解決するために英基に隠居を勧めたのである。しかし、英基はそれを拒否し、そのほかの仲介も拒否した（『大乗院』五月十七日条）。当初、義尚は奉公衆の暴走を防ごうとしていたが、英基が義尚の御所の近所に城郭を構えたこともあり、強硬姿勢に転じて奉公衆の番頭《ばんがしら》（四番衆の番頭をのぞく）を召して討伐を命じたのであった（『実隆』十八日、十九日条）。義政は義尚に使者を派遣し、これを一旦停止させているが（『十輪院』同十九日条）、奉行衆と奉公衆の衝突をひとまず避けさせたかったのである。

なおも事態は沈静化せず、二十三日には奉公衆が武装し、英基の籠もる在所に押しかける事態となった。義政は英基と元連に対して早々に退散するように厳命し、さらに政元も策を練ったことで英基が京都を没落することとなった（『蔭涼』二十三日・二十四日条）。その後、二十五日にはほかの奉行衆四十余名も落髪し、遁世してしまった（『親長』二十五日条）。

義政の得度と事件の終息

幕府内部を揺るがすこの混乱のなか、義政は六月十五日に三会院《さんねいん》にて月翁周鏡《げつおうしゅうきょう》を戒師として得度した（『蔭涼』同日条）。法諱は歴代将軍の法諱に使用される「道」を用いて「道慶《どうけい》」、道号は「喜山《きざん》」であった。

今回の得度に先だって、義満着用の袈裟か義持着用の袈裟か、いずれを用いるのかが問題となったが、義政は義満着用の袈裟を選択した。ここでも義政は義満の先例に準拠しようとしたのである。ここに義政は落髪し、以降法服を用いることになる。ただ、この得度自体はこの事件が原因とされる。この事件で義政は奉行衆方を支持、義尚は奉公衆方を支持していたが、奉公衆方に理運となる成敗ばかり続いたため、義尚に不満を持った義政が得度に及んだという（『大乗院』六月二十六日条）。

実はこれ以前、義政は東山山荘に移った早々の文明十五年七月に得度しようとしていた。だが、この時は後土御門天皇に制止され、延期することとなった。天皇がこれは制止したのは、義満の得度の際に、当時の後小松天皇が制止した先例に倣ったためであった（『実隆』二十九日条）。それが今回の騒動をきっかけに、得度が進むこととなった。

奉公衆と奉行衆の騒動については、そもそも義政と義尚との確執がその要因とされ、義政に近い奉行衆と義尚と結ぶ奉公衆により、「義政・奉行衆」対「義尚・奉公衆」という対立構図があったとされている（石崎一九九三ほか）。しかし、奉公衆のなかには義政に近侍するものもおり、単純な対立構図とはいえない。また鳥居氏は、義政が形式的に主従制的支配権、義尚が統治権的支配権を握っていたものの、本来、主従制的支配権は奉公衆に、統治権的支配権は奉行衆に対して有するものであり、この場合、義政と奉行衆、義尚と奉公衆と、そのねじれ現象が頂点に達した結果に発生した事件と指摘している（鳥居一九八七）。また当初、義尚は両者の衝突を避けるために奉公衆を制止していたが、奉公衆が一味同心したことでその要求を受け入れたのだった（村石二〇二〇）。

いずれにしても、事態の悪化は布施英基の強硬的な態度によるところが大きい。これは、奉公衆との衝突のために城郭を構え、それに伴う人員をある程度用意できるほどの経済力を持っていたことがあろう。ただ、その自信の大きな背景は経済力というよりは、義政であったかもしれない。かつて禁裏御料所代官を務めた英基が朝廷より職務怠慢で代官職を改替させられようとした際、義政がそれを拒否し、改替を免れたこともあった（『親長』文明十四年十月三日条）。英基は義政の寵用を背景に権勢を高めており、今回も義政によりこの問題を乗り切れると過信したのかもしれない。義政が英基を擁護し続けたことが奉公衆らの態度硬化に繋がったともみられている（北山二〇二四）。もちろん、奉行衆全体の面目や、その地位向上のために妥協できなかったのかもしれないが。

八月五日になって、飯尾元連以下の奉行衆は義尚により赦免された。そして、同十五日に義尚に出仕して、赦免の御礼を行ったのである（『蔭凉』同日条）。続いて義政は寺社の別奉行を定めるなど（同二十一日条）、なお禅院に関わる奉行衆の人事権を行使している。だが、渦中の人物であった英基ら四名の奉行衆は赦免されなかった。英基らが義政に赦免されたのは年末であった。英基父子はその御礼のため、義政に次いで義尚のいる小川第のもとに向かったが奉公衆方はこれを許さなかった。奉公衆は義尚に対して英基らの誅殺を願い出たのである。それが承認されたことで御所を訪れた英基父子らを奉公衆らは殺害した（『政家』『蔭凉』ほか十二月二十六日条）。京中の公家衆はこの事件の結果に驚愕したが、奈良の政覚は英基を「寺社本所にとって猛悪の者」と評している（『政覚』二十七日条）。英基は多くの別奉行を兼ね、各種相論を担当していたから、英基は訴訟相手の一部からは怨まれる存在でもあったのだ。彼が特に奉行衆のなかでも標的となった理由でもあろう。

英基の死により、奉公衆と奉行衆との確執は表面上は解決した。これ以降、幕府の終焉に至るまで、両者による席次をめぐる相論が再発することはなかった。奉公衆と奉行衆との上下関係が再確認されたのである。ただ、その後もなお義政による奉行衆の掌握は続く。公人奉行である元連は側近として復帰し、政所執事代は義政に近い松田数秀が英基に替わって就任した。彼らはこれからも義政のもとで東山山荘造営も担うのである。

義政時代の将軍直臣と番帳

奉公衆と奉行衆の抗争は終結したが、そもそも義政時代の将軍直臣たちはどうだったのだろうか。義政を支えたのは「三魔」や伊勢貞親・貞宗父子などの側近だけではない。そこで、当時の幕府構成員がどのようであったのかみていこう。

義政の時代は幕府の職制がおおよそ定まった時代であった。大名・守護（国持）以下、外様衆（含准国持・大外様）、御供衆、御部屋衆や中次、直臣の中心を占める番衆、実務法曹官僚である奉行衆と続き、さらに芸能などを司る同朋衆らもいた。幕府構成員（御相伴衆、国持衆、外様衆、御供衆、申次、番衆、奉行衆、走衆、同朋衆など）を記した番帳（番衆の名簿）には、「永享《えいきょう》以来《いらい》御番帳《ごばんちょう》（永享番帳）」・「文安年中《ぶんあんねんじゅう》御番帳《ごばんちょう》（文安番帳）」・「長享《ちょうきょう》元年《がんねん》九月《くがつ》十二日《じゅうににち》常徳院殿《じょうとくいんでん》御動座《ごどうざ》当時《とうじ》在陣衆《ざいじんしゅう》着到《ちゃくとう》（以下、長享番帳）」がある。それぞれ番帳の成立年代については、「文安番帳」が文安元年（一四四四）五月から六年正月、「永享番帳」の「五ヶ番着到」の部分の作成は、宝徳二年（一四五〇）正月～享徳四年（一四五五）正月の間とされる。さらに「長享番帳」は長享元年（一四八七）九月～同三年三月以前とされる（福田一九七一①）。「東山殿《ひがしやまどの》時代《じだい》大名《だいみょう》外様附《とざまづけ》」として知られる番帳もあるが、これは義稙期に義稙の河内親征に先だつ明応元年（一四九二）末～翌二年初頭成立とされている（今谷一九八〇）。くわえて戦国期に大館尚氏（常興）が作成した「長禄《ちょうろく》二年《にねん》以来《いらい》申次記《もうしつぎき》」などがある。これは番帳ではないが、義政期の中次や御部屋衆、御供衆などが記載される。同じく番帳ではないが、「康正《こうしょう》二年《にねん》造《ぞう》内裏《だいり》段銭《たんせん》并《ならびに》国役《くにやく》引付《ひきつけ》」には、義政時代の奉公衆の名前とともに所領についても記載される。

このほか、義政期の奉行衆やその人事については、吉田社の神官吉田家に伝来した「諸奉行《しょぶぎょう》次第《しだい》」や、『蜷川親元日記』などの幕府関係者の日記などに記載されており、その去就の多くが判明するなど、義政時代の直臣を知るための史料は多い。寺社の別奉行については『蔭凉軒日録』にも任免の記事が多くみられる。奉公衆や奉行衆などの人事は、管領政治下では管領、次いで親政下では伊勢貞親が別奉行などの人事を掌握していた。

ただ、これらの番帳に記載されない直臣も少なくない。女房衆や幕府の下部たる公人・雑色《ぞうしき》・小舎人《こどねり》、御厩者《みまやもの》、御厩方舎人《みまやかたとねり》や殿上番衆《てんじょうばんしゅう》、御車寄雑色《おくるまよせぞうしき》なども記載されない。実際の幕府構成員の数は番帳掲載の数よりは多い。なお、義政期の政所の公人や御厩方舎人や殿上番衆、御車寄雑色などは「政所方《まんどころかた》御奉書《ごほうしょ》修理替物方《しゅりかえものかた》給物方《きゅうもつかた》引付《ひきつけ》」（国立公文書館蔵内閣文庫）からも確認できる。

また、義政の時代、寛正年間に「御供衆」が明確に確立したとされる。これは義政期には御成など外出が頻繁となるなかで、従来の大名の一騎打の維持が難しくなったこと、小侍所が形骸化したことなどが指摘され、御供衆は小侍所を継承するものと評価されている（二木一九八三）。義政以前にも御供衆の呼称はあるものの、頻度は少ない。義政が頻繁に大名亭や寺社への御成を行ったことで、御供衆の整備につながったのである。さらに御供衆のほか、常態的に義政に近侍する人々として御部屋衆や中次衆などもいたが、殿中での中次自体は御供衆や御部屋衆も務めている（木下聡二〇二二）。

御供衆や五ケ番衆を中心とする奉公衆は将軍に文字通り奉公する存在であるが、在京奉公と在国奉公のものがあったことが、「永享番帳」からわかる。特に諸国の奉公衆領には守護の不入権が設定されており、守護への牽制も果たしていた。奉公衆の所領は全国に及んでいた（福田一九七一②）。

管領政治の時代は、その人事の実務は基本的には管領にあったようで、文安五年に奉公衆の二番衆に属する山下《やました》将監《しょうげん》入道《にゅうどう》同数《どうすう》が御暇乞いとした際、二番衆の番頭は義政ではなく、まずは管領に申し入れている（『康富』九月十日条）。

大乱後の奉公衆などの総数について、『大乗院寺社雑事記』文明十八年八月十五日条に「公方の近習は一番衆・二番衆・三番衆・四番衆・五番衆一月を五つに分けて、六日づつ番をしている。この一乱以後は四番衆は小人数である。二番衆も小人数である。三百人ばかりがいる。召し仕える侍以下は二千人ばかりいる。一番・三番・五番は大人数である。すべての侍の数は二万人ばかりであるだろうか。御馬廻は三千騎である」とみえる。将軍に仕えているものは最大で二万とあるが、これは過大であろう。ただ、在京の奉公衆が大乱を経て、減少しつつあることがわかるだろう。

義政の隠居宣言と義尚の親征

奉公衆と奉行衆の抗争があった翌年、文明十八年（一四八六）ころより、寺奉行の人事について義尚の関与がみられるようになった（『蔭凉』三月十三日条ほか）。奉行衆の人事権も義尚に徐々に移行しはじめたとみられる。そのなかで同年末に義政は自身への訴訟の披露などを禁止する方針を示した（同十二月十四日条）。これは翌十九年にも継続された。これは義政が「世上のことは、すべて無道だ」として政務を停止したのだが、これは義政の政務放棄宣言と評価される（鳥居一九八七）。義尚の右大将拝賀の影響も考えられる。義政の右大将拝賀は管領政治より親政の確立を周知させる意味があったとされるから、義尚の拝賀は義尚親政の始まりを知らしめるものであったともいえる。さらに累年の懸案であった畠山義就を赦免したことも影響しよう。義政による権力移譲は本格的に開始されたのである。もっとも、堀川局ら女房衆は宣言後も外部からの要請について申次をつとめているほか（同文明十八年十二月二十日条）、日明貿易でも義政が人選を進めているように（同長享二年正月二十九日条）、まったく権力を放棄したわけではない。

ところでこのころ、近江の六角高頼が幕府の寺社本所領還付政策に従わず、さらに国内の奉公衆の所領も被官が押領するなかで、義尚は六角氏討伐を決定した（『蔭凉』七月二十三日条ほか）。直接のきっかけは奉公衆の一人一色政具が義尚に近江で所領が押妨されていることを訴え出たことであるが（同七月十八日条）、ほかの奉公衆も続々同じ訴えをしたのである。決定をうけて四十六名が御礼の太刀を献上したというから（同二十三日条）、その影響が大きかったことがうかがえるだろう。

足利義尚

六角氏はこれを防ぐ布石もあろう、大乱の終結後、特に文明十年以降、義政、富子、義尚は当然として、義政の側近で義尚の乳父伊勢貞宗への進物を欠かさなかった（『親元』文明十年六月十五日条ほか）。特に高頼は義政への披露を貞宗に依頼しており、当時は「高頼－貞宗－義政」という音信ラインがあった。だが、高頼は畠山政長と義就との対立において、義就への軍事支援を行おうとするなど（『大乗院』文明十五年二月十七日条）、独自の姿勢を示そうともしている。

義尚はこれ以前より内々に高頼討伐を貞宗に諮ったものの、貞宗はこれまでの高頼との関係もあったためこれをなおざりにしていたようだ。そのため、義尚は貞宗に相談もなく今回の討伐を決定したという（『大乗院』八月三日条）。それだけではない。義尚は高頼と同じく押領を止めない朝倉氏や土岐氏の征伐も考えていたようだ。ただ、彼らも高頼と同様に幕府への音信や進物を定期的に行ったほか、東山山荘造営の負担もしており、在地を押領する一方で、幕府との関係維持も図っていた。

高頼は細川政元を通して謝罪したものの認められず、義尚は高頼討伐を強行した。これ以前、畠山義就討伐のための親征が計画されていたが、実際に行われなかったため、将軍の親征が義満以来復活することとなった。これまで、将軍の代始めには軍事的なデモンストレーションを行って武威を示したとされる（榎原二〇〇六）。そこで、高頼討伐と義尚自らの出陣は、引退宣言をした義政に代わり室町殿を継承した自身の武威を示す機会としても活用されたのである。さらにその名目は寺社本所領還付であり、義尚の代始め徳政としても行われたものとみられており（榎原二〇〇六ほか）、この親征は代始めのデモンストレーションの意味もあったのだ。義尚はこれまでの公武に立脚する室町殿の権威に限界を感じており、尊氏・義詮時代の「戦場の指揮官」として武家政権の首班となろうとしたとも指摘される（石原二〇一七）。なお、この直前の七月二十日、「文明」より「長享」に改元している。

また、この親征にあたり義尚が治罰の綸旨は求めていないことは注目される。かつて足利成氏や山名持豊、畠山義就、足利義視などに対して出されていたが、これまでの先例から高頼討伐について治罰の綸旨の発給があっても不思議ではない。そのため、今回の親征は天皇の権威によらず、将軍自らの武威のみで高頼の討伐を実行しようとしたといえるだろう。

ところで、義政はこの親征についてどのように考えていたのだろうか。義政はこの義尚の動座について「同意」したらしい（『長興』八月十一日条）。そして、義尚より飯尾清房《きよふさ》らが使者として義政のもとに派遣され、親征について報告した際には「もっともなことだ」と返答したという（『蔭凉』十二日条）。これらをみれば、義政は寺社本所領還付というこれまでの基本方針に沿った義尚の親征を支持していたとみてよいだろう。また、親征にあたって義尚は蔭凉職を通じて禅林に祈禱命令を下しており（同八月十八日条）、禅林の掌握も進められた。

義尚の出陣と「評定衆」

長享元年（一四八七）九月十二日、義尚は奉公衆や日野政資、高倉永継などの公家衆を率いて近江に動座した。義尚の陣営については前述の「長享番帳」からうかがえる。それによれば、大名はもちろん、奉公衆では一番から五番の番衆のほか、奉行衆、公家衆、法中、陰陽師《おんみょうじ》や医家も供奉した。その出で立ちは、河原毛《かわらげ》の馬に騎乗し、「御喉輪《おんのどわ》、小手《こて》、脛当《ひじあて》、矢子、御弓重藤《しげとう》、赤地《あかじ》金襴《きんらん》鎧直垂《よろいひたたれ》、御刀、御太刀」であったという。これは「天下壮観」であったという（『蔭凉』同日条）。さらに家督の象徴である「御小袖」も帯同された。だが、この出陣には在国の大名らはすべてが参陣したのではなく、遠国の大名はまだ上洛していなかった（『長興』同日条ほか）。

ただ義尚の陣所は細川政元の出陣まで決まることはなく、やや場当たり的なものであった。その後義尚は鈎《まがり》（滋賀県栗東市）に陣したが、動座には奉公衆のみならず奉行衆も従った。細川、斯波、畠山の三職や、山名、一色、京極、大内、土岐らの大名・守護たちも次々に参陣した。また、親征にあたって義尚は五山に対して「天下祈禱」について命じているが（『蔭凉』九月六日条）、これは義尚が祈禱命令による禅院掌握の一手でもあろう。

陣所となった鈎では義尚の政務を支える、二階堂政行《まさゆき》、大館尚氏（はじめ重信《しげのぶ》）、結城政広《まさひろ》（はじめ政胤《まさたね》）といったメンバーからなる側近集団「評定衆」が設置された。この評定衆は従来の幕府の評定衆（摂津・二階堂・波多野・町野《まちの》氏など）とはまったく異なるものである。彼ら評定衆は訴訟の取次や審議を行っただけではなく、義尚の決裁にも影響を与えた存在であった。この当時、平時の管領は存在せず、この評定衆が義尚の将軍権力の中枢ともいうべき存在であった。

実務を担う奉行衆では、「御陣奉行」となった飯尾清房と松田長秀《ながひで》のうち、清房が惣奉行として各種相論の訴状受理を一手に担っていた。そのため、寺社側は清房に対して請文《うけぶみ》（申請書）を捧げて所領回復を依頼した（『蔭凉』長享元年九月二十六日条ほか）。義尚は陣中で定めた「陣中御法《じんちゅうごほう》」により訴訟の審議決裁を定め、評定衆を中心とした訴訟や政務決裁を行っていたが、実際に義尚の裁許を得ずに評定衆らが独断で判定することもあったようだ（『大乗院』閏十一月十六日条ほか）。彼らは決裁権の一部を委任されていたとされる（設楽一九八九①）。義尚の評定衆は戦国期の義晴期にみられる「内談衆」といった側近集団の原型とも評価される存在である。

だが、評定衆に権限が集中したため、直臣を含め諸将から不満を持たれることとなった。特に重用された政胤とその弟である結城尚隆、清房が不満の対象となった（『大乗院』十月晦日条）。政胤は陣中で「雅意の所行」を行っているとみられた（同十一月二十八日条ほか）。しかも、弟尚隆は高頼に替わり近江守護にも補任され、次いで近江介《おうみのすけ》を受領している（『政覚』長享二年正月四日条）。これは義尚が近江国を御料国化する意図があったためであろうが、一介の奉公衆でしかない尚隆の守護補任は当時からみてもまったく異例である（尚隆の先祖結城満藤が山城国守護になった事例はある）。さらに尚隆は義尚の寵臣として政元と対立することもあった（同長享元年閏十一月八日条）。そのうえ度々陣中でトラブルを起こすこともあり、被害状況によっては義尚より自害を命じられるところであった（同二十七日条）。結局、異例となる守護職については周囲より抵抗があったと思しく、十一月には辞退が噂されている（同十一月二十六日条）。

義尚親征中の義政

幕府の政務が近江の鈎を中心としたことで、訴訟審議のために公家衆や寺社関係者など多くの人々が京都から鈎に赴いた。だが、彼らは東山山荘への御礼も継続したため、近江と山荘の両所に参礼に赴かねばならず、その負担は増加した。義尚を中心とする新体制が整備されるなかで、義政と義尚との関係はどうなっていたのであろうか。なお、義政は度々陣の様子の報告を受けており（『蔭凉』長享二年正月十九日条）、その戦況を気にしていたようだ。

この当時、畠山義就問題も解決した義政は政治の表舞台から退く意志を持っていた。さらに義尚が鈎で奉公衆はもとより奉行衆を使役して政務決裁を行っており、権力が一元化しようとしはじめていた。だが、義尚は寺社本所領還付ではなく、当初のきっかけでもある奉公衆への知行安堵などを優先したこともあって、寺社本所領を兵粮料所として奉公衆に宛がうこともあった。そこで寺社側は免除のために義政を頼ったのである。義政は政務放棄を宣言したものの、寺社本所所領の還付や安堵を期待され、問題の裁定を行わざるをえなかった（野田一九九五）。

その一例として、奉公衆佐竹光明《さたけみつあき》が相国寺領美濃国西山口郷《にしやまぐちごう》（現岐阜県関市）代官職を兵粮料所として宛がわれたものがある。光明は義尚に自家にゆかりのある当地を兵粮料所として申請して認可されたのだが、相国寺がこれを不服として義政の裁許を頼った（『蔭凉』長享二年五月十六日条ほか）。この問題は担当奉行であった清元定《もとさだ》が「陣中御掟」に沿って、詳細を糺明しないで申請者の申出通りに奉書を発給したことから起こったものであった（設楽一九八九①）。義政はこの相国寺よりの歎願について義尚へ返付を命じるとともに、その返付の幕府奉行人奉書の文言も監督し、義尚の御陣奉行である飯尾清房らに修正を指示させるなど、積極的に問題の解決を進めている（同六月十日、二十四日条ほか）。これをみれば、義政は場合によってはなお周囲に期待されるものであった。

またちょうどこのころ、義尚は「義熙《よしひろ》」に改名した（便宜上以降も義尚とする）。これは「義尚」では「天下を執政するのにふさわしくない」ためであるという（『実隆』五月十二日条）。義尚は新たな室町殿権力の確立に邁進していたのだ。しかしこの時期、義政が義尚の権力と対抗する存在としてあったのかというとそうではない。たしかに義政はこの時期に寺社本所よりの歎願を処理することはあっても能動的に権力を行使したものではなく、あくまで歎願のうえの受動的なものであった。特に相国寺の一件についてみれば、もともと義政に近い相国寺関係者に関わる案件であったこともあろう。また、これまで義政が掌握していた禅院の人事についても義政が眼病ということで、義尚にその権限が移譲されている（『蔭凉』長享二年九月二十四日条）。もっとも、眼病を名目に権力移譲を進めようとしたのか、本当に眼病で一時的に移譲しようとしたのかあきらかではないが。

ところで義尚の不在のなか、長享二年九月に京都で土一揆が発生した。すでに侍所の所司・所司代が存在しないなかでこれに対応したのは細川政元であった。政元は蜂起に先立って徳政許可をしようとしたが、義政はこれを止めたという（『蔭凉』八月二十五日条）。東山殿義政はなお徳政の諾否権を持っていたのだ。義尚が権力の自立化のため京都を不在としたことで、結果的に京都周辺での一部のトラブル解決を義政が担い続けることにもなった。これは主体的な行動ではないにしても、義尚への完全な権力の一元化はまだ途上であったことを示している。

一方このころ、富子は義尚と再び不和になっていた。近江国内の御台所御料所をめぐって義尚が富子の不利に裁許したのであろう。富子は岩倉の金龍寺《こんりゅうじ》（京都市左京区）に隠居してしまった（『政家』同元年十二月二十五日条ほか）。これ以前に富子は一切の沙汰を止めてしまったというから（『大乗院』十一月八日条）、それに代わって義尚に権力が集中することとなった。

義政の朝廷対応

東山殿義政が禅院において、なおも人事権、安堵権、相論裁許権などを行使していたことはみてきた通りだが、朝廷の人事においても一定の影響力を保持した。

文明十九年（一四八七）当時、政務放棄を宣言していた義政は、左大将任官をめぐる近衛尚通《ひさみち》と今出川公興《いまでがわきんおき》の争いのなかで、頻りに執奏して尚通の任官を支援した（『お湯』文明十九年二月二十三日条ほか）。実は公興が以前の勅約によって左大将任官が内定されていたものを義政が介入したのである。義政はこれまでも尚通の父近衛政家を支援していた（石原二〇一八）。義政の「御親」が近衛房嗣であったことをみれば、義政はこれまで通りに近衛家を支援する姿勢を持っていたのであろう。室町殿義尚も文明十六年以来執奏権を有したが、親征後もなお両者が併有していたのである。

また、義尚の鈎在陣中、朝廷への対応について両者の間での齟齬もみられる。それが朝廷への経済支援である。このころ、後花園天皇女御《にょうご》で後土御門天皇生母である女院嘉楽門院《からくもんいん》（東洞院殿・大炊御門《おおいのみかどの》信子《ぶこ》）が高齢もあって危篤と小康状態を繰り返していた。そのため、朝廷では薨去後の諒闇《りょうあん》（天皇の喪）について話題となった（『親長』長享元年十月二十四日条ほか）。特に問題となったは諒闇の費用である。朝廷側は義政にこの件について伺いを立てたが、義政は鈎の義尚に申し入れるように返答したのであった（同二年三月九日・十五日条ほか）。一方、義尚は義政へ申し入れるようにと返答し、これが繰り返される事態となった。当然、朝廷側は困惑している。

一見するとお互いに費用捻出について責任をなすりつけ合っているようにもみえる。義政は春日社の立柱費用についても義尚が行うべきと述べており（『親長』長享元年十一月七日条）、朝廷や寺社への金銭負担は義尚が行うものと認識していた。この時義政はすでに政務放棄を宣言しており、朝廷の支援についても室町殿となった義尚が行うべきものと認識していたのだろう。

一方、義尚はこの費用工面は義政が行うべきものと認識していた。これは言い換えれば、幕府権力が未だ一元化していない現れでもある。義政は義尚への権力移譲を意識したものの、義尚は朝廷支援についてはその意識がなかった。朝廷への経済支援を東山殿と室町殿のどちらが行うのか、その権限が明確になっておらず、周囲もそれに左右されていたのであった。これは嘉楽門院薨去の翌年も続き、今度は一回忌の費用が再び問題となっている（『蔭凉』長享三年三月二日条）。これらの諸問題の要因の第一には、朝廷に関する（もしくは政務全般）権力分掌について、両者の意思疎通が図られていないことがある。しかも、この時期には富子も独自に朝廷に執奏するなど（『親長』文明十九年六月二十九日条）、対朝廷交渉は幕府内で一元化していなかったのである。

逸脱する義尚

長享二年（一四八八）九月に義尚は在陣中のまま内大臣となったが、任大臣大饗《だいじんのだいきょう》が大儀であること、在陣中であることを理由に任官を辞退しようとしていた。これに対して義政は、義尚に内大臣任官を堅く申し付けたため、任官することのみ承知したという（『蔭凉』八月二十八日条）。この任大臣節会も延期が続き、九月十七日に鈎に在陣のまま挙行され内大臣となった。これをみると、義尚は在陣を理由とするものの、大臣任官に消極的であったといえる。

義政は義満・義持の先例に倣って二十四歳で内大臣となっており、当時二十四歳の義尚の内大臣任官は将軍家として佳例であった。しかし、これを義尚は事実上拒否しようとしたのである。義政は先例を無視する義尚の任官辞退を許さず、内大臣任官を強く進めようとした。同じ年、これ以前にも義尚は独断で権大納言を辞任しようとして、勅書をもって留意されていた（『親長』三月十五日条）。

義尚としては、在陣中のなかで朝廷儀礼を行うことに煩わしさを感じていたのだろうが、義政は「武」を優先して「公」の朝廷対策を軽視するかのような義尚を許さず、公武に君臨する室町殿としての意識を自覚させようとしたのであった。先の諒闇についても、義尚に朝廷を支援する室町殿としての意識を持たせたいという一種の親心とみることもできるだろう。室町殿は単に「武」に君臨するものではなく、「公」にも君臨するものであり、そのどちらかに偏りすぎてはいけないのである。義政は義尚にそのような室町殿を継承してほしかったのだろう。

なお義尚は通常の立烏帽子ではなく折烏帽子を着用したうえ、引眉《ひきまゆ》も止めてしまったことがあった。そのため、義政のもとを訪れないこともあったという（『宣胤』文明十三年四月八日条）。義尚の先例や当時の慣習を逸脱するような行いはこれ以前よりみられた。義尚のそもそもの個性であったのかもしれない。そのため、先例を遵守させたい義政と、それを逸脱しようとする義尚との溝は深まるばかりであった。室町殿をめぐる意識、または理想像は二人に共有されなかったのである。

在陣中の義尚は六角高頼のみならず、新たな討伐対象を設定した。それが畠山義就である。一度、義政・義尚により赦免された義就は、長享二年（一四八八）正月になって畠山政長の申し入れにより赦免が破棄され、再び「御敵」として討伐対象となった（『蔭凉』正月二日条ほか）。本来の赦免の目的であった右大将拝賀はもちろん、今回の親征にも義就が参陣していなかったことも影響したのだろう。義政はこれに特に反応していないので、基本的には義尚の判断を承認していたとみられる。結局、義就をめぐる問題は振り出しに戻ってしまったのだ。

義尚、陣没す

またこのころ、義尚は陣中を「退屈」していたようで、義政にも諮らず、大乱終結以降、美濃に滞在していた義視の子

鈎の陣跡地

義材を近江に呼び、自身の代官として置いて帰京しようとしていたようだ（『宣胤』長享三年四月十四日条）。義尚にとって出陣の目的は概ね達成したということなのだろう。

これ以前には、不和となっていた義尚と富子が和解している（『親長』同二年十二月十三日条）。富子は金龍寺より帰洛し、早速近江の鈎に参陣した（『蔭凉』同十四日条ほか）。富子の鈎下向は義尚との和解を演出するものであるのと同時に、評定衆らの専横をたしなめる意味もあったようだ（『大乗院』十二月二十日条）。

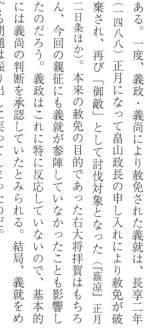

母と和解した義尚はその年の暮れより体調を崩し、翌長享三年（一四八九）三月に入ると重篤な状況となった。このため病気回復のための祈禱が行われることとなったが、亀泉集証よりこの報告を聞いた義政は「御祈禱は神妙なこと」と返答したという（『蔭凉』三月二十日条）。富子は鈎にて祈禱などの差配を行っている（『政家』同十九日条）。現地で差配する富子に対して、義政の主体性は低い。祈禱の差配がされたものの義尚は回復することなく、三月二十六日、近江の鈎の陣にて二十五歳で没してしまった。京都から離れた近江の地で新たな政治体制を構築しようとした義尚であるが、志半ばで死去することとなった。これは同時に室町殿が不在となったことを意味した。

義尚の死により評定衆は失脚した。彼ら評定衆や奉行衆の飯尾清房は権力を持ちすぎた故に、ほかの奉公衆より憎悪の対象ともなったのである。結城尚隆は陣より出奔し、その陣は放火されたという。さらに兄結城政広は陣を自焼して同じく出奔し、共に剃髪した（『蔭凉』三月二十九日条ほか）。これは奉公衆が彼ら兄弟を殺害しようとしたためであった（『政家』三月三十日条）。

晦日、義尚の遺体は桶に入れられ、京都に戻ってきた。義尚は帰陣の体により義政・富子らとともに等持院にむかったが、途中一条にて富子は悲歎のあまり号泣したという（『山礼記』三月三十日条）。大乳人局《おおちのひとのつぼね》や大蔵卿局《おおくらきょうのつぼね》などの義尚付きの女房衆は相次いで落髪した（『蔭凉』四月四日条ほか）。

義政の悲歎

義政には義尚辞世の句が送られたが（『蔭凉』四月三日条）、「将軍義尚公薨逝記《しょうぐんよしひさこうせいきょき》」によれば、義尚は病のなかで義政に「手を折て過ごし代々を算れば空敷床の夢にぞありけり」という和歌を送っていたという。自身の将軍権力の向上をはかる途上、事を成就することができなかった義尚の無念が伝わるものである。

義政は義尚の死を聞いてどのように思っていたのだろうか。義政は義尚の死を聞いて、すぐに亀泉集証を召して鈎の陣に参陣するように命じているが（『蔭凉』三月二十六日条）、義尚の葬儀などの対応はほとんど富子が主体的に動いていた。義尚追善料所の話しを進めたのも富子であった（同五月五日条）。そのなかで義政の関与があきらかなのは院殿号、塔頭と木像についてである。義政は義尚の院殿号と塔頭について亀泉に対して選定するように命じている。義政は大智院《だいちいん》を自身の塔頭として定めていたため、それ以外の院で選び、院殿号もその寺院のものを改めるか、そのまま使用するかを鹿苑院の惟明瑞智《いみょうずいち》と相談するように諮った（同三月二十八日条）。その後義政は相国寺内の常徳院《じょうとくいん》を義尚の塔頭とし、院殿号もそのまま変更せず「常徳院殿」を用いるようにと命じたのであった。義政の院殿号は生前に決まっていたというが、義尚の場合はその死後に決定したことになる。義尚の院殿号は「常徳院殿一品内相府悦山大居士《じょうとくいんでんいっぽんないしょうふえつざんだいこじ》」となった（同四月一日条）。

この後、等持院に義尚の木像を設置するかどうかについて、富子は横川景三らに諮った（『蔭凉』五月二十七日条）。景三らは義政に判断を仰いだところ、義政は義量の木像が設置されていない先例をもとに、木像の設置を認めないこととなったという（同六月十一日条）。

義政自身の実際の心情はわからないが、「将軍義尚公薨逝記」によれば、義尚の死を聞いて二、三日は憔悴していたようだ。主体的に葬儀などの差配をしなかったのはそのためかもしれない。少し落ち着いてから、「埋木の朽はつべきは残りゐて若枝の花のちるぞ悲しき」という歌を詠んでいる。若くして死去した義尚の死を悲歎していたことが読み取れるだろう。義政は富子のように人目を憚らないような号泣こそしなかったが、「歌人将軍」として、歌を介して自身の心情を表したのであった。

終　義政の死と明応の政変

将軍後継者問題

義尚の死は、父から子への権力継承が破綻したことを意味した。同時に男子のいない義尚の後継者問題を引き起こした。義尚の異母兄等賢円山や同母弟三宝院義覚は文明十五年（一四八三）にすでに没していたため、義政の男子はすでに残っていなかったためである。義政が義尚に対して義持の先例にこだわったが、皮肉なことに、義持、そして義持を先例とした義勝と同様に、義尚は男子の子孫を残すことがなかった。

大乗院門跡の尋尊は義政の子女について、当時生存していたのは義尚の異母姉堯山周舜と同母姉光山聖俊だけであったと記している（同母姉因山理勝は文明十八年に寂）。さらに尋尊は将軍家の後継者候補として、三つの説を記している。第一は足利義視の息子義材、第二は足利政知の子香厳院清晃《せいこう》（のちの義澄）である。そして興味深いのは第三の説で、それは細川政元の同母弟だが、実は義政の子であるというものであった（『大乗院』長享三年三月晦日条、四月八日条）。政元の生母で勝元正室は山名持豊養女であるが、そうすると義政と彼女が密通していたこととなる。もちろん、このような事実は史料からは裏付けられない。実際、これ以降話題に登らないため、単なる虚報であったようだ。

第二候補の清晃は、長享元年（一四八七）に伊豆より上洛していた。それは文明十七年七月に義政が伊豆の政知に対して、その男子を上洛させ、香厳院に入室させるように御内書を発給していたためである（『蔭凉』七月五日条）。その男子が実際に上洛したのは長享元年五月二十八日であり、その時は三百人の御供が従っていたという（同日条）。香厳院はかつて政知が入室していた寺院であり、清晃はそれを継いだのである。この男子は上洛後、剪髪し「清晃」と名付けられたが、一連の入室は義政が主導したものであった。当時将軍家の男子が減少し、寺院へ入室できる男子はもちろん、将軍を継承しうる将軍家の男子が義視の男子か政知の男子しかいなかった。そこで、義政は政知の男子の一人を万が一の際の将軍継嗣ストックとして呼び寄せたのだろう。さらに清晃は香厳院に入室するにあたって義尚の「猶子」とされた（『親長』明応二年四月二十八日条）。

ところで、政知は当時の将軍家の「御系図」において、義政の兄と位置づけられていた（「宗賢」長禄二年正月十四日・十八日条）。もちろん、それは事実なのであるが、政知が義政の「兄」と位置づけられたことは、その子清晃の将軍継承にも大きな影響があったとみられている（杉山二〇一二）。

一方の義材は富子が推していた。義材は文明十九年正月に義尚の猶子として美濃にて元服していた（『大乗院』正月十五日条）。さらに同年八月には義尚の執奏により叙爵し、左馬頭に任官していたが（『お湯』二十九日条）、実はこれは富子が仲介したものであった（『長興』九月一日）。これは義材の母良子が富子の妹であり、日野家の血を引く実の甥であったことが第一であろう。義政がこれにどのように関わっていたかはわからないが、尋尊は富子が支持したことから、「それならば義政も同意しているだろう」と述べている。清晃の母は武者小路《むしゃのこうじ》隆光《たかみつ》の娘（円満院《えんまんいん》）であった。武者小路家は柳原《やなぎはら》家より分かれる日野流の公家衆であるものの、富子・良子姉妹出身の日野（裏松）家には連ならない。さらに政知も日野家の血を直接は引いていないため、日野家の血を直接継ぐ義材を富子が支持するのは当然だろう。

ただし、義材の将軍就任は同時にその父義視の政治的復権を意味する。それもあってか清晃を支持したのが政元であった（『大乗院』四月八日条）。さらにこの将軍継嗣問題には遠く伊豆にいる政知も関係していた。政知は政元と連携しながら、子息清晃を将軍として、その支援のもと関東への進出を図ろうとしたという（家永一九九五）。なお、政元は義材の将軍就任後、清晃の生母の姉妹を母にもつ九条政基の子澄之《すみゆき》を養子としている（『政家』延徳三年二月十三日条）。これは政元が清晃との関係を推し進めようとしたものともいえるだろう。

政務再開宣言と中風

義政が実際に誰を後継者とするのか、明確な意思表示をしなかった。

そのなかで、長享三年（一四八九）四月に美濃にいた義視・義材父子が近江の大津を経て十四日に上洛した。父子は上洛後、当時義視の娘が入室していた三条高倉にあった通玄《つうげん》寺《じ》（京都市中京区）を居所とした（『宣胤』四月十四日条）。義視は落髪の暇乞いのため、義材は義尚の焼香のためという名目で上洛したのだが（『政家』四月十三日条）、これは表向きの理由であることはいうまでもない。これ以前、義材は義尚の猶子として近江の鈎に出陣する予定であったが、これは義尚の後継者に近い存在とみなされていたためであろう。

義材はその後、十九日になって小川第にいた富子のものに赴き対面した（『政家』同日条）。義材は

通玄寺跡地

そのまま小川第に滞在するようになる。これは次期将軍候補として富子が支持したことを意味していた。また、義材の元服や義視らの上洛は富子が手配したもので、義政は知らなかったらしい（『宣胤』四月九日条）。後継者をめぐり義政による明確な意思表示がないなかで、富子は義材の擁立を進めていたのである。富子は次期将軍のキャスティングボートを握ったが、義政は蚊帳の外であった。

　ところが、義材が富子に対面した同日、義政は「隠居の身」であるが再び「天下の政道」を執ることについて、武家伝奏の勧修寺教秀を通して後土御門天皇に申し入れたのである。天皇は「義持の先例がある」としてこれを承認したが（『蔭涼』四月十九日条）、これは第四代将軍であった義持がその実子である第五代将軍義量が死去したのちに政務を執った先例による。義政がわざわざ政務再開について勅許を得たことは注目されるだろう。実際はこれ以前より義政は政務を執っていたようで（『大乗院』四月十二日条）、天皇への政務再開伺いは形式的なものであった。あえて義政が政務再開を宣言したのは、自身が生きている間は義視父子に対して政務の実権を移譲しないという事実上の宣言でもあり、勝手に将軍継嗣問題をすすめる富子への牽制でもあった。義政は七月になって東山山荘に寝殿の造営を開始したが、（『蔭涼』七月八日条）、これは唯一の権力者東山殿が山荘を幕府政務中心の場としようとしたためであった。

義視は義政の強い意志をみたためか、四月二十七日に通玄寺にて青蓮院尊応を戒師として落飾した。法名は「道存《どうぞん》」(『公卿』)。もっとも、この出家は義政の政務再開宣言直後の十三日時点で決まっていたようだ(『蔭凉』同日条)。また、次期将軍職は義視自身ではなく、義材であることを周知させるためでもあろう。義政はこの落飾にあたって道服を義視に送っている(『実隆』同日条)。

健康不安と印判

義政が政務再開を宣言したものの、中風によって政務に大きな支障があった。義政は右腕が不自由な状況であり、公帖などへの御判が据えられない状況であった(『蔭凉』四月二十一日条)。その後も義政は筆を持つことができなかったようで、直判の文書発給そのものがほとんど停止してしまった。義政は中風のみならず、眼病も煩っていたようだ(同五月七日条)。

それでも可能な限りは政務判断を行っていたようだが、公帖停止状態により五山の人事が「迷惑」となったことで、蔭凉職の亀泉集証は義政に対して、御判ではなく御教書か、中国・朝鮮の例をあげて御判に代わり印判《いんばん》の使用について申し入れた。御教書での発給には先例もある。義政期においても、享徳四年(一四五五)八月に当時の管領細川勝元が奉書形式の公帖を発給している(「天龍寺文書」・『勝』二一六)。ただし、当時管領は不在であった。それもあったのか、義政は中国・朝鮮の使用例をもって、印判(印文「喜山」)での発給を決定したのである(『蔭凉』八月八日条)。そのため、これ以降、公帖については印判が用いられることとなった。義政印判による公帖は現存しないが、「御印を貼」るとみられることから(同九月十日条)、公帖に直接印を押すのではなく、印が押された紙を公帖に貼り付けたようだ。この印自体はこれ以前より存在しており、義政の印判は「喜山」大小二つと、「徳有隣」一つ、「封」一つの四つがあった(同文明十七年十月十六日条)。なお、花押の代用となった「喜山」の印文は義政の死にともなって削られることとなる（同延徳二年三月十二日条）。

異例の「延徳」改元

八月二十一日には東山殿である義政の執奏により「延徳」に改元された。その理由は「天変病事」によるものとされたが（『親長』六月十九日条）、実際は義尚の死が理由であったようだ（「改元勘文部類記」）。義政はこれ以前の五月四日に改元について「頻」に執奏していた（『実隆』五月四日条）。義政の改元へのこだわりは、義尚の死を呼んだ「長享」への嫌悪であろうか。そもそも「長享」の改元は義政や義尚の執奏によるものではなく、火事や兵革を理由に朝廷主導により行われたもので（『長興』文明十九年七月二日条ほか）、義政には「長享」にこだわる理由もなかった。

だが実際、改元は順調に進まなかった。これはやはり義政の健康状態が影響したためであった。当初は七月六日が改元定に予定されていたものの、義政の中風により延期となった。その後八月二十一日に決定されたが、それに関連して行われる幕府での改元吉書始が問題となった。この時、義政は吉書に御判を据えなければならないが、公帖と同じく自身で花押を据える健康状態になかったのだ。天皇はこの件に関して、延期を含めて義政にしきりに伝えていたが、義政は「少しでも健康になっていれば沙汰をする」と返答したのであった（『長興』八月八日条）。これまでもみたように、幕府での新元号使用は朝廷での決定時とタイムラグがある。つまり、朝廷での改元定のち、幕府で吉書始を行い、その後新元号を使用することとなっていたからだ。しかも、当時、改元吉書始に必須の管領が不在であった。しかし、候補とされた畠山政長は就任を拒否したらしい（『親長』長享三年五月二十日条）。幕府では新年号は管領の出仕以後とされており（『蔭凉』七月二十二日条ほか）、管領の不在も大きな問題であった。

その後も義政の健康状態は回復しなかった。朝廷では義政への改元御礼のタイミングをめぐって困惑したが、改元吉書始の前に公家衆は御礼参賀をすることになった（『蔭凉』八月二十九日条）。結局、義政の体調や管領不在もあって幕府では改元吉書始は行わず、朝廷の改元と同時に幕府でも新元号「延徳」を使用することとなったのだ（同九月四日条）。

このような異例ずくめの改元はこれまでなかった。公帖発給を含めて、そこまでしても義視父子に政務を移譲しないのは、もはや執念ともいうべきものであろう。また、管領の出仕がないなかで新年号が使用されたことは、儀礼面でも管領の存在意義がますます低下していったことを意味する。つまり、管領不在でもかまわないという先例となった。ただ、義政は在京の大名の重要性は理解しており、十月に在国していた赤松政則を「諸事公義無沙汰」により上洛を命じている。侍所に再任しようとしたのかもしれないが、大内政弘をはじめ、大名・守護たちが東山山荘造営に尽力しているにもかかわらず、赤松氏と能登畠山氏のみがこれに尽くしていなかったことが理由であった（『蔭凉』十月二日条）。義政にとって、大名の奉公は山荘造営に関わっているかどうかが基準となったいたのである。そのために政則は「左京大夫」任官が認められなかった（同十二月十八日条）。

十月二十二日になって、義政はやっと義視父子に公式に謁見した。実はその前日の夜に山荘の八景間において「卒度《そっと》」対面したという。（『蔭凉』二十二、二十三日条）。しかし、この直前義政は中風を再発していた（同十月九日条）。かなり重度であったようで、天皇よりも勅書によって体調を確認している（同十日条ほか）。そのような体調不安のなかでも義政は義視父子と対面をしたが、この時に義政は彼らに何を話したのかはわからない。健康面ですでに限界にきていた義政は、彼ら父子に遺言のようなことを話したのかもしれない。

義政の死と葬儀

体調が不安視されるなか、義政は禁裏御料所の違乱回復など諸事に対応していたが（『お湯』延徳元年十二月二十三日条）、延徳二年（一四九〇）正月五日夜、義政の中風が再発し、いよいよ危篤状態となった。義政のもとには富子や娘の堯山周舜、光山聖俊、妹の日《にち》山《ざん》理《り》永《えい》らのほか、当時寵愛していた上臈の阿茶局（徳大寺公有娘）、堀川局、左京大夫局、佐子局らの女房衆、そして御供衆の伊勢貞宗や大館政重、御部屋衆の細川政誠や一色政熙、日野政資らに亀泉集証や横川景三などの禅僧らが側に侍った（『蔭凉』正月六日条）。一旦彼らはその場を下がったものの、義政はそのまま回復することなく翌七日に薨去した。五十六歳であった。これを知った義視は夜になって焼香のために東山山荘に参向している。このとき義視は何を思っていたのだろうか。

早速、義政の葬儀の準備が進められた。葬儀については『蔭凉軒日録』に詳しい。それによれば十一日には沐浴《もくよく》があり、剃髪のうえ、法服に着替えさせられた。剃髪は周全功叔《しゅうぜんこうしゅく》がつとめた。十二日には位牌の書様について「一品」を入れるか、「左相府《さしょうふ》（左大臣）」を入れるのかなど武家伝奏勧修寺教秀と談合もあった。なお、義政は生前義満同様に太政大臣昇進の勅命があったがこれを固辞していたという。十三日の初七日忌に入棺、このとき、富子が落飾した。そして、二十三日に義政の遺体は板輿に載せられ、それを力者が担いで山荘より北山の等持寺へ移り、そこで荼毘に付されたのである。門役は畠山政長が、身固は土御門有宣《つちみかどありのぶ》、喪主は鹿苑院の惟明瑞智がつとめた。

参列者は富子や禅僧をはじめ、貞宗など義政近侍のものをはじめ、外様衆、御供衆、走衆、奉行衆、

慈照院

足利義政墓所

女房衆などの将軍直臣、公家衆では武家伝奏勧修寺教秀、昵近公家衆の飛鳥井雅親（出家して栄雅《えいが》）、高倉永継・永康《ながやす》父子、日野政資や広橋守光《もりみつ》などが参列した。義政の遺骨については、延徳三年三月二十一日に、遺影・屏風とともに山荘に移された（『蔭凉』同日条）。

　義視父子も当然参列したが、そこで義視は亀泉に対して、「兄弟の仲はよかったのに、周囲があれこれ言ってきたことで近年は不仲となった」と述べたという。それに対して亀泉は先年美濃の宗樹《そうじゅ》長老の出世について義視より申請したことを、当時の鹿苑院主の惟明が「未だ秉払《ひんほつ》を務めた人でない」として拒否したところ、義政は「義視がいってきたことなので、御禁法であっても特別に登用してほしい」と述べていた旨を伝えている。このことから、義政と義視との関係は本来は悪いものではなかったとみられている（山田二〇一六・木下聡二〇一七）。

　義政の院殿号は当初は「慈照院殿《じしょういんでん》准三宮《じゅさんぐう》一品《いっぽん》左相《さしょう》

府大禅定門《ふだいぜんじょうもん》」であったが、二月十七日に太政大臣を贈官されたため、「慈照院殿准三宮贈相国一品《ぞうしょうこくいっぽん》喜山《きざん》大禅定門」(『相国寺過去帳』)に変更された。院殿号は文明十九年(一四八七)正月の寿牌にすでに「慈照院殿」と記されているように(『蔭凉』十五日条)、義政の生前には決定していた。また、その遺言により山荘を寺とすることとなった。

しかし、義政の塔所をめぐって混乱もあった。当初、山荘を慈照寺に、大智院を慈照院として義政の塔所とすることが決定されていたが、大智院が「慈照院」への改名に反対したのである(『蔭凉』二月二十三日条)。義材はこれらを裁定し、大智院はこのまま、山荘を慈照院、慈照寺については別途定めるとしたのである。ただ、大智院は改名しないまま義政の菩提所としての地位は望んでいたようだが、それは認められなかった(同二十七日・二十八日条)。この問題は翌年まで持ち越され、慈照院(旧山荘)を慈照寺に、大徳院《だいとくいん》を慈照院とすることで解決した(同三年三月十五日条ほか)。この慈照院が現在まで義政の塔所となる。また、遺骨の埋葬地も義政は山荘内の西指庵を指定していたが、結局、新たに菩提所となった慈照院(もと大徳院)に安置されることとなった。

朝廷・公家衆の反応

これまでも義政の歌道師範であった飛鳥井雅親(栄雅)は、その喪失感を示す、「心とめし君ハと問へハ石も水もこたへぬ庭に松かせそふく」という追悼の歌を詠んだ(『蔭凉』延徳二年二月四日条)。しかし、当時の公家衆の日記からは義政の死への哀悼はほとんどみられない。それは年明け早々の死により、朝廷や公家衆が混乱したこともあった。義政死去の当日は朝廷で白馬節会《あおうまのせちえ》が行われる予定であったが、義政の危篤を聞いた公家衆らは朝儀の実行の有無について気を揉めたようだ。結局義政が死去したことで節会は停止されることとなったが

（『実隆』『親長』同日条ほか）、三条西実隆は朝儀が停止されたことを「無念至極也」と述べている。これは義政の死去を迷惑と思っているわけではなく、大乱後、朝儀が徐々に復活しつつあるなかで、再び停止される状態を危惧したのであろう。

譲位問題などで義政とは隙があった後土御門天皇は、義政の死を聞いて「言語道断（言葉がない）」と述べている。二条尚経《ひさつね》は朝儀の停止について、「これは尤もなことで、臣下の薨去による朝儀の停止は藤原兼家《ふじわらのかねいえ》以来度々あること」と述べたという（「忠利宿禰記」正保四年正月二十五日条）。

一方、日頃から親しい禅僧からは哀悼されている。南禅寺の天隠龍沢《てんいんりゅうたく》は「天下哀慟言語に及ばず」と述べ（「実隆公記紙背文書」）、亀泉集証は義政の側近女房堀川局と義政の思い出話をしながら涙している（『蔭凉』正月八日条）。

義政の肖像

義政の死後、その葬儀用に肖像が作成されたが（『蔭凉』延徳二年正月十一日条）、義政の姿を伝えるものに束帯姿では等持院所蔵の木像が、法体では慈照寺東求堂に安置される木像が知られるほか、足利氏ゆかりの栃木県足利市に所在の鑁阿寺《ばんなじ》にも木像が残る。だが、等持院や鑁阿寺の木像はともに近世の作成である。

肖像画としては、現在は長享元年（一四八七）制作とされる若宮八幡宮《わかみやはちまんぐう》（京都市東山区）所蔵のものと、東京国立博物館所蔵（後述）のものがよく知られる。さらに二〇二二年には相国寺承天閣《じょうてんかく》美術《びじゅつ》館《かん》で義政の塔所である慈照院所蔵の義政像（俗体の衣冠姿）が初公開された（カバー写真）。制作年代は「室町時代」とされていることから、義政の肖像画としてはもっとも実態に近いものであろう。若宮八幡宮の肖像（衣冠）では、袍色が四位相当の深緋《こきあけ》となっており、従一位の義政の装束として相応しくない。慈照院の肖像とも顔の様相が異なることもあり、義政の肖像であるかは検討の余地がある。

現存しないものの、当時作成された義政の肖像については複数史料より確認される。美術史家の赤松俊秀氏がまとめたものをみてみよう（赤松一九四九）。①：文明十七年八月、上杉房定が作成させた横川景三賛寿像《さんじゅぞう》（「補菴京華新集」）。②：文明十八年五月、高野山に送った義政自身の鬢髪入りの木像（『蔭凉』以下⑤まで）。③：②と同時期作成とされ、鹿苑院に置かれた横川景三賛俗体寿像《さんぞくたいじゅぞう》。④：等持寺安置の木像。⑤：のちに慈照院に安置される義政葬儀用法体姿の掛真像《かけしんぞう》で、狩野正信筆・景徐周麟賛掛真像《けいじょしゅうりんさんかけしんぞう》の五点である。うち、義政の生前に作成されたものは四点であるが、⑤は作成にあたって「御法体の紙形七八枚」を参考に作成されており（『蔭凉』延徳二年正月十一日条）、生前より義政の面前で書写していたことが知られる。なおこの際、亀泉は堀川局と相談し、もっとも真顔に近い紙形を選んだという。また、③の肖像は微左向きであったとされるが、その点先の慈照院所蔵の肖像画に近い。ただし、これには賛がないため、両者の関係は不明である。

足利義政
（東京大学史料編纂所模写）

義政の肖像画として代表的なものは、東京国立博物館所蔵の重要文化財伝土佐光信《とさみつのぶ》筆「絹本著色《けんぽんちょしょく》伝足利義政像《でんあしかがよしまさぞう》」である（口絵）。これは畳のうえに衣冠姿で座し、奥に襖が描かれたものである。これは宮廷絵師の土佐家に伝来したものであるが、画面より義政であることを示すものが何一つないという問題があった。そこでこの肖像について近年、将軍家の家紋（桐・二つ引両）ではなく「三つ巴」紋と異なることなどから別人であるとの説が発表されている（落合二〇一二）。この肖像の主は義政ではなく「東山左大臣」と呼ばれた洞院実煕《とういんさねひろ》であるという。慈照寺の木像や慈照院の肖像画などと比較すると、こちらの肖像には顔に丸みがあり、別人のようにみえる。だが、これについてはなお確定されることではないため、今後美術史の面でも検証がされていこう。

義材の家督継承

義政の死早々、諸家の関心は次期将軍候補である義材とその父義視にむかった。義政死去の当日には早速一部の奉公衆が義材に参礼している（『政覚』正月八日条）。義政入棺の日には後土御門天皇が、「早々（義視らに）参賀すべきだ」と勅命したことで、公家衆の義視・義材父子への参礼の日取りなども談合されている（『蔭涼』十三日条）。義材はこれ以降、「室町殿」と呼称されるようになった。義材は「東山殿の御猶子分として相続した」のである（『親長』正月二十三日条）。実際、義政が義材を猶子としたのか、後継者指名したのかはわからない。もし、したとすれば前年十月に義視・義材に対面した時であろう。

十四日には細川政元が、十六日には諸僧が義視・義材父子に参賀した。一連の参賀の後、蔭涼職の亀泉集証は義視の呼称を「今出川殿」から「大御所」に変化させている。公家の日記ではこの後も「今出川殿」・「今出川入道」などとも呼称されているが、将軍（この時はまだ候補）の父として、それまでの大御所義政に準じる存在となったとみてよいだろう。義視は一度も室町殿になることはなかったが、室町殿の父としてやっと幕府の実権を掌握することとなったのである。

義政死後の将軍家の家督継承については大きな混乱もなく進められた。そのような状況をみてか、正月二十日には「今出河殿女中」が美濃より上洛した（『親長』同日条）。ただ、義視正室の良子は文明二年（一四七〇）にすでに死去していたから、この「女中」は継室であろう。

義材の将軍家の家督継承は確定するなか、四月二十八日には将軍家伝家の鎧である「御小袖」が富子のいる小川第より義視父子の滞在する通玄寺に移された（『蔭凉』同日条）。将軍家の家督移行を象徴するような出来事である。さらに義材はこの前日、義政、義尚の代とこれまで政所執事であった伊勢貞宗よりその子貞陸に交替させている（「諸奉行次第」）。この人事はいうまでもなく義材による新しい体制構築の一環であろう。

義視と富子の確執

義材の将軍就任の準備が進められるなかで、富子と義視との関係が急速に悪化することとなる。そのきっかけが後継者に目された清晃であった。富子は清晃に、「御小袖」を義材の元へ渡す前日に、富子や義尚の御所であった小川第を譲渡しようとしたのである（『蔭凉』四月二十八日条）。六月に清晃は小川第に移徙する予定となった。

富子より将軍御所であった小川第が譲られるということは、清晃がなお将来の将軍家の後継者候補であることを世間に示すものと見做された。富子は政元とともに清晃をもり立てようとしていたと見做されたのである（『政家』五月十八日条）。だが、実際は富子がもともと細川京兆家のものであった当地を細川政元に返還しようとしたところ、政元が将軍御所であったところを賜うのは恐れ多いとして辞退したため、将軍家につらなる清晃に渡すこととなったという（『大乗院』五月十二日条）。

実際の理由はともかく、これに強い危機感をいだいたのが義視であった。そのため義視は清晃に譲渡される前に小川第の一部を破却してしまったのである。ただ、富子居住の西御所はそのままであったのか、その後もしばらく富子は小川第に居住している。さらに富子のもとで猿楽を行う予定であった観世大夫之重《ゆきしげ》に罪科をかぶせて、興行できないように嫌がらせを行った（『大乗院』五月十九日条）。この結果、富子と義視との関係が悪化したことはいうまでもない。

だが、義材の将軍就任は決定事項であり、加冠役の政元の不例による延期はあったが、義材は七月五日に細川亭にて将軍宣下をうけ、正式に室町幕府第十代将軍となった。これと同時に義視は准三后となっている。翌月には義材のライバルともいうべき清晃が義材の元に赴き、対面した（『蔭凉』八月二十八日）。これは「和睦」とみられたようだ（『大乗院』閏八月九日条）。

義材の時代が義政の時代と異なるのは、その人材であろう。これまで義政・義尚時代の側近層に追加して将軍側近として大館視綱《みつな》や一色視房《みふさ》など、これまで義視・義材父子に供奉してきた人物が加わったのである。対して義政の側近としてあった一色政熙や細川政誠らは、前述のように「入名字」であったが、それを一度剝奪され旧姓に戻されている（実際はその後も一色、細川を使うが）。

義視の死と明応の政変

義視・義材父子には当時の幕府に人的基盤もなかった。そこで義材政権は義視以来の腹心を中心に置き、大御所の義視は経験のない義材の後見役として文正の政変後の一時期以来に幕政に関与した。ところが、同年末に義視は体調を崩すようになり（『蔭凉』十月九日条）、年が明けた延徳三年（一四九一）正月七日に義視は五十三歳で没したのである。奇しくも義政と同日である。もちろん偶然であろうが、因縁めいていると思うには充分かもしれない。義政の時と同様に当日行われる予定であった白馬節会は二年連続停止となった（『拾芥記』同日条）。

義視の院殿号は「大智院殿《だいちいんでん》准三宮《じゅさんぐう》久山《きゅうざん》大禅定門《だいぜんじょうもん》」で、当初は大徳院を菩提所とする予定であったが、すぐに義材は大智院に変更させたという。義材よりはその葬儀は義政と同様にするよう命が下された。そして二月二十四日には太政大臣、従一位が贈られた（以上『蔭凉』）。これより義視は義政とまったく同じ官位となったのである（准三后も同じ）。

また同じ年の四月三日、堀越公方足利政知が伊豆の堀越御所にて死去した。これにより義政の兄弟は皆没したのである。院殿号は「勝幢院殿《しょうどういんでん》」、道号は「九山《くざん》」であった（『蔭凉』六月三日条）。義視、政知ともに義政によってその人生が大きく左右された人物である。義視は将軍の父大御所としてその生涯を終えたが、政知は鎌倉公方として鎌倉に入ることなく、伊豆の地にて中央の人々からはほとんど忘れられていた存在であった。

父を失った義材はその後自らの武威を示し、求心力を維持するために、近江と河内に親征するが、明応二年（一四九三）四月に富子の承認のもと細川政元がクーデタを起こし、清晃を将軍家の家督として擁立した。いわゆる明応の政変である。富子と義材との関係は改善されることはなかったのだ。

これにより、戦国期の将軍家は義稙（義材）系と義澄（清晃）系に分裂、相克することとなる。二つの将軍家の対立は畿内の政局と連動しながら、十六世紀の畿内戦国史を左右することとなった。義政の死により一旦統一された将軍家は、わずか三年で再び分裂したのである。政変による新旧の将軍はそれぞれ義政によりその人生を左右された兄弟の息子たちであったのは皮肉であろうか。

その後、義政の御台所日野富子は明応五年五月二十日に死去した。享年五十七歳。その死後には義政と富子との実子である「嫡女」南御所大慈院の光山聖俊一人が残された。彼女には富子居所の小川第内西御所が譲られたが、「天性柔軟」「無双人」と評価された聖俊も永正二年（一五〇五）八月二十六日に死去した（『実隆』同日条）。これにより義政と富子との間の子供は死去した。最後に残った義政の娘堯山周舜が享禄五年（一五三二）二月十八日に死去したことで、義政の子女はすべて絶えることとなった。そして永禄元年（一五五八）九月二日には入江殿（三時知恩寺）に入室していた義尚の娘（松山聖槃）が死去した（『兼右卿記』同日条）。これを最後として、義政の血統は完全に断絶したのである。伊豆でさみしく没した政知だが、将軍家の血は彼の子孫が継承することとなる（義澄—義晴—義輝—義昭）。

追憶の義政

義政の血統は断絶するが、義政の時代が忘れられることはなかった。義政の時代は幕府の儀礼や身分秩序、伊勢氏や弓馬師範の小笠原氏などの武家故実が完成した時代である。これは義政の時代に関する故実書が多いことからも理解できるだろう。義政の時代を記したものとしては、寛正七年（一四六六）の飯尾之種亭御成の記録で神山数連《かみやまかずつら》筆「飯尾宅御成記」・伊勢貞仍《さだより》（はじめ貞頼、法名宗五《そうご》）筆「宗五大草紙《そうごおおぞうし》（条々聞書《じょうじょうききがき》）」、大館尚氏（常興）筆「長禄二年以来中次記（以下申次記）」・安東政藤筆「慈照院殿年中行事《じしょういんでんねんちゅうぎょうじ》」・伊勢貞陸筆「簾中旧記《れんちゅうきゅうき》」・「大上臈御名之事《おおじょうろうおんなのこと》」などが残る。多くは正統の『群書類従』にも収録されている。

義政時代の故実が多く伝わった背景として、義政・義尚の時代に幕府に出仕し、義尚の側近であった大館尚氏の存在がある。彼は幕府儀礼などの故実を収集し、右の「申次記」などの故実書を作成している。「申次記」は応仁・文明の乱前後の幕府内での対面儀礼について記されているが、この中には、「此儀も応仁乱前迄の事也」「是又乱前迄の御事也」とあり、大乱前後で幕府儀礼に変化があったことがわかる。幕府儀礼が大乱を境に変容したことがうかがえるだろう。川嶋將生氏はこのような故実書が作成されたのは、大乱によって幕府の諸儀礼が変化したため、それに対応するためとされる（川嶋二〇一六）。

尚氏は享徳三年（一四五四）に御供衆大館教氏の子として生まれ、天文十五年（一五四六）以降に没したとされる（設楽一九八九③）。大乱以前に誕生した彼は義尚の御方衆となり、評定衆のメンバーにもなった。そして、殿中の申次などを務めたため、幕府の儀礼故実について実践的にも精通していた。彼が長命であったことで、天文期にまで義政・義尚時代の知識・故実が伝播されたことも大きい。実際、彼の記憶や当時の知識が必要とされる場面もあり、義政時代の先例が求められた。尚氏も自身がかつて出仕していた室町第や小川第での殿中の様相についての記憶もあった（『大館常興日記』天文十年二月二十六日条ほか）。少なくとも戦国期の幕府儀礼においては義政時代が一つの基準となっていたことは間違いないが、それを支えたものの一つが尚氏の記憶や知識であった。

もちろん尚氏だけではない。文明年間より十二代将軍義晴初期まで幕府に申次として出仕していた伊勢貞頼（貞仍）による「宗五大草紙」からも義政の時代の幕府儀礼などがうかがえる。そのなかで特に興味深いのは、義政が御成に際して、直接作法を指示している記事である。義政は三献などの酒宴の最中に銚子に酒をくわえる際の作法について直接細かく指示したという。義政は右大将拝賀や大臣大饗などの際に自ら故実書を作成しようとしたが、公武の故実にも精通していたのであろう。

義政時代の幕府の記憶や故実は尚氏や伊勢氏などを介して後世に伝わったといってもよいだろう。さらに尚氏が長命であったことで、十六世紀半ばまで幕府内では義政時代は完全に過去の歴史ではなく生きた歴史だったのである。義政はまだ遠い過去の存在ではなかったといえる。言い換えれば義政の時代を直接知る尚氏の死により、義政は完全に過去の歴史となったといえる。

本書では特に為政者としての義政に注目して、その生涯を叙述してきた。義政の時代は初代将軍の尊氏から十五代将軍義昭まで続く足利将軍家の歴史のなかで、ちょうど折返し地点に位置する人物である。

“最後の室町殿”

その時代を振り返れば、父義教の暗殺から管領政治、管領政治下での妥協と協調、管領政治からの脱却と親政の開始、親政の頓挫から大乱、さらに義尚への権力移譲とその挫折があった。また、土一揆や疫病と大飢饉への対応、大名間の派閥抗争や東西と列島全体に及ぶ大乱への対応など、義政を取り巻く環境はつねに厳しいものであった。まさに激動の時代であったといえるだろう。さらにその死からわずか三年で明応の政変が発生し、将軍家をめぐる環境は新しい段階へ移っていく。

ただ、幕府機構による京都支配を失った元亀四年（一五七三）を終焉とすれば、大乱が終結してから約百年間、室町幕府は継続したこととなる（足利家の将軍在職はさらに長い）。その意味では、大乱は幕府・将軍家にとってまったく致命的なものではなかったことになろう。もちろん、大乱後には大名の在京の減少や幕府儀礼の変化、事実上の管領制の終焉、侍所の変化、室町殿と大名との関係の変化にともなう幕府体制の変化もあった。義政時代が転換点であったことに相違ない。

本書でみたように、義政時代の混乱の多くは家族関係での不和からきている。生母裏松重子や御台所日野富子、実弟義視や嫡男の義尚との不和は周囲を巻き込み困惑させ、大きな混乱を招くこととなった。義政は当初より父、母共に肉親とは希薄な関係であり、そのような環境が家庭内での不和にも影響したのかもしれない。義政が市井の人であれば影響はないが、彼が室町殿という権力者であったことで、さらなる不幸を招くこととなったといえる。

この室町殿の姿も義政の時代を境に大きく変質することとなる。義政は義満や義持、義教といった公武権力の掌握者たる歴代室町殿を強く意識して、彼らを模範として自らもその室町殿たらんとした。東山殿に称号が代わったのち、息子義尚にもそれを求めたが、義尚は義政よりそれまでの室町殿としての権限を完全移行されたとはいいがたいし、先例意識からもその逸脱がみられた。続く義稙、義澄以降の戦国期の歴代将軍も室町殿と呼称されるものの、官位昇進や朝廷儀礼との関わりや経済支援などの公武関係は変化し、室町殿の有り様は急速に変化した。例えば、歴代将軍の大臣昇進はなくなり、これまでの室町殿が行ってきた朝廷儀礼や即位儀礼での役割、公武祈禱なども変化することになった。その意味では義政は義満、義持、義教と続いた〝最後の室町殿〟であったといえるだろう。

それでも後世に継承されたものもあった。義政の時代に確立した側近と奉行衆による訴訟審議体制である。これは義政以降の戦国期歴代の将軍に継承された。さらに入名字を与えた細川政誠、一色政熙の子孫らは、戦国期将軍の側近として幕府を支える人材となった。また、「東山文化」のみならず、幕府儀礼や故実など義政時代は戦国期の幕府においては一つの模範となり、十六世紀も生き続けた。義政は義満から続く一つの時代の終わりに位置するのと同時に、戦国という新しい時代の始点に位置した存在であったといえるだろう。

主要参考文献（副題は省略してある）

1　本文引用文献

青山由樹「室町幕府「別奉行」についての基礎的考察」（日本古文書学会編『日本古文書学論集　中世四』吉川弘文館、一九八七年所収、初出一九七九年）

赤松俊秀「足利氏の肖像に就いて」（『美術研究』一五二、一九四九年）

家塚智子「東山殿足利義政と被差別民」（木下昌規編著『足利義政』戎光祥出版、二〇二四年、初出二〇〇七年）

家永遵嗣『室町幕府将軍権力の研究』東京大学日本史学研究室、一九九五年

家永遵嗣「三魔」（木下昌規編著『足利義政』所収、初出一九九九年）

＊義政初期を支えた「三魔」について、それぞれの出自や登用背景、その活動について考察したもので、裏松重子と今参局をめぐる関係や、河内畠山氏の抗争との関わりなどから三魔の位置づけを明らかにした論考。

家永遵嗣「応仁二年の「都鄙御合躰」について」（長塚孝編著『足利成氏』戎光祥出版、二〇二二年所収、初出二〇一一年）

家永遵嗣「足利義視と文正元年の政変」（『学習院大学文学部研究紀要』六一、二〇一四年）

家永遵嗣「伊勢貞親と細川勝元」（『戦国史研究』七三、二〇一七年）

池和田有紀・植田真平「『看聞日記』人名考証拾遺」（『書陵部紀要』七四、二〇二三年）

石崎建治「後期室町幕府における奉行衆・奉公衆の位置に関する一考察」（『金沢女子大学紀要（文学部）』八、一九九三）

石田出「十五〜十六世紀前半における室町幕府祈禱体制」(『学習院史学』五三、二〇一五年)
石田晴男『戦争の日本史9　応仁・文明の乱』吉川弘文館、二〇〇八年
石原比伊呂「准摂関家としての足利将軍家」(同『増補改訂版　室町時代の将軍家と天皇家』勉誠社、二〇二四年、初出二〇〇六年)
石原比伊呂「足利義持と後小松「王家」」(右同所収、初出二〇〇七年)
石原比伊呂「足利義教と義満・義持」(『歴史学研究』八五二、二〇〇九年)
石原比伊呂「足利家における笙と笙始儀」(『日本歴史』七六六、二〇一〇年)
石原比伊呂「義政期の将軍家と天皇家」(同『増補改訂版　室町時代の将軍家と天皇家』所収、初出二〇一五年)
石原比伊呂「室町幕府将軍権威の構造と変容」(『歴史学研究』九六三、二〇一七年)
＊足利将軍権威に注目するなかで、義教期以降の将軍家権威の根源を「室町殿故実」の継承とし、義政が義尚に求めた「室町殿故実」の継承者としての姿と、義尚の求める将軍像の相違点を明らかにしたもの。
石原比伊呂「近衛政家の台頭」(『聖心女子大学論叢』一三一、二〇一八年)
石原比伊呂『北朝の天皇』中公新書、二〇二〇年
石原比伊呂「足利将軍家の規範先例」(芳澤元編『室町文化の座標軸』勉誠出版、二〇二一年)
石原比伊呂「足利義政・義尚に対する呼称の変遷と「公方」」(『青山史学』四〇、二〇二二年)
伊藤喜良「伝奏と天皇」(同『日本中世の王権と権威』思文閣出版、一九九三年所収、初出一九八〇年)
井上優「足利義尚御判御教書と鈎の陣」(『栗東歴史民俗博物館紀要』七、二〇〇一年)
今谷明「文安土一揆の背景」(同『室町幕府解体過程の研究』岩波書店、一九八五年所収、初出一九七四年)
今谷明「『東山殿時代大名外様附』について」(右同所収、初出一九八〇年)
今谷明「室町幕府奉行人奉書の基礎的考察」(右同所収、初出一九八二年)
今谷明『戦国大名と天皇』講談社学術文庫、二〇〇一年、初出福武書店、一九九二年

上島有『中世花押の謎を解く』山川出版社、二〇〇四年
上田浩介「守護在京制解体の画期と幕府求心力についての一考察」（『新潟史学』六九、二〇一三年）
榎原雅治「寄合の文化」（歴史学研究会・日本史研究会編『日本史講座4　中世社会の構造』東京大学出版会、二〇〇四年）
榎原雅治「室町殿の徳政について」（『国立歴史民俗博物館研究報告』一三〇、二〇〇六年）
榎原雅治『室町幕府と地方の社会』岩波新書、二〇一六年
大薮海『列島の戦国史2　応仁・文明の乱と明応の政変』吉川弘文館、二〇二一年
小川信『山名宗全と細川勝元』吉川弘文館、二〇一三年、初出一九六六年、新装版一九九四年
落合謙暁「土佐家伝来の伝足利義政像について」（『日本歴史』七七二号、二〇一二年）
加栗貴夫「足利将軍家重代の鎧「御小袖」に関する一考察」（『青山史学』三十五、二〇一七年）
蔭木英雄『蔭凉軒日録』そしえて、一九八七年
金子拓「室町殿南都下向をめぐる負担」（同『中世武家政権と政治秩序』吉川弘文館、一九九八年、初出一九九八年）
河合正治『足利義政』清水書院、一九七二年、のち『足利義政と東山文化』清水書院、一九八四年に改編、復刊は吉川弘文館、二〇一六年
川岡勉『山名宗全』吉川弘文館、二〇〇九年
川上一「『慈照院自歌合』の基礎的研究　附・宮内庁書陵部蔵桂宮本の翻刻及び校異」（『三田國文』六四、二〇一九年）
川上一「室町時代公武月次歌会の諸相」（木下昌規編著『足利義政』所収、初出二〇二〇年）
川上貢「足利将軍御所の研究」（同『日本中世住宅の研究』第五章、墨水書房、一九六七年、新訂版、二〇〇二年、初出一九五八年）

川口成人「細川持賢と室町幕府」（『ヒストリア』二六六、二〇一八年）
川口成人「応仁・文明の乱後の足利義政政権と東山・北白川」（京都府立京都学・歴彩館京都学推進課編『令和元年度京都府域の文化資源に関する共同研究会報告書（洛東編）』京都府立京都学・歴彩館、二〇二〇年）
川嶋將生「「東山文化」」（『アート・リサーチ』七、二〇〇七年）
川嶋將生「戦国期における武家故実書」（『日本文学』六五―七、二〇一六年）
川戸貴史「永楽銭の流通」（中島圭一編『アジア遊学237　日本の中世貨幣と東アジア』勉誠出版、二〇二二年）
北山航「室町幕府奉行人と応仁・文明の乱」（『ヒストリア』三〇三、二〇二四年）
木下聡「二階堂氏」（同『室町幕府の外様衆と奉公衆』同成社、二〇一八年、初出二〇一〇年）
木下聡「足利義視」（榎原雅治・清水克行編『室町幕府将軍列伝』戎光祥出版、二〇一七年）
木下聡「室町幕府中次衆の基礎的研究」（『日本史研究』七一五、二〇二二年）
木下聡「室町幕府将軍御台被官と附庸奉公衆」（倉本一宏編『貴族とは何か、武士とは何か』思文閣出版、二〇二四年）
木下昌規「戦国期侍所の基礎的研究」（同『戦国期足利将軍家の権力構造』岩田書院、二〇一四年、初出二〇〇六年）
木下昌規「応仁文明の乱期における室町幕府と日野勝光」（右同所収、一部初出二〇〇九年）
木下昌規「室町幕府地方の機能的変遷をめぐって」（右同所収）
木下昌規「足利将軍家における足利義教御台所正親町三条尹子」（伴瀬明美ほか編『アジア遊学283　東アジアの後宮』勉誠出版、二〇二三年）
車谷航「嘉吉の乱後の政局と足利義勝の継嗣」（『年報中世史研究』四八、二〇二三年）
黒川直則「東山山荘の造営とその背景」（日本史研究会史料研究部会編『中世の権力と民衆』創元社、一九七〇年所収）

桑山浩然「徳政令と室町幕府財政」（同『室町幕府の政治と経済』吉川弘文館、二〇〇六年、初出一九六二年）
呉座勇一『応仁の乱』中公新書、二〇一六年
小谷利明「畠山義就と女房衆」（『八尾市立歴史民俗資料館研究紀要』三一、二〇二〇年）
五味文彦「管領制と大名制」（木下昌規編著『足利義政』所収、初出一九七四年）
小森崇弘「応仁・文明の乱後の禁裏文芸壇と足利将軍家」（小森崇弘君著書刊行委員会編『戦国期禁裏と公家社会の文化史』同委員会刊、二〇一〇年）
桜井英治『日本の歴史12　室町人の精神』講談社、二〇〇一年
＊室町時代の通史として、およそ南北朝時代から義政時代までの権力や社会・文化の姿について、様々な見解を示す。義政についても管領政治の時代より大乱にいたる背景や大名らの抗争など、詳細に述べる。
笹木康平「文明期における若狭武田氏の在国と在京」（『戦国史研究』八〇、二〇二〇年）
佐藤圭『朝倉孝景』戎光祥出版、二〇一四年
重永卓爾「花押の中世的展開」（『歴史地理』九二―三、一九七五年）
設楽薫「室町幕府の評定衆と「御前沙汰」」（『古文書研究』二八、一九八七年）
設楽薫「足利義尚政権考」（『史学雑誌』九八―二、一九八九年①）
設楽薫「足利将軍が一門の「名字」を与えること」（木下昌規編著『足利義政』所収、初出一九八九年②）
設楽薫「大館尚氏（常興）略伝」（昭和六十三年度科学研究補助金研究成果報告書一般研究（B）『室町幕府関係引付史料の研究』研究代表桑山浩然、一九八九年③）
設楽薫「「政所内談記録」の研究」（木下昌規編著『足利義政』所収、初出一九九二年①）
設楽薫「室町幕府評定衆摂津之親の日記『長禄四年記』の研究」（『東京大学史料編纂所研究紀要』三、一九九二年②）
設楽薫「応仁の乱勃発前後における蜷川親元の動向」（木下昌規編著『足利義政』所収、初出一九九三年）

清水克行「まぼろしの鎌倉公方」（『駿台史学』一五七、二〇一六年）
末柄豊「室町文化とその担い手たち」（榎原雅治編『日本の時代史11　一揆の時代』吉川弘文館、二〇〇三年）
末柄豊「東山御文庫に残された足利義政女房奉書について」（東京大学史料編纂所研究報告書『目録学の構築と古典学の再生』二〇〇九年）
末柄豊「足利義稙の源氏長者補任」（『日本歴史』七四八、二〇一〇年）
末柄豊「応仁・文明の乱」（『岩波講座日本歴史第8巻　中世3』岩波書店、二〇一四年）
＊百瀬今朝雄氏（一九七六）以降の研究成果を踏まえて、管領政治期の幕府政治や、文正の政変、応仁・文明の乱における将軍家や大名家の動向や関係性を明らかにしたもので、義政期を理解するための基本文献。
末柄豊「足利義政初政期の幕府文書にみる「御判紙」」（湯山賢一編『古文書料紙論叢』勉誠出版、二〇一七年）
末柄豊「室町殿の兄弟という難問」（『日本歴史』八九六、二〇二三年）
杉山一弥「応仁・文明期「都鄙和睦」の交渉と締結」（黒田基樹編『足利成氏とその時代』戎光祥出版、二〇一八年）
杉山一弥「堀越公方足利政知の東国下向と蹉跌」（黒田基樹編著『シリーズ古河公方の新研究1　足利成氏・政氏』戎光祥出版、二〇二二年）
相馬和将「足利義満子女の寺院入室事例の再検討」（『史学研究集録』四三、二〇一九年）
相馬和将「中世後期の猶子入室と門主・家門・室町殿」（『史学雑誌』一三〇―九、二〇二一年）
高岸輝「足利義政室町殿の舞絵制作と土佐広周・土佐光信」（『東京大学史料編纂所研究紀要』一三、二〇〇三年）
髙鳥廉「室町前期における足利満詮流の政治的位置」（同『足利将軍家の政治秩序と寺院』吉川弘文館、二〇二二年、初出二〇一七年①）
髙鳥廉「嵯峨宝篋院の成立と泰甫恵通の動向」（右同所収、初出二〇一七年②）

髙鳥廉「足利将軍家子弟・室町殿猶子の寺院入室とその意義」（右同所収、初出二〇二一年）
高橋修「日野（裏松）重子に関する一考察」（『国史学』一三七、一九八九年）
高橋秀樹「田中穣氏旧蔵典籍古文書」所収の記録類について」（『国立歴史民俗博物館研究報告』七二、一九九七年）
田端泰子「日野富子」（『歴史評論』四六九、一九八九年）
田端泰子「中世の合戦と女性の地位」（同『日本中世の社会と女性』吉川弘文館、一九九八年、初出一九九六年）
田端泰子「室町幕府の女房」（右同所収、一九九八年）
田端泰子『日野富子』ミネルヴァ書房、二〇二一年
玉村竹二「蔭凉軒及び蔭凉軒職考」（同『日本禅宗史論集　上』思文閣出版、一九七六年、初出一九四〇年）
飛田範夫『庭園の中世史』吉川弘文館、二〇〇六年
富田正弘「嘉吉の変以後の院宣・綸旨」（小川信編『中世古文書の世界』吉川弘文館、一九九一年）
鳥居和之「嘉吉の乱後の管領政治」（木下昌規編著『足利義政』所収、初出一九八〇年）
＊嘉吉の乱後の義勝期から義政期初期における管領の権力について明らかにしたもの。管領下知状の分析や管領による訴訟差配などのほか、管領政治から将軍親裁に向かう様相を明らかにする。
鳥居和之「応仁・文明の乱後の室町幕府」（久留島典子・榎原雅治編『展望日本歴史11　室町の社会』東京堂出版、二〇〇六年所収、初出一九八七年）
鳥居和之「室町幕府の訴状の受理方法」（木下昌規編著『足利義政』所収、初出一九八八年）
西山美香「新出資料「東山殿西指庵障子和歌」について」（同『武家政権と禅宗』笠間書院、二〇〇四年所収、初出二〇〇〇年）
野田泰三「東山殿足利義政の政治的位置付けをめぐって」（桃崎有一郎・山田邦和編著『室町政権の首府構造と京都』文理閣、二〇一六年所収、一九九五年）

＊山荘に移徙し「東山殿」となった義政の権力について、鳥居氏による評価（一九八七）を再検討しながら、その権力の姿を明らかにする。同時にまた、山荘が単なる隠遁の場ではなかったことを明らかにしたもの。
芳賀幸四郎「将軍義政と河原者善阿弥」（同『東山文化の研究』河出書房、一九四五年）
橋本雄「王城大臣使の偽使問題と日朝牙符制」（同『中世日本の国際関係』吉川弘文館、二〇〇五年、初出一九九七年）
橋本雄「遣明船の派遣契機」（『日本史研究』四七九、二〇〇二年）
橋本雄「再論、十年一貢制」（『日本史研究』五六八、二〇〇九年）
橋本雄「東アジア世界の変動と日本」（『岩波講座　日本の歴史　第8巻　中世3』岩波書店、二〇一四年）
馬部隆弘「京都永観堂禅林寺文書補遺」（『歴史文化研究』二〇、二〇二〇年）
浜口誠至「戦国期管領の在職考証」（『日本史学集録』三九、二〇一八年）
林遼「室町期東寺にみる醍醐寺三宝院の政治的位置」（『歴史学研究』一〇四〇、二〇二三年）
早島大祐「足利義政親政期の財政再建」（同『首都の経済と室町幕府』吉川弘文館、二〇〇六年、初出一九九九年①）
＊義政期における幕府の財政とその再建について、分一銭や従来の評価の見直しを図る。財政再建における伊勢貞親の役割を評価するだけではなく、内裏再建や義政の右大将拝賀をめぐる政治的な意義も明らかにする。
早島大祐「京都近郊における永代売買地の安定化」（右同所収、初出一九九九年②）
早島大祐『室町幕府論』講談社選書メチエ、二〇一〇年
久水俊和「皇位継承儀礼からみる室町殿」（同『室町期の朝廷公事と公武関係』岩田書院、二〇一一年）
久水俊和編・日本史史料研究会監修『「室町殿」の時代　安定期室町幕府研究の最前線』山川出版社、二〇二一年
久水俊和・大田壮一郎・松井直人「室町殿任大臣大饗・移徙関係史料について」（『京都学・歴彩館紀要』六号、

二〇二三年）
福田豊彦「室町幕府の奉公衆（一）」（同『室町幕府と国人一揆』吉川弘文館、一九九五年、初出一九七一年①）
福田豊彦「室町幕府の奉公衆（二）」（右同所収、初出一九七一年②）
藤井雅子「三宝院門跡と門徒」（『日本女子大学紀要・文学部』六五、二〇一五年）
藤立紘輝「室町期における治罰綸旨・院宣」（『七隈史学』二四、二〇二二年）
二木謙一「室町幕府歳首の御成と垸飯」（同『中世武家儀礼の研究』吉川弘文館、一九八五年、初出一九七二年）
二木謙一「室町幕府御供衆」（右同所収、初出一九八三年）
松島周一「堀越公方と室町幕府」（『日本文化論叢』一八、二〇一〇年）
松島周一「上杉教朝と享徳の乱」（『日本文化論叢』二二、二〇一四年）
松永和浩「室町将軍の血と酒」（早島大祐ほか編『首都京都と室町幕府』吉川弘文館、二〇二二年）
丸山裕之「足利義政」（榎原雅治・清水克行編著『室町幕府将軍列伝』戎光祥出版、二〇一七年）
水野智之「室町将軍の偏諱と猶子」（同『室町時代の公武関係の研究』吉川弘文館、二〇〇五年、初出一九九八年）
水野智之「室町時代における公家勢力の政治的動向」（右同所収、初出二〇〇三年）
水野智之『名前と権力の中世史』吉川弘文館、二〇一四年
宮上茂隆「東山殿の建築とその配置」（桃崎有一郎・山田邦和編著『室町政権の首府構造と京都』文理閣、二〇一六年所収、初出一九九五年）
村井康彦「東山殿芸術生活」（『武家文化と同朋衆』ちくま学芸文庫、二〇二〇年、初出一九六七年）
村井康彦「室町文化と同朋衆」（右同所収、初出二〇一六年）
村石正行「室町幕府奉公衆の「一味同心」」（『長野県立歴史館研究紀要』二六、二〇二〇年）
桃崎有一郎「中世後期身分秩序における天皇と上皇・室町殿」（同『中世京都の空間構造と礼節体系』思文閣出

版、二〇一〇年、初出二〇〇八年の改訂・補筆）
桃崎有一郎『室町の覇者　足利義満』ちくま新書、二〇二〇年
百瀬今朝雄「応仁・文明の乱」（『岩波講座　日本歴史』7中世3、岩波書店、一九七六年）
＊管領政治の時代から、応仁・文明の乱にいたる、将軍家、大名家のそれぞれの権力の様相を、「東・西幕府」の権力や、乱後の展望を含めて明らかにしたもので、義政期や応仁・文明の乱研究の出発点となるべきもの。
森茂暁「足利将軍家の元服」（『福岡大学人文論叢』三五―三、二〇〇三年）
森佳子「室町幕府政所の構成と機能」（木下昌規編著『足利義政』所収、初出一九八八年）
森田恭二「宮内庁書陵部蔵『義政公記』について」（『帝塚山学院短期大学研究年報』四〇、一九九二年）
森田恭二『足利義政の研究』和泉書院、一九九三年
＊足利義政について、政治面のみならず、文化面とともに体系的に論述したもので、義政をより客観的に評価した義政研究の基本文献の一つ。「義政公記」についても紹介する。
安田次郎「室町殿の南都下向」（『文学』一一―一、二〇一〇年）
山田康弘『足利義稙』戎光祥出版、二〇一六年
芳澤元「足利将軍家の受衣儀礼と袈裟・掛絡」（前田雅之編『画期としての室町』勉誠出版、二〇一八年）
吉田賢司「将軍足利義教期の諸大名」（同『室町幕府軍制の構造と展開』吉川弘文館、二〇一〇年、初出二〇〇一年）
吉田賢司「足利義政期の軍事決裁制度」（右同所収、初出二〇〇六年）
＊管領政治期から応仁・文明の乱開始までの幕府における軍事決裁から、義政期における権力構造の変遷をみる。伊勢貞親の重用による室町殿側近の活動から、軍事決裁における管領の権力衰退と自律化をみる。
和田英道「足利義視「都落記」について 付・尊経閣文庫蔵「都落記」翻刻」（『跡見学園女子大学紀要』一三、一九八〇年）。

綿田稔「自牧宗湛（上・中・下）」（『美術研究』三九三〜三九五号、二〇〇八年）
渡邊誠「大臣大饗沿革考」（『史人』三、二〇一一年）

2　そのほかの主要参考文献

飯倉晴武「応仁の乱以降における室町幕府の性格」（同『日本中世の政治と史料』吉川弘文館、二〇〇三年、初出一九七四年）
家永遵嗣『室町幕府将軍権力の研究』東京大学日本史学研究室、一九九五年
石崎建治「文明・長享期室町幕府における「大御所」足利義政の政治的基盤に関する一考察」（『金沢学院大学文学部紀要』第一集、一九九六年）
石原比伊呂『足利将軍と室町幕府　時代が求めたリーダー像』戎光祥出版、二〇一八年
石原比伊呂『北朝の天皇』中公新書、二〇二〇年
石原比伊呂『増補改訂版　室町時代の将軍家と天皇家』勉誠社、二〇二四年
市原裕士編著『山陰山名氏』戎光祥出版、二〇一八年
井原今朝男『室町廷臣社会論』塙書房、二〇一四年
今泉淑夫『禅僧たちの室町時代』吉川弘文館、二〇一〇年
今泉淑夫『亀泉集証』吉川弘文館、二〇一二年
馬田綾子「赤松則尚の挙兵」（大山喬平教授退官記念会編『日本国家の史的特質　古代・中世』思文閣出版、一九九七年所収）
榎原雅治・清水克行編著『室町幕府将軍列伝』戎光祥出版、二〇一七年
大田壮一郎「室町殿論」（秋山哲雄・田中大喜・野口華世編『増補改訂新版日本中世史入門』勉誠出版、二〇二一年）

小川剛生「室町時代の文化」（『岩波講座日本歴史8　中世3』岩波書店、二〇一四年）
落合博志「清原良賢伝攷」（久留島典子・榎原雅治編『展望日本歴史11　室町社会』東京堂出版、二〇〇六年、初出一九八八年）
金子拓『中世武家政権と政治秩序』吉川弘文館、一九九八年
河合正治『中世武家社会の研究』吉川弘文館、一九七三年
川上一「足利義政文芸資料考」（『三田國文』六五、二〇二〇年）
川上一「『東山殿御詠』の基礎的研究」（『斯道文庫論集』五七、二〇二三年）
川嶋將生『室町文化論考』法政大学出版局、二〇〇八年
神田千里『土一揆の時代』吉川弘文館、二〇〇四年
木下聡「幕府奉公衆結城氏の基礎的研究」（戦国史研究会編『戦国期政治史論集　西国編』岩田書院、二〇一七年）
木下聡『室町幕府の外様衆と奉公衆』同成社、二〇一八年
木下聡編著『管領斯波氏』戎光祥出版、二〇一四年
木下昌規「足利義政の権力と生涯」（同編著『足利義政』戎光祥出版、二〇二四年）
久保健一郎『享徳の乱と戦国時代』吉川弘文館、二〇二〇年
黒田基樹編著『足利成氏とその時代』戎光祥出版、二〇一八年
桑山浩然『室町幕府の政治と経済』吉川弘文館、二〇〇六年
小池辰典「鈎の陣にみる戦国初頭の将軍と諸大名」（『日本歴史』八五一、二〇一九年）
小池辰典「室町幕府における「大名」とその役割」（『日本歴史』八九七、二〇二三年）
小谷利明『畿内戦国期守護と地域社会』清文堂出版、二〇〇三年
小森崇弘『戦国期禁裏と公家社会の文化史』小森崇弘君著書刊行委員会編・刊、二〇一〇年

酒井紀美『経覚』吉川弘文館、二〇一九年
桜井英治『贈与の歴史学』中公新書、二〇一一年
相国寺美術館図録『展覧会　武家政権の軌跡――権力者と寺』二〇二二年
末柄豊『戦国時代の天皇』山川出版社、二〇一八年
鈴木彰「足利将軍家の重代の太刀」（同『平家物語の展開と中世社会』汲古書院、二〇〇六年）
鈴木智子「室町将軍家の女房について」（木下昌規編著『足利義政』所収、初出二〇〇〇年）
関周一「室町幕府の朝鮮外交」（阿部猛編『日本社会における王権と封建』東京堂出版、一九九七年）
髙鳥廉『足利将軍家の政治秩序と寺院』吉川弘文館、二〇二二年
髙鳥廉「嵯峨香厳院住持小考」（『古文書研究』九四、二〇二二年）
竹田和夫『五山と中世の社会』同成社、二〇〇七年
田中淳子「室町殿御台の権限に関する一考察」（『女性史学』四号、一九九四年）
谷口雄太「足利時代における血統秩序と貴種権威」（『歴史学研究』九六三、二〇一七年）
田端泰子『日本中世の社会と女性』吉川弘文館、一九九八年
田端泰子『足利義政と日野富子』山川出版社、二〇一一年
田端泰子『室町将軍の御台所』吉川弘文館、二〇一八年
田村航「禁闕の変における日野有光」（『日本歴史』七五一、二〇一〇年）
田村航「揺れる後花園天皇」（『日本歴史』八一八、二〇一六年）
富田正弘「室町殿と天皇」（『日本史研究』三一九、一九八九年）
永島福太郎『応仁の乱』至文堂、一九六八年
長塚孝編著『足利成氏』戎光祥出版、二〇二二年
羽下徳彦「義教とその室」（同『中世日本の政治と史料』付論、吉川弘文館、一九九五年、初出一九六六年）。

橋本雄『中世日本の国際関係』吉川弘文館、二〇〇五年
橋本雄『中華幻想　唐物と外交の室町時代史』勉誠出版、二〇一一年
花岡康隆「足利義教期室町幕府女房衆の基礎的研究」（『法政史論』三六、二〇〇九年）
二木謙一『中世武家儀礼の研究』吉川弘文館、一九八五年
二木謙一『武家儀礼格式の研究』吉川弘文館、二〇〇三年
浜口誠至「戦国期管領の政治的位置」（戦国史研究会編『戦国期政治史論集　西国編』岩田書院、二〇一七年）
林まゆみ・李樹華「善阿弥とその周辺の山水河原者に関する再検討」（『ランドスケープ研究』六四―五、二〇〇一年）
早島大祐『足軽の時代』朝日選書、二〇一二年
早島大祐・吉田賢司・大田壮一郎・松永和浩『首都京都と室町幕府』吉川弘文館、二〇二二年
久水俊和『室町期の朝廷公事と公武関係』岩田書院、二〇一一年
久水俊和編・日本史史料研究会監修『「室町殿」の時代　安定期室町幕府研究の最前線』山川出版社、二〇二一年
松薗斉「中世後期の日記の特色についての覚書」（『日本研究』四四、二〇一一年）
丸山裕之『増補改訂版　図説室町幕府』戎光祥出版、二〇二四年
三浦周行『日本史の研究』岩波書店、一九八一～一九八二年（全七冊）、初出一九三〇年
峰岸純夫『享徳の乱』講談社選書メチエ、二〇一七年
村井章介編集代表『日明関係史研究入門』勉誠出版、二〇一五年
村井康彦『武家文化と同朋衆』ちくま学芸文庫、二〇二〇年、初出一九六七年
桃崎有一郎『中世京都の空間構造と礼節体系』思文閣出版二〇一〇年
桃崎有一郎・山田邦和編著『室町政権の首府構造と京都』文理閣、二〇一六年

森幸夫『中世の武家官僚と奉行人』同成社、二〇一六年
山内薫子「足利義政論」(『立教大学日本文学』一九、一九六七年)
山本隆志『山名宗全』ミネルヴァ書房、二〇一五年
横井清『東山文化』教育社歴史新書、一九七九年
横井清『室町時代の一皇族の生涯』講談社学術文庫、二〇〇二年
前田雅之編『画期としての室町』勉誠出版、二〇一八年
渡邊大門『赤松氏五代』ミネルヴァ書房、二〇一二年

あとがき

足利義政を対象としたものとしては、拙編『足利義政』（戎光祥出版、二〇二四年）に続き二冊目となる。筆者の主な研究対象は足利義稙以降の戦国期の足利将軍家である。義政の時代はそれよりは遡るが、戦国期の前提となる十五世紀の将軍家、特に幕府の転換点となる応仁・文明の乱発生時の将軍である義政時代の理解は必須であるし、いずれ取り組まなければいけないテーマでもあった。

筆者が教科書以外で義政について知ったのは高校生の時に放送していた大河ドラマ「花の乱」であった。その当時はまだ高校生ということもあって、複雑な人間関係や、多くの登場人物（同じような名前の人物がたくさん登場する）を理解することも難しく、さほど内容を理解できたわけではなかった。複雑な人間関係は義政の時代がとっつきにくい理由であろう。

これまで義政の文化面での評価は様々に述べられてきたが、政治面での評価については必ずしも充分であったとはいいがたい。むしろ、一般的に無視されてきたといってもよい。もっとも義政は、応仁・文明の乱や関東の享徳の乱といった戦乱、細川氏や畠山氏、斯波氏などといった大名との関係や、朝廷や寺社との関係など、政治・経済面にわたって多くの論点を持つ人物である。

足利義政をどのように評価すべきか。非常にむずかしい課題だが、単純に政治的に無能うんぬんというステレオタイプの評価を避けながら、できるだけ客観的に義政の生涯を叙述するよう心がけた。特に大名との関係や政治体制、義政の先例意識、義視や義尚との関係などについて注目して執筆したが、その反面、文化面での評価には多くの紙面を割かなかった。もちろん、義政の文化への功績や関係は否定されるものではない。また近年は歌人としての義政も注目されているように、これからも義政やその時代、文化に対する研究は増加し、更新されていくだろう。

近年、室町時代の各研究が大幅に進展するなかで、義政やその時代についても本書で引用したように多くの研究成果が発表されたほか、多くの史料集も刊行されてきた。これらにくわえて室町・戦国といった十五、六世紀の通史が充実していることも大きい。未だに義政の評伝を執筆するには身不相応という思いも強いが、今回本書が執筆できたのは、そのような成果があればこそであった。その意味で本書は義政の評伝の決定版としてではなく、現在までの義政研究の成果に基づき、今後の義政理解の土台の一つとなるように心がけて執筆したつもりである。

また、義政の生涯をみて改めて思うのが、その家族関係の困難さであろう。生まれてすぐに両親より離れて育てられたが、急に将軍家の家督を継承したことで、生母との同居生活が開始されるものの、生母との関係は長く好転しなかった。さらに富子、実弟の義視や息子の義尚との不和や相互理解の不足など、その生涯にわたって家庭的な安定というものがなかったといえる。義政が家族と離れて東山に生活を移したことも理解できなくはない。特に義政の幼年期は実父母の愛情とは無縁な環境にあり、それが父義教への恋慕や義尚との関係にも影響したのかもしれない。同時に父親との思い出がない義政は、自分の息子との接し方も不得手だったのだろう。歴代の将軍のなかでも、義政ほど家庭内の不和が顕著な将軍はいない。

さらに義政をみるうえで、彼の物理的な活動範囲という点も見逃せない。本書でも述べたが、義政は大乱中も含め、基本的に現在の京都市の範囲を出ることはなく、遠出も南都下向や伊勢参宮まであった。生涯の大半に関わった関東については、ついに一度も下ったことはない。その意味で現代の目からみても物理的に極めて狭い世界に生きた人物であったといえるだろう。ただし、義稙以降の戦国期の将軍たちが京都を度々没落し、各地を流浪した生涯をみれば、その活動範囲の狭さは室町殿・将軍としての地位安定の裏返しでもあったといえるかもしれない。

ところで、最近ではマンガ（ゆうきまさみ『新九郎、奔る！』）のなかでも義政やこの時代が描かれており、こちらから義政に関心を持った人もいるのではないかと思う。室町時代や足利将軍家に関心を持つ人が増え、さらにそれが将来に繋がってもらえれば、何よりである。

執筆依頼をうけてから、だいぶ時間がたってしまったが、ミネルヴァ書房編集担当の堀川健太郎氏や空井怜氏には、さまざまな手続きなどご尽力をいただいた。末筆ながら感謝申し上げたい。

令和六年十二月

与野の自宅にて

木下昌規

足利義政略年譜

和暦	西暦	齢	関係事項	一般事項
応永三五	一四二八		1・18義持没。義教（義円）、家督を継承。6・25義教、裏松光子を御台所とする。	
永享　三	一四三一		6・1義教、正親町三条尹子を「上様」とする。これ以前に裏松重子、義教の妾となるか。	
六	一四三四		2・9義勝（生母重子）誕生。2・10義勝、尹子の猶子となる。3・8伊勢貞国、義勝の御父となる。6・9義教、裏松義資を殺害。	
七	一四三五		7・25政知誕生（生母朝日氏）。	
八	一四三六	2・1	1・2義政（生母重子）誕生。この後、烏丸資任が養父となり、同亭に移る。11・25義政、髪置の儀。	足利持氏、信濃の内紛に介入。
一一	一四三九	5	閏1・18義視（生母小宰相局）誕生。	2・10足利持氏、自害。
一二	一四四〇	6		日野富子誕生。
嘉吉　元	一四四一	7	6・24嘉吉の乱。義勝、家督を継承。6・26義政ら、一時的に室町第に移る。11・9評定始。管領政治開始。	2・17「嘉吉」に改元。4・16結城合戦終結。8月〜嘉吉の土一揆。9・10赤松氏滅亡。同日、

二	一四四二	8	2・18義勝、読書始。同日、虎山永隆没。2・28重子、落飾。同日従一位。6・24畠山持国、管領就任。8・22持国出仕始。同日評定始。11・7義勝、元服。同日将軍宣下、左近衛中将、正五位下。	幕府、徳政令を発布。8・3細川持之没。細川勝元、家督を継承。
三	一四四三	9	1・5義勝、従四位下。2月重子、冨樫氏の家督問題に介入。3・22義政弟義観、聖護院に入室。6・19義勝、朝鮮通信使と対面。7・21義勝没。7・23義勝に贈従一位左大臣。同日、義政の家督継承が決定。8・23伊勢貞親、義政の御父となる。義政、烏丸亭を御所とする。8・27下御所の造営が決定（のち中止）。11・27評定始。この年、義政の弟（のち義視）、浄土寺に入室。	1・26畠山持国、冨樫成春を加賀守護とする。2・27持国、冨樫泰高を赦免。9・23禁闕の変。9・25日野有光、討たれる。9・28日野資親、斬首。日野家嫡流が断絶。
文安元	一四四四	10	1・25幕府、播磨三郡を赤松満政より没収し、山名持豊に与える。2・13沙汰始、改元吉書始。	2・5「文安」に改元。10月赤松満政、播磨で挙兵（翌年3月鎮圧）。この年、近江の六角満綱・持綱父子と時綱が対立。
二	一四四五	11	4・24細川勝元、管領就任。5・28室町第の材木を烏丸第に移築。	1・28、六角満綱・持綱討死。久綱、六角氏の家督を継承する。細川勝元、冨樫泰高を加賀守護に復任させる。

三	一四四六	12	4・27読書始。4・29乗馬始。義政、冨樫教家を扶持。12・13義政、従五位上に叙され、「義成」と名乗る。12・19近衛房嗣が義政の「御親」となる。	9・13斯波持種、加賀に入国しようとする。
四	一四四七	13	2・7義政、正五位下に叙され、侍従に任官。4・29裏松光子没。義政、軽服。6・1関白職につき、勝元が武家執奏を代行。同時に重子も執奏。11・9弓始。11・16蹴鞠始、和歌会始。	2・15山名持豊養女、細川勝元に嫁ぐ。5・17加賀守護職を教家と泰高で分ける（半国守護）。6月持国と山名持豊との緊張が高まる。足利持氏の遺児足利万寿王丸、鎌倉に入る（鎌倉公方の復興）。
五	一四四八	14	4・23義政、伊勢国内の紛争調停のため御使を派遣。6・18義政、禁裏月次歌会に初参加。9・11義政、赤松則尚に播磨・備前・美作を安堵（のち撤回）。12・26義政、左馬頭に任官。	4・7裏松勝光、日野家の家督を継承する。7月細川持常と幕府奉行人とが対立。8・5赤松則繁、討死。
宝徳元	一四四九	15	3・18義政、官務人事につき執奏。4・16義政、元服（加冠役は細川勝元）。4・27評定始。4・29義政、将軍宣下。同日、判始と吉書始。これに先立ち、二階堂忠行、政所執事就任。8・9尹子没。義政は軽服せず。8・27義政、参議兼左近衛中将、従四位下に叙任され、公卿に列する。8・28参内始。10・5畠山持国、管領再任。11・9評定始。11・19沙汰	4・10畿内で大地震。7・28「宝徳」に改元。8・27足利成氏、左馬頭に任官。

			始。11・21烏丸第会所造営。この年、万寿王丸に偏諱を与え「成氏」と名乗らせる。	
二	一四五〇	16	1・5義政、従三位。2・29義政、権大納言に昇進。6・26義政、畠山義就に畠山氏の家督として安堵の御判御教書を発給。6・27義政、従二位。7・5直衣参内始。8・22義政、後花園天皇と共同受衣。この年、義政、今参局の口入れにより織田郷広を支援し、尾張守護代人事に介入。	4・21江の島合戦。6月畠山持国、実子義就を後継者とする。8・27夢窓疎石に「仏統国師」号が与えられる。
三	一四五一	17	3・3畠山持国室、義政の「御母」となる。3・27義政、畠山義就の受領につき、口宣案に御判を据える。9・24重子、尾張守護代人事に抗議のため嵯峨に出奔。9・27今参局、怠状を出し、御所を退出。10・10重子、還御。	11・21斯波義健と斯波義敏、元服。
享徳元	一四五二	18	8・11改元吉書始。11・16細川勝元、管領に再任。	7・25「享徳」に改元。9・1斯波義健没。斯波氏家督を義敏が継承。
二	一四五三	19	3・26義政、従一位。5・30義政、河野氏家督をめぐる細川勝元の人事に不満。6・13「義成」より「義政」に改名。7・11義政、「貞観政要」の書写を命じる。12・29義政、源氏長者となり、奨学院・淳和院別当を兼ねる。	

三	一四五四	20	4・3義政、畠山持国に弥三郎治罰の御教書を与える。7・12義政女子（生母阿茶子局）誕生。8・29義政、畠山弥三郎と対面。9・14義政、細川勝元に弥三郎を匿った磯谷四郎兵衛を殺害させる。10・29幕府、分一徳政令を発布。11・2義政、山名持豊討伐を命ず。11・4義政、持豊に隠居を命じる。12・14義政、義就と対面。	4・3畠山持国、家中の弥三郎派を殺害。8月弥三郎派、持国・義就に反撃。8・29持国・義就父子、弥三郎に敗北。9月土一揆（徳政一揆）発生。11・13義就、河内より上洛。12・27足利成氏、関東管領上杉憲忠を殺害。享徳の乱が開始。
康正 元	一四五五	21	1月義政、足利成氏討伐を関東の諸将に命ず。1・9義政女子堯山周舜（生母佐子局）誕生。2・20管領下知状の終見。3・26義政、上杉房顕を、関東に下す（30日に下向）。7月義政、内々の執奏により改元を発案。6月侍所に京極持清が再任。8・27義政、右近衛大将を兼ねる。同日、富子の嫁入りが決定。9・9義政、「任大将御記」を作成しようとする。11月幕府、分一徳政令を改める。	1・6洛中に「三魔」の落書あり。3・3足利成氏、古河に入る。3・26畠山持国没。6・12畠山義就、河内に出兵。7・25「康正」に改元。12・13有馬元家、遁世。
二	一四五六	22	1・5義政、右馬寮御監に補される。2・16御笙始。4・11烏丸第常御所、立柱上棟。7・25右大将拝賀。11・15義政、伊勢貞親にその被官の闕所進退権を付与。12・4義政、奉行衆に不審を持ち、起請文の提出を命じる。同日女房衆の口入れを制限。	7・20後花園天皇、再建された内裏に還幸。

長禄 元	一四五七	23	7・6義政、「上意」を詐称する畠山義就に怒り、所領の一部を没収。11・5義政、甲斐将久に土一揆に参加した斯波被官らを成敗させる。12・19義政、庶兄の政知を鎌倉公方とするために、還俗させる。	9・28「長禄」に改元。10月土一揆発生。12・19成仁、親王宣下。12・24足利政知、関東に発向。
二	一四五八	24	閏1・1義政、蔭凉職を再興。閏1・27義政女子（生母宮内卿局）誕生。2月義政、寺社本所領還付政策を開始（代始め徳政）。4・16義政、室町殿家司を定める。5・1奉行衆、義政に起請文を提出。6月義政、斯波義敏らに関東出兵を命じるが、拒否される。7・25義政、内大臣に任官し、任大臣大饗を行う。こののち「義政公記」を作成。また、花押を公家様に改める。8月義政、赤松氏の再興を赦す。11月義政、室町第への移徙を決定。	4月足利政知、近江より関東に発す。6・19山名持豊、上洛し義政に出仕。同日、畠山弥三郎に一国が与えられる話しが進む。8月政知、伊豆に到着。8・30神璽が内裏に戻る。
三	一四五九	25	1月今参局、失脚して流罪に（のち殺害）。2・8今参局派の女房・妾が追放。2・20室町第立柱上棟。7・23義政、畠山弥三郎を赦免。8・13義政、こののち、斯波義敏の家督を廃し、その子松王丸に家督を安堵。11・16義政、室町第に移徙する。重子と別居。	3月飢饉と疫病にて、京都で餓死者が充満する（長禄・寛正の大飢饉）。8・12甲斐将久没。10・14関東で大田庄の戦い。
寛正 元	一四六〇	26	4月義政、関東の諸将に感状を送り、政知の支援を求める。6・4義政、疫病にかかる。6・18義政女	5・7足利成氏の勢、伊豆に攻め込む。9・20畠山義就、義政

			子（御料人局）死産。7・10石清水八幡宮社参。7・17義政、伊勢貞親を政所執事とする。7・28義政、御小袖拝見を行う。8・22義政、政知の鎌倉侵攻を制止。8・27義政、左大臣に任官にともない、任大臣の節会。9・16義政、畠山義就の家督を廃す。9・26義政、畠山政長に畠山氏の家督・守護職を安堵。閏9・8義政、義就討伐のため、治罰の綸旨を求める。閏9・21義政、義賢による斯波義敏赦免の仲介を制止。この年、後花園天皇、義政を諫言。	に怒り河内に下向。閏9・8畠山政長、河内に出兵。12・21「寛正」に改元。
二	一四六一	27	1・22義政、飢饉対策により、銭を配分。2・2義政、願阿弥を扶助して、飢饉対策に当たらせる。これ以前、義政の夢に義教が現れる。5・2義政、斯波松王丸に替えて、斯波義廉に家督を安堵。	2月洛中に死者が充満。この年、政知の執事上杉教朝自害し、政憲継ぐ。
三	一四六二	28	2・29義政、石清水八幡宮に参詣。6・21義政、小栗宗湛に高倉亭の障子画を命じる。7・14義政女子光山聖俊（生母富子）誕生。9・18義政、義教の肖像を収集。	9・21土一揆、洛中に乱入。10・21再度土一揆蜂起。
四	一四六三	29	3・28義政、小栗宗湛に月俸を与える。7・20義政女子因山理勝（生母富子）誕生。8・8重子没。8・11重子の葬儀。11・19義政、斯波義敏を赦免。	
五	一四六四	30	4・5～10糺河原勧進猿楽。7・19義政、後花園上	7・19後花園天皇、成仁親王

			皇の院執事となる。11・13畠山政長、管領就任。11・25義視（義尋）、浄土寺より正親町三条亭に入る。12・2義視、還俗し、「義視」と名乗り、従五位下左馬頭に叙任。	（後土御門天皇）に譲位。9・27畠山義就、重子の一周忌に仏事銭を進上。
六	一四六五	31	1・5義視、従四位下に昇叙。2・25義視、御判始、御乗馬始、御弓始。7・20義政男子等賢同山（生母茶阿局）誕生。7月日野良子、義視の正室となる。8・10義政、東山の恵雲院の地に山荘造営を計画。8・15義政・富子、石清水八幡宮放生会にのぞむ。9・17義視、義政に有馬元家の赦免を申し入れる。9・21義政、南都下向。10・23富子、従一位に叙される。11・20義視、元服。同日、従四位下に昇叙。11・23義政男子義尚（生母富子）誕生。この後、伊勢亭に移る。11・25義視、参議兼左近衛中将に昇進。12・17義視、権大納言に昇進。12・28義政、准三后宣下。12・30義政、赦免した斯波義敏と対面。同日、義視、義敏討伐の奉書を発給。	12・27後土御門天皇即位式。
文正元	一四六六	32	2・25義政、飯尾之種亭に御成。3・20義政・富子、伊勢神宮に参詣。7・23義政、斯波義敏を斯波氏家督に復帰させる。7・30義視男子義材（生母良子）誕生。8・3義政、山名持豊と斯波義廉の縁組みを	2・12関東管領上杉房顕没。この後、上杉顕定、関東管領を継承する。2・28「文正」に改元。12・18大嘗会。12・25畠山義就、

			禁止。8・25義政、義敏を越前・尾張・遠江の守護に復帰させる。8・26義政、大内教弘を赦免。9・5伊勢貞親、義政に義視を讒言。9・7義政、貞親に自害を命じる。貞親出奔する（文正の政変）。9・13義視、今出川亭に還御。11・20義政、山荘造営のための材木徴集のため、奉行衆を美濃に下す。	上洛。この年、勅撰和歌集の編纂開始（のち中断）。
応仁 元	一四六七	33	1・2義政、畠山義就と対面。同日、畠山政長への御成を中止。1・5義政、義就のもとに御成。1・8斯波義廉、管領就任。1・15義政、諸大名に両畠山氏の抗争への不介入を命じる。2・10義政、義就に分国を安堵。同日、義政女子入江殿（生母富子）誕生。2・24義視、山名持豊と細川勝元の和睦を仲介。3・6幕府改元吉書始。5・28義政、東軍・西軍の和平調停を行う。5・30義政、伊勢貞親を召還。同日、義政、勝元への御旗下賜を拒否し、天皇に進退を伺う。6・5（4）義政、勝元に御旗を下す。6・11義視ら、飯尾為数を殺害。8・23義視、出奔して伊勢に下る。9・2義政、左大臣を辞任。10・5義政らの申請により、治罰の院宣出る。10・18義承没。11・28義尚、髪置儀、着袴儀。	1・18上御霊社の戦い。同日、後花園上皇・後土御門天皇、室町第に避難。上皇、政長への治罰の院宣を発給。3・5「応仁」に改元。5・26応仁・文明の乱勃発。6・7祇園祭中止。7・6上皇、東西両軍の和睦調停を行う。8・23上皇と天皇、再び室町第に臨幸（文明八年まで）。9・17上皇、出家し法皇となる。10・3相国寺焼失。10・23法皇、西軍に使者を派遣して和睦調停を行う。
二	一四六八	34	3・21義政男子義覚誕生（生母富子）。7・10細川	1月四方拝停止。4月足利成氏、

			勝元、管領再任。9・12義視、帰洛し、義政と対面。9・22義視、義政に「邪徒」の排除を願う。義政これを拒否。閏10・2義賢没。閏10・16義政、伊勢貞親を赦免。11・10義政、元家を殺害。11・16義視、出奔して比叡山に入る。この後、西軍に入る。12・5義視への治罰の綸旨出る。	これ以前に西軍と和睦交渉を行う。畠山義就、山名持豊これに返信。
文明元	一四六九	35	4・14義政、義視に帰参を求める。	4・28「文明」に改元。8・11季瓊真蘂没。
二	一四七〇	36	2・4義政、大内教幸に安芸・周防などの攻略にあたらせる。8・25義政、朝鮮に国書を送る。9・8義政、日野勝光の子資基に生害を命じる（のち流刑に）。この年、義視室、日野良子没。	5・11西軍、南朝の後裔「南主」を「天皇」として迎えようとする。8・4京極持清没。12・27後花園法皇崩御。
三	一四七一	37	1・3義政、後花園法皇の葬儀に参列。5・21義政、朝倉孝景に越前守護職の進退権を付与。5・30義政、関東の諸将に感状を与え、忠節を求める。6・25義政、畠山義統ら西軍の諸将に内応を勧める。7・21義政、隠居を表明。8・3義政、富子と不和。9・17義政、再び関東の諸将に感状を与え、忠節を求める。	4・29伊勢貞親、京都を出奔。5・5貞親、出家。8・26南主、上洛。
四	一四七二	38	3・16義政、これ以前に北畠政郷に出兵を求める。4・22義政、細川新亭を御所（小川第）として移る。	3・16細川勝元、髻を切る。養子勝之も出家。5・14持豊、切

五	一四七三	39	4・23義政、翌年の義尚の元服を決める。10・4義政、朝鮮に国書を送る。6・24義政、義視、それぞれ義教の三十三年忌を行う。8・12義政、初出仕の細川政元に対面。12・19義尚、元服し、将軍宣下、左近衛中将、正五位下に叙任。義政、大御所となる。同日、畠山政長、管領再任（儀式終了後辞任）。12・25義尚、義政と共にはじめて参内。	腹未遂。8・5伊勢貞親後室没。1・21伊勢貞親没。3・18山名持豊没。政豊継ぐ。5・11細川勝元没。政元継ぐ。
六	一四七四	40	1・10日野勝光が義尚の指南役に。4・15義政、山名氏を赦免。5・4富子、義尚の御台所候補として、二条政嗣の娘を猶子とする。6・10義尚、従四位下に昇叙。7・12義政女子入江殿死去。9・5義政、朝鮮に国書を送る。	4・3細川氏と山名氏が和睦。閏5・5日野勝光、畠山義就の赦免を仲介。閏5・13西軍諸将、和睦を拒否。
七	一四七五	41	1・28義尚、美作権守を兼任。4・19義尚、正四位下に昇叙。7・21義勝三十三年忌。7・28義政、明に国書を送る。8・8重子十三年忌。9・17義尚、参議に昇進。	1・1朝廷で四方拝再興。1・25縣召除目再興。
八	一四七六	42	1・6義尚、従三位に昇叙。3・8富子、禁裏小番衆に一万疋を下す。9・14義政、大内政弘に「世上無為」を命じる。11・13室町第、失火により焼失。12・20義政、義視よりの返	6・15日野勝光没。6月関東で長尾景春、上杉顕定に反乱（長尾景春の乱）。9・11北小路苗子、叙従三位。11・14後土御門

			書に応える。この年より富子の執政開始。	天皇、北小路亭に遷幸。
九	一四七七	43	1・6義尚、正三位に昇叙。2・1小川第常御所、立柱上棟。7・19義政、義視の娘（祝渓聖寿）を猶子とする。11・12義政、大乱の終結を後土御門天皇に報告。11・20大乱終結により、公武、義政に参賀。	1・18関東で五十子の陣、長尾景春により陥落。9・22畠山義就、河内に下向。11・11大内政弘、畠山義統ら、帰国する。同日、仙洞御所焼失。
一〇	一四七八	44	3月義政、寺社本所領返付を再開。7・17義政、義視と成頼、畠山義統を赦免。8・4義政、後土御門天皇の譲位を引き留める。8・15義視・成頼の使者、上洛して、義政に赦免の御礼。9・1義統、義政に赦免の御礼。	1・5足利成氏、上杉方との和睦に応じる。3・16後土御門天皇、譲位の意向を示す。廷臣反対。10・16天皇、再び譲位の意向を示す。
一一	一四七九	45	1・1諸大名ら、総出仕。1・5義尚、従二位に昇叙。1・11幕府、京都七口に関料を懸ける。2・13室町第の再建開始。8・1義政、赤松政則の出仕を停止。11・22義尚、御判始・御評定始・御沙汰始。	7・1行在所の北小路亭焼失。7・11後土御門天皇、日野亭を行在所とする。12・7天皇、内裏に還幸。
一二	一四八〇	46	3・21義政、上意に従わない大名・守護による御礼を拒否。3・29義尚、権大納言に昇進。4・1再建中の室町第、焼失。4・14義尚、日野勝光の娘を御台所とする。5・2義尚、義政への述懐のため、髻を切る。5・22義政、義尚と和解。	2・25足利成氏、義政の赦免につき、細川政元らに仲介を求める。9・11土一揆発生。
一三	一四八一	47	1月富子、幕府を執政。1・7義政、後土御門天皇	

			に外様月次和歌会の復興を進言。1・10義政、参賀を停止。2・11義政、妾をめぐり、義尚と不和。10・20義政、小川第を出奔し、長谷の聖護院坊に入る。	
一四	一四八二	48	2・18義覚、法身院にて得度。4・30義尚、伊勢亭より小川第に移る。5・12富子、義尚を後見して沙汰始にでる。7月義尚、一条兼良に「樵談治要」を求める。7・24東山山荘御門立柱上棟。11・18義尚御台所、御所を出奔。11・27義政、足利成氏を赦免（享徳の乱終結）。政知、伊豆一国を得る。	12・16烏丸資任没。
一五	一四八三	49	1月義政、「慈照院自歌合（慈照院殿御自歌合）」を編纂。3・21義尚、従一位に昇叙。3・24等賢同山没。6・20朝廷が、義政を「東山殿」、義尚を「室町殿」と称号するように伝える。6・27義政、東山山荘に移徙。7・29義政、得度を望むが、天皇に制止される。9・16義覚没。10・11義政、伊達成宗に対面。	10・10伊達成宗、上洛。
一六	一四八四	50	9・17義政、山城を御料国として、伊勢貞宗（貞陸か）を「国奉行」とする。9月義政、畠山義就討伐のための親征を計画。12・23義尚、源氏長者となり、奨学院・淳和院別当を兼任。	3・8大名ら、広沢尚正を排除しようとする。6月洛中で盗賊が跋扈する。7・26太田道灌、暗殺。

一七	一四八五	51	3・17小川第に御小袖間を造営。4・11義政、相国寺に禁法を定める。4・22奉行衆と奉公衆が確執。6・12義政、香厳院入室のため、政知の子（のち義澄）の上洛を求める。8・5奉行衆、赦免。8・28義尚、右近衛大将を兼任。12・26布施英基父子ら、奉公衆により殺害。	
一八	一四八六	52	1・5義尚、右馬寮御監を兼任。5・26義政、山城国を料国とし、伊勢貞陸を守護とする。6・19義政、天皇に代わり、一条家と九条家の相論を裁許。7・27義尚御台所、出家。7・29義尚、右大将拝賀。義政、畠山義就を赦免。8・4義政、朝鮮に大蔵経を求める。10・23因山理勝没。12・24義政、政務を停止。	8・27一色義直、義政の成敗に不満を持ち、丹後に帰国。
長享元	一四八七	53	1・15足利義材、義尚の猶子として元服。5・28政知の子（清晃・義澄）、上洛し、6・25香厳院に入室。7・23義尚、六角氏の討伐を決定。8・28義材、叙爵し、左馬頭に任官。9・12義尚、親征のため京都を発する。10・4義尚、坂本より鈎に陣替。12・25富子、義尚との不和により金龍寺に隠居。	7・20「長享」に改元。9・25六角高頼、甲賀に没落。
二	一四八八	54	8・25義政、細川政元による徳政令発布要請を拒否。9・17義尚、内大臣に昇進。9・24義政、眼病を理	9月土一揆発生。

			由に禅院の権限を義尚に譲る。12・5義尚娘（松山聖槃・生母御八智御方）、三時知恩寺に入室。12・13富子、義尚と和解し帰京。12・19富子、鈎に渡る。この年、義尚、「義熙」に改名。	
延徳 元	一四八九	55	3・26義尚、鈎にて陣没。4・9等持院にて義尚の葬礼。4・14義視・義材父子、上洛。4・19義政、執政再開を宣言。4・27義尚に太政大臣が贈られる。同日、義視、通玄寺にて得度。7・8義政、東山山荘の寝殿造営を計画。8・8義政、花押に替えて印判（「喜山」）を利用。8・21義政、改元を執奏し、「延徳」に改元。10・22義政、義視父子と対面。	7・6改元定が延期。
二	一四九〇	56	1・7義政没。1・13足利義材、将軍家の家督継承。義視、大御所となる。1・23等持院にて義政の葬礼。2・17義政に太政大臣が贈られる。4・28義材、御小袖を継承。5・18富子、小川第を清晃に譲ろうとする。義視、これに怒り、小川第の一部を破壊。7・5義材、将軍宣下。御判始、御評定始、御沙汰始。義視、准后宣下。	1・7白馬節会が延期。
三	一四九一		1・7義視没。4・3政知没。	
明応 二	一四九三		4・22明応の政変。5・6富子、義材を毒殺しようとするが失敗。6・28義材、京都を脱する。	

三	一四九四		12・27義澄、元服、将軍宣下。	
五	一四九六		5・20富子没。	
永正 二	一五〇五		8・26光山聖寿没。	
天文 元	一五三二		2・18堯山周舜没。	6・20堺政権崩壊。7・29「天文」に改元。
永禄 元	一五五八		9・2松山聖槃（義尚娘）没。	2・28「永禄」に改元。11・27足利義輝と三好氏との和睦が成立。

人名索引

あ 行

か 行

さ　行

た　行

ま　行

や　行

ら　行

事項索引

あ 行

か 行

さ 行

た　行

な　行

は　行

ま　行

ら　行

《著者紹介》
木下昌規（きのした・まさき）
1978年　生まれ。
2006年　大正大学大学院文学研究科史学専攻博士後期課程単位取得満期退学。
2008年　博士（文学）大正大学。
現　在　大正大学文学部歴史学科准教授。
主　書　『戦国期足利将軍家の権力構造』岩田書院，2014年。
『足利義輝と三好一族』戎光祥出版，2021年。
『足利将軍の合戦と城郭』（共著）戎光祥出版，2023年。
『足利義政』（編著）戎光祥出版，2024年，ほか。

ミネルヴァ日本評伝選
足《あし》利《かが》義《よし》政《まさ》
——花の御所，御所の地としてしかるべし——

2025年３月10日　初版第１刷発行　〈検印省略〉

定価はカバーに
表示しています

著　者　木　下　昌　規
発行者　杉　田　啓　三
印刷者　江　戸　孝　典

発行所　株式会社　ミネルヴァ書房
607-8494 京都市山科区日ノ岡堤谷町１
電話代表（075）581-5191
振替口座 01020-0-8076

共同印刷工業・新生製本

ISBN978-4-623-09894-1
Printed in Japan

刊行のことば

歴史を動かすものは人間であり、興趣に富んだ人間の動きを通じて、世の移り変わりを考えるのは、歴史に接する醍醐味である。

しかし過去の歴史学を顧みるとき、人間不在という批判さえ見られたように、歴史における人間のすがたが、必ずしも十分に描かれてきたとはいえない。二十一世紀を迎えた今、歴史の中の人物像を蘇生させようとの要請はいよいよ強く、またそのための条件もしだいに熟してきている。

この「ミネルヴァ日本評伝選」は、正確な史実に基づいて書かれるのはいうまでもないが、単に経歴の羅列にとどまらず、歴史を動かしてきたすぐれた個性をいきいきとよみがえらせたいと考える。そのためには、対象とした人物とじっくりと対話し、ときにはきびしく対決していくことも必要になるだろう。

今日の歴史学が直面している困難の一つに、研究の過度の細分化、瑣末化が挙げられる。それは緻密さを求めるが故に陥った弊害といえるが、その結果として、歴史の大きな見通しが失われ、歴史学を通しての社会への働きかけの途が閉ざされ、人々の歴史への関心を弱める危険性がある。今こそ歴史が何のためにあるのかという、基本的な課題に応える必要があろう。評伝という興味ある方法を通じて、解決の手がかりを見出せないだろうかというのも、この企画の一つのねらいである。

狭義の歴史学の研究者だけでなく、多くの分野ですぐれた業績をあげている著者たちを迎えて、従来見られなかった規模の大きな人物史の叢書として、「ミネルヴァ日本評伝選」の刊行を開始したい。

平成十五年（二〇〇三）九月

ミネルヴァ書房

ミネルヴァ日本評伝選

企画推薦
梅原　猛
ドナルド・キーン
佐伯彰一
角田文衞

監修委員
上横手雅敬
芳賀　徹

編集委員
石川九楊
伊藤之雄
猪木武徳
今谷　明
今橋映子
熊倉功夫
佐伯順子
坂本多加雄
武田佐知子
竹西寛子
西口順子
兵藤裕己
御厨　貴

上代

＊卑弥呼　古田武彦
日本武尊　西宮秀紀
＊仁徳天皇　若井敏明
雄略天皇　吉村武彦
継体天皇　若井敏明
＊蘇我氏四代　遠山美都男
＊推古天皇　義江明子
聖徳太子　仁藤敦史
斉明天皇　武田佐知子
＊小野妹子・毛人・毛野　大橋信弥
＊額田王　梶川信行
弘文天皇　遠山美都男
持統天皇　丸山裕美子
阿倍比羅夫　熊田亮介
＊藤原四子　木本好信
役小角　脊古真哉
＊柿本人麿　古橋信孝
＊元明天皇・元正天皇　渡部育子
光明皇后　寺崎保広
＊孝謙・称徳天皇　勝浦令子
藤原不比等　荒木敏夫
橘諸兄・奈良麻呂　遠山美都男
吉備真備　今津勝紀
＊藤原仲麻呂　木本好信
＊藤原種継　木本好信
＊行基　吉田靖雄

平安

＊桓武天皇　井上満郎
嵯峨天皇　西別府元日
宇多天皇　古藤真平
醍醐天皇　石上英一
村上天皇　京樂真帆子
花山天皇　上島　享
＊三条天皇　倉本一宏
藤原薬子　中野渡俊治
＊藤原良房・基経　瀧浪貞子
＊紀貫之　神田龍身
＊安倍晴明　斎藤英喜
＊藤原道長　朧谷　寿
＊藤原伊周・隆家　倉本一宏
藤原定子　山本淳子
＊藤原彰子　朧谷　寿
藤原頼通　末松　剛
藤原師通　中島和歌子
紫式部　高木和子
清少納言　三田村雅子
和泉式部　ツベタナ・クリステワ
大江匡房　小峯和明
＊阿弖流為　樋口知志
＊源満仲・頼光　元木泰雄
平将門　西山良平
＊藤原純友　寺内　浩
源義家　大津雄一
最澄　吉田一彦
空海　武内孝善
円珍　岡野浩二
＊空也　石井義長
奝然　上川通夫
＊源信　小原　仁
慶滋保胤　吉原浩人
安倍貞任　野中哲照
＊後白河天皇　美川　圭
＊式子内親王　奥野陽子
建礼門院　生形貴重
＊藤原頼長・師長　樋口健太郎
＊藤原秀衡　入間田宣夫
平維盛　根井　浄
木曾義仲　樋口州男

鎌倉

守覚法親王　阿部泰郎
藤原隆信・信実　山本陽子
＊源頼朝　川合　康
＊源義経　近藤好和
源実朝　神田龍身
＊九条兼実　加納重文
九条道家　上横手雅敬
＊北条時政　野口　実
＊熊谷直実　佐伯真一
＊北条政子　関　幸彦
＊北条義時　岡田清一
曾我十郎・五郎　杉橋隆夫
＊北条時頼　山本隆志
北条時宗　近藤成一
平頼綱　細川重男
竹崎季長　堀本一繁
西行　西澤美仁
鴨長明　浅見和彦
藤原定家　赤瀬信吾
＊京極為兼　今谷　明
＊兼好　島内裕子
重源　横内裕人
＊運慶　根立研介
快慶　井上一稔
法然　今堀太逸
＊栄西　中尾良信
明恵　西山　厚
＊親鸞　末木文美士
恵信尼・覚信尼　西口順子
覚如　今井雅晴
＊道元　船岡　誠
叡尊　細川涼一
＊忍性　松尾剛次
＊日蓮　佐藤弘夫
一遍　蒲池勢至
夢窓疎石　原田正俊
＊宗峰妙超　竹貫元勝

南北朝・室町

後醍醐天皇　上横手雅敬
＊護良親王　新井孝重
＊懐良親王　森　茂暁
＊赤松氏五代　渡邊大門
＊北畠親房　岡野友彦
楠正成　兵藤裕己
＊楠木正行・正儀　生駒孝臣
＊新田義貞　山本隆志

＊光厳天皇　深津睦夫
足利尊氏　市沢　哲
＊足利直義　亀田俊和
佐々木道誉　下坂　守
細川頼之　亀田俊和
円観・文観　田中貴子
足利義詮　早島大祐
＊足利義持　吉田賢司
足利義教　秦野裕介
足利持氏　植田真平
＊足利義政　木下昌規
三条西実隆　前田雅之
＊日野富子　田端泰子
＊大内義弘　平瀬直樹
伏見宮貞成親王　松薗　斉
＊山名宗全　山本隆志
細川勝元・政元　古野　貢
畠山義就　呉座勇一
足利成氏　阿部能久
＊世阿弥　西野春雄
雪舟等楊　河合正朝
宗祇　鶴崎裕雄
一条兼良　田村　航
＊満済　森　茂暁
一休宗純　原田正俊
蓮如　岡村喜史

戦国・織豊

北条早雲　家永遵嗣
＊北条氏綱　黒田基樹
＊北条氏政　黒田基樹
大内政弘　山田貴司
＊大内義隆　藤井　崇
＊斎藤氏四代　木下　聡
＊毛利元就　岸田裕之
＊毛利輝元　光成準治
＊小早川隆景・秀秋　光成準治
＊六角定頼　村井祐樹
＊今川義元　小和田哲男
＊武田信玄　笹本正治
＊武田勝頼　笹本正治
＊真田氏三代　笹本正治
＊三好長慶　天野忠幸
松永久秀　天野忠幸
＊宇喜多直家・秀家　渡邊大門
＊上杉謙信　矢田俊文
＊大友義鎮　鹿毛敏夫
龍造寺隆信　中村知裕
島津義久・義弘　福島金治
村上武吉・元吉　藤田達生
細川幽斎　鈴木　元
＊長宗我部元親・盛親　平井上総
＊最上氏三代　松尾剛次
浅井長政　長谷川裕子
蠣崎・松前氏五代　新藤　透
吉田兼倶　西山　克
山科言継　松薗　斉
正親町天皇・後陽成天皇　神田裕理
＊雪村周継　赤澤英二
＊足利義輝・義昭　山田康弘
織田長益　八尾嘉男
織田信雄　柴　裕之
＊明智光秀・秀満　小和田哲男
豊臣秀吉　藤井讓治
豊臣秀次　矢部健太郎
＊北政所おね　田端泰子
＊淀殿　福田千鶴
筒井氏三代　片山正彦
蜂須賀正勝・家政　三宅正浩
前田利家　東四柳史明
＊山内一豊・忠義　長屋隆幸
＊黒田如水　小和田哲男
＊蒲生氏郷　藤田達生
大谷吉継　石畑匡基
石田三成　堀越祐一
＊細川ガラシャ　田端泰子
＊支倉常長　田中英道
千利休　熊倉功夫
＊長谷川等伯　宮島新一
＊顕如　神田千里
教如　安藤　弥

江戸

＊徳川家康　笠谷和比古
板倉勝重　谷　徹也
本多忠勝　柴　裕之
本多正純　小川　雄
柳生宗矩　福田千鶴
＊徳川家光　野村　玄
柳沢吉保　福留真紀
＊後水尾天皇　久保貴子
＊光格天皇　藤田　覚
＊春日局　福田千鶴
宮本武蔵　渡邊大門
上杉鷹山　小関悠一郎
＊池田光政　倉地克直
保科正之　八木清治
シャクシャイン　岩崎奈緒子
天草四郎　菊池庸介
＊田沼意次　藤田　覚
細川重賢　安高啓明
松平治郷　小林准士
＊二宮尊徳　小林惟司
末次平蔵　岡　美穂子
＊高田屋嘉兵衛　生田美智子
沢庵宗彭　芳澤　元
＊林羅山　鈴木健一
吉野太夫　渡辺憲司
＊熊沢蕃山　川口　浩
＊山崎闇斎　澤井啓一
山鹿素行　前田　勉
＊北村季吟　島内景二
＊伊藤仁斎　澤井啓一
貝原益軒　辻本雅史
関孝和　佐藤賢一
＊ケンペル　B・M・ボダルト＝ベイリー
新井白石　大川　真
＊雨森芳洲　上田正昭
＊石田梅岩　高野秀晴
賀茂真淵　盛田帝子
白隠慧鶴　芳澤勝弘
前野良沢　松田　清
平賀源内　石上　敏
＊本居宣長　田尻祐一郎
杉田玄白　吉田　忠
木村蒹葭堂　有坂道子
＊大田南畝　沓掛良彦
菅江真澄　赤坂憲雄
＊鶴屋南北　諏訪春雄
＊山東京伝　佐藤至子
＊滝沢馬琴　高田　衛
平田篤胤　山下久夫
国友一貫斎　太田浩司
シーボルト　宮坂正英
本阿弥光悦　岡　佳子
＊狩野探幽・山雪　山下善也
尾形光琳　仲町啓子
尾形乾山　河野元昭
＊二代目市川團十郎　田口章子
伊藤若冲　狩野博幸
＊浦上玉堂　高橋博巳
＊佐竹曙山　成瀬不二雄
葛飾北斎　岸　文和
酒井抱一　玉蟲敏子
孝明天皇　青山忠正
＊和宮　辻ミチ子
徳川慶喜　大庭邦彦
島津斉彬　原口　泉
鍋島直正　伊藤昭弘
＊横井小楠　沖田行司
＊古賀謹一郎　小野寺龍太
＊永井尚志　高村直助
＊岩瀬忠震　小野寺龍太
＊栗本鋤雲　小野寺龍太
＊大村益次郎　竹本知行

岩倉具視	斎藤紅葉
河井継之助	小川和也
松平春嶽	大石学
*西郷隆盛	家近良樹
*由利公正	角鹿尚計
*橋本左内	角鹿尚計
*塚本明毅	塚本学
松平容保	白石烈
*山岡鉄舟・高橋泥舟	岩下哲典
三条実美	奈良勝司
毛利敬親	三宅紹宣
*月性	海原徹
*吉田松陰	海原徹
*高杉晋作	海原徹
*久坂玄瑞	一坂太郎
ペリー	遠藤泰生
ハリス	福岡万里子
オールコック	佐野真由子
アーネスト・サトウ	奈良岡聰智

近代

*明治天皇	伊藤之雄
*大正天皇	F・R・ディキンソン
*昭憲皇太后・貞明皇后	小田部雄次
大久保利通	三谷太一郎
木戸孝允	落合弘樹
*松方正義	室山義正
榎本武揚	醍醐龍馬
北垣国道	小林丈広
板垣退助	小川原正道
長与専斎	笠原英彦
大隈重信	五百旗頭薫
伊藤博文	坂本一登
*井上毅	大石眞
*井上勝	老川慶喜
三浦梧楼	大澤博明
*桂太郎	小林道彦
東郷平八郎	金澤裕之
*渡邉洪基	瀧井一博
*乃木希典	佐々木英昭
星亨	小林道彦
林董	奈良岡聰智
*児玉源太郎	小林道彦
*高宗・閔妃	木村幹
山本権兵衛	室山義正
*金子堅太郎	松村正義
*高橋是清	鈴木俊夫
小村寿太郎	簑原俊洋
*犬養毅	小林惟司
*加藤高明	櫻井良樹
牧野伸顕	小宮一夫
田中義一	黒沢文貴
内田康哉	高橋勝浩
平沼騏一郎	堀田慎一郎
*鈴木貫太郎	小堀桂一郎
宇垣一成	北岡伸一
*宮崎滔天	榎本泰子
*浜口雄幸	川田稔
幣原喜重郎	西田敏宏
関一	玉井金五
水野広徳	片山慶隆
*広田弘毅	井上寿一
*安重根	上垣外憲一
*グルー	廣部泉
*永田鉄山	森靖夫
東條英機	牛村圭
今村均	前田雅之
蔣介石	劉岸偉
近衛文麿	庄司潤一郎
*岩崎弥太郎	武田晴人
伊藤忠兵衛	末永國紀
*五代友厚	田付茉莉子
大倉喜八郎	村上勝彦
*安田善次郎	由井常彦
*渋沢栄一	武田晴人
中野武営	佐賀香織
山辺丈夫	宮本又郎
*大川平三郎	四方田雅史
武藤山治	阿部武司・桑原哲也
池田成彬	松浦正孝
西原亀三	森川正則
小林一三	橋爪紳也
大倉恒吉	石川健次郎
大原孫三郎	猪木武徳
*河竹黙阿弥	今尾哲也
イザベラ・バード	加納孝代
*林忠正	木々康子
*森鷗外	小堀桂一郎
*二葉亭四迷	ヨコタ村上孝之
*正岡子規	井上泰至
*夏目漱石	佐々木英昭
*徳冨蘆花	半藤英明
巌谷小波	千葉信胤
樋口一葉	佐伯順子
*島崎藤村	十川信介
上田敏	小林茂
*有島武郎	亀井俊介
志賀直哉	小林幸夫
北原白秋	平石典子
菊池寛	山本芳明
*芥川龍之介	高橋龍夫
*宮沢賢治	千葉一幹
*高浜虚子	坪内稔典
与謝野晶子	佐伯順子
*種田山頭火	村上護
*斎藤茂吉	品田悦一
*高村光太郎	湯原かの子
萩原朔太郎	坪井秀人
*原阿佐緒	秋山佐和子
*狩野芳崖・高橋由一	古田亮
川村清雄	落合則子
*小堀鞆音	小堀桂一郎
竹内栖鳳	北澤憲昭
中村不折	石川九楊
*橋本関雪	西原大輔
土田麦僊	天野一夫
岸田劉生	北澤憲昭
濱田庄司	濱田琢司
*山田耕筰	後藤暢子
松旭斎天勝	川添裕
中山みき	鎌田東二
佐田介石	谷川穣
*ニコライ	中村健之介
*出口なお・王仁三郎	川村邦光
*新島襄	太田雄三
新島八重	佐伯順子
木下広次	冨岡勝
山川健次郎	小宮京・中澤俊輔
嘉納治五郎	クリストファー・スピルマン
*柏木義円	片野真佐子
津田梅子	田中智子
*澤柳政太郎	新田義之
*河口慧海	高山龍三
*山室軍平	室田保夫
大谷光瑞	白須淨眞
*久米邦武	髙田誠二
フェノロサ	伊藤豊
井上哲次郎	井ノ口哲也
三宅雪嶺	長妻三佐雄
*岡倉天心	木下長宏
志賀重昂	中野目徹
徳富蘇峰	杉原志啓
*竹越与三郎	西田毅
*廣池千九郎	橋本富太郎
岩村透	今橋映子
*西田幾多郎	大橋良介
*金沢庄三郎	石川遼子
*柳田国男	鶴見太郎
厨川白村	張競
*村岡典嗣	水野雄司
大川周明	山内昌之
西田直二郎	林淳
*折口信夫	斎藤英喜
九鬼周造	古川雄嗣
シュタイン	瀧井一博
*西周	清水多吉

＊福澤諭吉　平山　洋
加藤弘之　田中由香里
成島柳北　山田俊治
＊福地桜痴　山田俊治
＊村山龍平　早房長治
＊島田三郎　武藤秀太郎
田口卯吉　鈴木栄樹
＊陸羯南　松田宏一郎
有賀長雄　森田吉彦
＊黒岩涙香　奥　武則
幸徳秋水　馬渕浩二
長谷川如是閑　織田健志
＊上杉慎吉　今野　元
＊吉野作造　田澤晴子
＊山川　均　米原　謙
＊岩波茂雄　十重田裕一
＊北一輝　岡本幸治
＊穂積重遠　大村敦志
中野正剛　吉田則昭
＊荒畑寒村　川村邦光
＊満川亀太郎　福家崇洋
＊エドモンド・モレル　林田治男
＊北里柴三郎　福田眞人
高峰譲吉　木村昌人
田辺朔郎　秋元せき
＊南方熊楠　飯倉照平
＊辰野金吾　河上眞理・清水重敦
＊七代目小川治兵衛　尼崎博正
本多静六　岡本貴久子
＊ブルーノ・タウト　北村昌史

＊ウィリアム・メレル・ヴォーリズ　山形政昭・吉田与志也

現代

昭和天皇　御厨　貴
高松宮宣仁親王　後藤致人
＊李方子　小田部雄次
芦田　均　矢嶋　光
吉田　茂　中西　寛
マッカーサー　柴山　太
鳩山一郎　楠　綾子
＊石橋湛山　増田　弘
重光　葵　武田知己
＊市川房枝　村井良太
＊池田勇人　藤井信幸
高野　実　篠田　徹
和田博雄　庄司俊作
ライシャワー　廣部　泉
朴正熙　木村　幹
＊全斗煥　木村　幹
＊田中角栄　新川敏光
宮沢喜一　村上友章
竹下　登　真渕　勝
＊松永安左エ門　橘川武郎
鮎川義介　井口治夫
＊出光佐三　橘川武郎
＊松下幸之助　米倉誠一郎
渋沢敬三　井上　潤
＊本田宗一郎　伊丹敬之
＊井深　大　武田　徹
＊佐治敬三　小玉　武
幸田家の人々　金井景子
＊正宗白鳥　大嶋　仁
＊大佛次郎　福島行一
＊井伏鱒二　滝口明祥
＊川端康成　大久保喬樹
＊薩摩治郎八　小林　茂
坂口安吾　千葉一幹
太宰　治　安藤　宏
松本清張　杉原志啓
司馬遼太郎　山本幸正
＊安部公房　鳥羽耕史
＊三島由紀夫　島内景二
井上ひさし　成田龍一
R・H・ブライス　菅原克也
柳　宗悦　熊倉功夫
バーナード・リーチ　鈴木禎宏
＊熊谷守一　古川秀昭
川端龍子　岡部昌幸
藤田嗣治　林　洋子
＊井上有一　海上雅臣
＊手塚治虫　竹内オサム
古賀政男　藍川由美
＊吉田　正　金子　勇
武満　徹　船山　隆
小津安二郎　宮本明子・松浦完二
＊八代目坂東三津五郎　田口章子
＊力道山　岡村正史
＊西田天香　宮田昌明
安倍能成　中根隆行
＊天野貞祐　貝塚茂樹
和辻哲郎　田中久文
＊矢代幸雄　稲賀繁美
石田幹之助　岡本さえ
＊平泉　澄　若井敏明
＊早川孝太郎　須藤　功
安岡正篤　片山杜秀
＊青山二郎　田野　勲
＊島田謹二　小林信行
田中美知太郎　川久保剛
西脇順三郎　加藤孝男
前嶋信次　杉田英明
＊唐木順三　澤村修治
＊亀井勝一郎　山本直人
＊宮本常一　須藤　功
知里真志保　モコットゥナㇱ
竹内　好　田澤晴子
＊保田與重郎　谷崎昭男
＊石母田正　磯前順一
＊福田恆存　川久保剛
井筒俊彦　安藤礼二
＊吉田　満　貝塚茂樹
＊佐々木惣一　伊藤孝夫
高田保馬　金子　勇
小泉信三　都倉武之
＊瀧川幸辰　伊藤孝夫
式場隆三郎　服部　正
大宅壮一　有馬　学
＊清水幾太郎　庄司武史
＊山本健吉　井上泰至
丸山眞男　河野有理
鶴見俊輔　冨山一郎

＊フランク・ロイド・ライト　大久保美春
＊中谷宇吉郎　杉山滋郎
今西錦司　山極寿一

＊は既刊
二〇二五年三月現在